国家社会科学基金教育学青年课题"稳步发展背景下职业本科院校专业结构的适配性研究"（项目编号：CJA220328）资助

高校教育学院功能及绩效评价研究

宋亚峰　著

中国财经出版传媒集团

经济科学出版社
Economic Science Press

·北京·

图书在版编目（CIP）数据

高校教育学院功能及绩效评价研究/宋亚峰著 . --
北京：经济科学出版社，2024.8
ISBN 978 - 7 - 5218 - 5577 - 7

Ⅰ . ①高…　Ⅱ . ①宋…　Ⅲ . ①高等学校 - 教育管理 -
研究　Ⅳ . ①G640

中国国家版本馆 CIP 数据核字（2024）第 037981 号

责任编辑：张立莉　杜　鹏　常家凤
责任校对：隗立娜
责任印制：邱　天

高校教育学院功能及绩效评价研究

GAOXIAO JIAOYU XUEYUAN GONGNENG JI JIXIAO PINGJIA YANJIU

宋亚峰　著

经济科学出版社出版、发行　新华书店经销
社址：北京市海淀区阜成路甲 28 号　邮编：100142
总编部电话：010 - 88191217　发行部电话：010 - 88191522
网址：www. esp. com. cn
电子邮箱：esp@ esp. com. cn
天猫网店：经济科学出版社旗舰店
网址：http://jjkxcbs. tmall. com
固安华明印业有限公司印装
710 × 1000　16 开　17.5 印张　320000 字
2024 年 8 月第 1 版　2024 年 8 月第 1 次印刷
ISBN 978 - 7 - 5218 - 5577 - 7　定价：138.00 元
（图书出现印装问题，本社负责调换。电话：010 - 88191545）
（版权所有　侵权必究　打击盗版　举报热线：010 - 88191661
QQ：2242791300　营销中心电话：010 - 88191537
电子邮箱：dbts@ esp. com. cn）

序　言

　　一流大学需要一流学科的支撑，统筹推进建设世界一流学科是"双一流"建设的核心目标，亦是推动我国建成高等教育强国的题中之义，因而一流的教育学院和教育学科亦需要通过持续的积累和长期发展形成。但近年来，国内出现多起高校裁撤教育学院的事件，这引发了许多人对教育学院去留的思考，并对教育学院在高校治理体系中的功能定位和自身可持续发展提出新的现实挑战。因此，在"双一流"建设背景下，教育学院到底在所处高校系统中扮演何种角色、起到何种促进作用、又如何实现其自身发展，这些问题的解决对我国高校内部治理和高等教育的高质量发展具有重大的理论价值和现实意义，值得探讨。

　　教育学院作为一个社会子系统，"功能"是维系其均衡的适应活动，也是控制其系统结构与过程运行的必要条件，厘清我国高校教育学院功能定位才能更好探求其科学发展之策。然而，要想实现其可持续发展，更需要构建一套高校教育学院绩效评价的指标体系，分析当前情况下教育学院本身的绩效，发现存在的问题，确定其绩效的可行改进目标，从而为提高教育学院绩效提供指导，有助于构建充满活力、富有效率、更加开放、科学合理的教育学院治理体系，提升高校办学品质，激活高等教育发展潜力。

　　高等教育的最大魅力就在于它的研究田野在我们周围，研究问题往往源于我们对身边熟悉的事情予以陌生化后所产生的反身性的思考。宋亚峰博士的《高校教育学院功能及绩效评价研究》一书，始于情结，归于理论，落于实践，其与周遭的事物产生现实的碰撞，让教育真正启迪了思考。该书通过官网查询、调研访谈和实地观察等方式，对我国现有普通高校开办的教育学部、教育学院、师范学院、教育科学学院、教师教育学院等进行了统计，从国家层面和省份层面对教育学院的设置现状进行了梳理，研究工作量大，且方法运用科学。在教育学院主要类型与特征方面，该书基于规模分析对全国高校教育学院进行类型划分，"协调者""补充者""领导者"等颇具特色的比喻赋予每种类型教育学院精确的身份定位，深入浅出，为我们呈现出我国高校教育学院的典型模式和结构全景图。与此同时，基于结构功能主义的分析范式，该书深入分析了教育学院功能及其机理，具有深厚的学理价值，彰显出教育学院作为教育学科发展的组织依托，在促进教育学知识发展与助力教育强国建设中发挥的重要功能。具体来说，该书发现我国高校教育学院基于资源获取、处理、持续转化方式不同形成了各异的适应功能，并在资源获取之后，不同类型教育学院利用自身资源促成其人才培养、科学研究、社会服务、国际交流等目标的达成。与此同时，该书还关注高校系统内部资源的整合，并通过特定的形式从文化层面上凝聚其力量，从而促进教育学院最优模式的均衡发展。除此之外，《孟子集注》中有言："事必有法，然后可成"，该书基于平衡计分卡的视角，构建了我国普通高校教育学院绩效评价的指标体系，其指标体系全面、客观、科学、合理，引入合适的定量分析手段，突破以往评价过于依靠主观的定性分析，通过具体量化指标，明确教育学院评价导向，使我国高校教育学院的发展贴合实际需求，为教育学院发展路径优化建议和其科学有效治理提供了理论依据。

国内外关于教育学院功能和绩效评价的研究较少，宋亚峰博士的研究是一次新的有益探索。该书首次对全国高校教育学院做了数据整理和分析，具有开创性。同时，该书在理论层面拓展了高等教育外部关系规律、高等学校的主要社会职能说和伯顿·克拉克的三角协调说、系统论、组织生态学等相关学说在高等教育领域的应用，在实践层面对高校教育学院的建设具有十分重要的参考价值和推广前景，有利于高校院校治理效能的提升。

新时代，面向加快建设教育强国的背景，我国高等教育将面临更大的机遇和挑战。该书回应了作为高校重要二级学院的教育学院在此新机遇和挑战下寻求自身科学发展的现实关切，深入思考自身合理定位，理论水平较高，研究结构合理，相关建议具有较强的现实借鉴价值。希望本书的出版能在理论和现实方面为我国高校教育学院的发展提供有益思考，同时也希望宋亚峰博士及其团队在今后的学术研究道路上追寻理想、勇敢前进，怀着对学术的无比热忱，摩擦智慧的火花，推动教育的进步。是以为序。

王世斌

天津大学讲席教授、教育学院原院长、教务处原处长

目　　录

第一章

绪　　论

　　国务院于 2015 年 10 月印发了"双一流"建设方案，教育部学位与研究生教育发展中心于 2016 年 4 月印发了《全国第四轮学科评估邀请函》，教育部、财政部、国家发展改革委于 2017 年 1 月印发了"双一流建设实施办法"的通知，在"双一流"建设和第四轮学科评估的背景下，国内高校开始不断调整和重新布局学校的机构和学科。教育学院和教育学科在全国范围内也开始了不断地调整，自 2015 年 4 月以来，南开大学、山东大学、中山大学、兰州大学等一批综合性大学开始逐步裁撤教育学院和教育学科，与此同时，陕西科技大学于 2017 年新设立教育学院，天津大学、广州大学、江西师范大学、安徽师范大学、曲阜师范大学、云南师范大学、广西师范大学等获得 2017 年教育学一级学科博士授予权，普通高校的教育学院和教育学科在国内呈现出"冰火两重天"的发展境况。

　　为探究国内高校教育学院和教育学科出现的"东边日出西边雨"现象，反思教育学院发展过程中的内在动力、外在动力与阻力，本书从高校教育学院的"主要功能"和"绩效评价"的两个核心要素入手，通过梳理我国教育学院的设置现状，对其内部优势与劣势、外部机会与威胁进行 SWOT 分析，厘清我国教育学院核心功能、治理策略与评价方式；运用平衡计分卡（BSC）、探索性因子分析（EFA）、结构方程模型（SEM）和层次分析法（AHP）等构建出我国普通高校教育学院的绩效评价指标体系，从而为我国普通高校教育学院绩效第三方评价提供客观的评价工具，促进我国教育学院内涵式发展的理论构建，为教育学院的可持续发展提供路径借鉴。

第一节　研究背景与意义

　　2015 年，政府工作报告首次提出"加快建设一批世界一流大学和一流学科"的目标；2017年，教育部、财政部和国家发展改革委三部委联合印发了《统筹推进世界一流大学和一流学科建设实施办法（暂行）》，正式启动实施"双一流"建设；2022年，教育部、财政部、国家发展改革委联合召开新一轮"双一流"建设推进会，提出"以钉钉子精神扎实推进'双一流'建设"，推动"双一流"建设深入实施。在多重政策文件的支持以及全国高校的配合下，"双一流"建设正在逐步成为我国高等教育发展的重要时代背景，为我国各大高校教育学院发展全新的组织模式提供政策支持，促使社会主义市场经济体制下高校组织治理的自主性得到充分发挥，为改革创新教育学院组织模式、促进高校教育学院组织治理体系与治理能力的现代化提供了有效途径。

一、研究背景

"国运兴衰，系于教育；教育振兴，全民有责""百年大计，教育为本"。关于教育问题重要性的口号和话语总会时不时映入我们的眼帘，在我们的耳畔回响。教育问题是大到整个社会，小到每一个普通家庭与个人都十分重视和关心的话题。教育的发展需要社会的支持，需要每一个普通个体的关心，同时也需要每一位教育领域研究者和实践者的研究与参与。我国教育领域问题研究人才的培养单位，主要以师范类高校和其他高校的教育学院为主，教育学院是培养我国教育领域专业人才的"中流砥柱"。师范类高校和非师范类高校教育学院为我国教育领域培养了大批专任教师和研究人员，为促进我国教育事业的发展起到了巨大作用。

教育学院的起源与发展和我国中小学教育的现实需求是紧密相连的，从开始的教师进修学院到后来专门的教育学院，在我国师资培养和教育事业发展中扮演着越来越重要的角色。国家也先后出台了《关于改进和发展中学教育的指示》《关于改进中学教师进修学院工作的几点意见的通知》《关于加强中等学校在职教师进修的指示》《关于恢复和建立教育学院或教师进修学院报批手续的通知》《关于进一步加强中小学在职教师培训工作的意见》《关于加强教育学院建设若干问题的暂行规定的通知》《关于教育学院重新备案的通知》《关于1966年以前举办的教育学院和教师进修学院备案问题的通知》和《关于进行教育学院复查的通知》等一大批的政策法律文件，进一步支持全国教育学院的发展。据不完全统计，截至1990年，在教育部备案的教育学院数已经达到了265所。20世纪80年代以后，我国教育领域逐渐出现了综合大学办师范教育、师范大学综合化的取向。全国一大批的综合性大学开始筹措并组建教育学院，一些高校的教育系也逐渐升格成了教育学院，全国主要的师范类高校在院部制改革的背景下，逐步组建了教育学部。当下的教育学院已不仅仅为了培养师资而存在，同时也开始承担起了教育领域的相关研究工作，培养中小学师资的任务更多地落到了一些师范类高校和高等师专身上，综合性大学的教育学院部分只进行研究生招生和培养，停招了本科专业。据统计，截至 2017 年 12月，我国教育学院、师范学院、教育系、教育学部等教育类高校二级组织的数量已达 390 余所。

国务院于 2015 年 10 月 24 日印发了《统筹推进世界一流大学和一流学科建设总体方案》，方案提出了"双一流"建设的指导思想、基本原则、总体要求；五大建设任务：建设一流师资队伍、培养拔尖创新人才、提升科学研究水平、传承优秀文化、着力推进成果转化；五大改革任务：加强和改进党对高校的领导、完善内部治理结构、实现关键环节突破、构建社会参与机制、推进国际交流合作。随着"双一流"方案的出台，全国各高校开始了专业和学科的调整，部分高校对学校的资源开始了重新配置。教育学院和教育学科由于人才培养的特点，在这次高校的重新发展规划中逐渐处于劣势地位，撤销教育学院和教育学科的事件时有发生。

在"双一流"建设的时代背景下，面对高等教育发展的迫切要求，教育部学位与研究生教育发展中心于 2020 年 3 月印发了《关于公布〈第五轮学科评估工作方案〉的通知》，启动第五轮学科评估工作。为应对本轮的学科评估，各大高校开始重新整合校内资源，调整学校机构布局，许多高校取消或合并了部分弱势学科，其中教育学院与教育学科作为众多综合类院校与理工类院校的弱项也深受影响。在"双一流"建设重大战略决策中，"遵循教育教学规律"和"以一流人才培养为根本"等政策要点凸显了教育学科在改善办学治理体系、增强大学履职能力方面的重要性，彰显了教育学院在促进教育教学、丰富大学服务功能方面的独特功能。然而，部分大学以"优化学科结构和资源配置"为由撤并教育学院。自 2015 年 4 月以来，南开大学、山东大学、中山大学、兰州大学等一批综合性大学开始逐步裁撤教育学院和教育学科。国务院学位委员会公布的 2016 年学位授权点的动态调整中，撤销了 576 个学位点，增设了 366 个学位点，从撤销数和增列数的对比中我们可以明显看出裁撤多于增列。在"双一流"建设和第四轮学科评估的背景下，国内高校开始频繁调整学位授权点。2015 年 11 月，中山大学发文裁撤教育学院；2016 年上半年，山东大学撤销高等教育研究中心，更名为高等教育政策研究室，隶属于学校党政机关；同年7月，兰州大学撤销教育学院，停止招收本科生，成立教师教育发展中心、学生心理咨询中心以及慕课发展中心。从上述的数据中可以看出，兰州大学教育学院的裁撤并非个案，2016年动态调整撤销和增列的学位授权点也有诸多教育学科。在新的历史机遇下，教育学院和教育学科发展面临诸多不适应状况。

与此同时，以上海交通大学为代表的高校在国内诸多高校"一窝蜂"裁撤教育学院的背景下成立教育学院，以北京邮电大学为代表的部分高校设立了全新的教育学专业硕士点，中国高校的教育学院与教育学科的布局就此发生了翻天覆地的变化。面对各大高校如火如荼的学科调整与变化，不同类型高校的教育学院面临着不同的发展困境，其在高校系统内的组织模式也应随之发展改变，教育学院发展呈现出"东边日出西边雨"景象。

2023年7月，教育部印发了《中共中央　国务院关于全面深化新时代教师队伍建设改革的意见》，宣布自2023年起，国家支持"双一流"建设高校为代表的高水平高校选拔专业成绩优秀的非师范学生参与"国优计划"，将他们推荐为国家优秀中小学教师培养计划的研究生，在强化学科专业课程学习的同时，系统学习教师教育模块课程，享受免国家中小学教师资格考试认定取得中小学教师资格的改革政策，与优质中小学形成培养合作关系，为各地输送一批专业素养超群、教育能力卓越的优秀教师。

"国优计划"的提出与实施不仅弥补了"公费师范生"政策的不足，同时也吸引了更多理工科类专业人才投身于教育行业，推动了"高水平高校为中小学培养研究生层次高素质教师"，对于推动教师教育多元化开放化、促进教育学科拓展化创新化等方面的发展具有里程碑意义，对于实施科教强国战略、促进国家科技创新也具有重要的基础性、战略性意义。因此，综合性高校裁撤教育学院是否理性？我国高校教育学院是何种发展模式，它们在发展中存在的哪些问题致使其面临生存危机？作为"双一流"建设下的"弱势群体"，教育学科如何冲破发展困境，教育学院如何在夹缝中求得生存？本书对于探索更加符合系统论的我国高校教育学院组织模式，激活教育学院组织模式的内生动力，以自身为杠杆带动全国高等教育的发展至关重要。

教育学院的重要价值毋庸赘言，那么，怎样才能办好教育学院？高校教育学院应该承担哪些核心功能？作为高校二级学院的教育学院绩效究竟应该如何去评价？针对这些问题，笔者利用案例分析法和访谈法，基于质性研究的编码过程，厘清了高校教育学院的主要功能。同时，运用企业管理中常用的绩效管理方法——平衡计分卡（BSC），借助于平衡计分卡的分析框架，结合教育学院自身发展的国内背景和发展困境，尝试构建教育学院绩效评价的指标体系，以期为我国普通高校教育学院绩效评价提供参考，为高校教育学院在新的时代背景下实现可持续发展提供借鉴与启示。

二、研究意义

本书通过官网查询、调研访谈和实地观察等方式，对我国现有普通高校开办的教育学部、教育学院、师范学院、教育科学学院、教师教育学院等进行了统计，从国家层面和省份层面对教育学院的设置现状进行了梳理，并归纳总结了其主要类型与特征；在此基础上，从战略管理的角度，对我国教育学院的发展进行了SWOT分析；结合教育学院设置特征和SWOT分析，基于BSC四维度对教育学院评价指标体系进行初步构建；进而，利用德尔菲法（Delphi Method）、探索性因子分析（EFA）、结构方程模型（SEM）和层次分析法（AHP）等方法对初建的指标体系进行遴选与优化，从而形成最终的教育学院绩效评价指标体系。本书主要有以下的理论意义与实践意义。

（一）理论意义

本书在结构功能主义的分析范式下，通过对于"双一流"建设背景下我国高校教育学院组织功能的调查研究，分析得出在不同的环境下，不同的院校组织与学科系统中我国高校教育学院的多元组织类型及其功能，并且结合我国高等教育发展现状，依据教育学院组织类型与功能的结论找到阻碍其发展的要素。同时，本书运用系统论、组织生态学以及三角协调理论等观点对此提出了优化对策，以推动我国高校教育学院功能优化、帮助其更好发挥相应职能为目标，促使其在提高自身学科竞争力的同时更快更好融入"双一流"建设之中。并且在此基础上进一步推动高校教育学院组织的自然选择与环境适应，激发其内生动力，推动我国高校教育学院的可持续发展与教育学院生态的良性发展。

基于平衡计分卡（BSC）的视角，对我国普通高等学校教育学院绩效评价体系进行了构建，从财务（financial）、顾客（customer）、内部流程（internal processes）、学习和成长（learning and growth）四个维度对评价指标体系进行了初步构建。在初建指标的基础上，进一步利用德尔菲法、探索性因子分析、验证性因子分析和层次分析法（AHP）确定最终的绩效评价指标体系。进一步丰富了高等教育外部关系规律、平衡计分卡相关理论、高等学校的主要社会职能说和伯顿·克拉克的三角协调说、系统论、组织生态学等理论，拓展了相关理论在高等教育领域中的应用。

（二）实践意义

教育学院和教育学科的发展与我国教育事业息息相关，也是每一个教育领域的研究者都应该关注和深入研究的课题。2015年4月以来，南开大学、山东大学、中山大学、兰州大学等一批综合性大学先后裁撤教育学院或者相关机构，引发了广泛讨论。在这种背景下，反思教育学院的发展瓶颈，激发教育学院内涵式和外推式动力，是教育学院在与高校其他二级学院竞争发展过程中拥有自己的位置与话语权的必由之路。教育学院绩效评价指标体系的构建，为教育学院的可持续发展提供了思路与借鉴。因此，深入研究我国教育学院的设置现状，构建教育学院绩效评价的指标体系，为教育学院发展提供路径指导和优化策略，对于教育学院、教育学科和整个教育事业的发展都具有重要的现实意义。

第二节　概念界定与文献综述

一、核心概念界定

本书主要探讨我国普通高等学校教育学院绩效评价指标体系的构建问题，为了更好地进行国内外相关文献的综述，首先对研究中的核心概念作出界定。研究中涉及的核心概念有：普通高等学校、"双一流"建设、教育学院、功能与绩效评价。

（一）普通高等学校

普通高等学校概念的提出主要是为了区别成人高等学校，在我国，普通高等学校主要是指由中华人民共和国教育部和国内各省级行政单位以上的人民政府主管的实施全日制普通高等教育的学校。普通高等学校的招生由国家统一组织，如"普通高等学校招生全国统一考试""全国硕士研究生统一入学考试""全国博士研究生招生考试"等统一考试招生。目前的普通高等学校从办学层次上来看，主要有研究生教育、本科教育和专科教育；从学科类型上来看，主要有综合性大学、学院、独立学院、高等职业技术学院等；从学校举办者的不同上来看，分为公办学校和民办学校。从数量上来看，截至 2023 年 6 月，我国普通高等学校共 2820 所，本科院校 1275 所，高职（专科）院校 1545 所，在本书以现有的 2820 所普通高等学校为基数进行筛选统计。①

（二）"双一流"建设

"双一流"建设是对世界一流大学建设和世界一流学科建设的统称，旨在引导形成具有世界领先水平的一流大学和一流学科体系，是我国在新时代提出的战略性教育目标，同时也是一个新型的高等教育建设工程。

从"双一流"建设的时间维度来看，2015 年 8 月 18 日，中央全面深化改革领导小组第 15 次会议审议通过了《统筹推进世界一流大学和一流学科建设总体方案》，决定统筹推进建设世界一流大学和一流学科，标志着"双一流"建设作为一项政策和行动正式诞生。2017 年 1 月 24 日，教育部、财政部、国家发展改革委联合印发了《统筹推进世界一流大学和一流学科建设实施办法（暂行）》，进一步明确了"双一流"建设的重点、遴选条件、遴选程序、支持方式、管理方式、组织实施等。2017 年 9 月 21 日，教育部、财政部、国家发展改革委公布了《关于公布世界一流大学和一流学科建设高校及建设学科名单的通知》，正式公布了国家世界一流大学和一流学科建设高校名单。2017 年 10 月 18 日，习近平总书记在中国共产党第十九次全国代表大会上的报告中明确提出要"加快一流大学和一流学科建设，实现高等教育内涵式发展"。2018 年 8 月 8 日，教育部、财政部、国家发展改革委印发了《关于高等学校加快"双一流"建设的指导意见》，再次明确提出要"加快一流大学和一流学科建设，实现高等教育内涵式发展，全面提高人才培养能力，提升我国高等教育整体水平"。2022 年 1 月 29 日，教育部、财政部、国家发展改革委发布了《关于深入推进世界一流大学和一流学科建设的若干意见》，为着力解决"双一流"建设中仍然存在的高层次创新人才供给能力不足、服务国家战略需求不够精准、

---

① 资料来源：中华人民共和国教育部 . 全国高等学校名单 ［EB/OL］. ［2023 – 06 – 15］. http://www.moe.gov.cn/jyb_xxgk/s5743/s5744/A03/202306/t20230619_1064976.html.

资源配置亟待优化等问题提出相关意见。

从"双一流"建设的内涵维度来看，其是一个全面、系统完整的建设项目，主要内容有：培养创新人才、培养高水平师资队伍、提高科研水平、传承优秀文化、完善内部治理、促进国际交流和建设社会参与机制等重点。

"双一流"建设作为总体方案把高校和学科发展分为三个阶段：到2020年，若干所大学和一批学科进入世界一流行列，若干学科进入世界一流学科前列；到2030年，更多的大学和学科进入世界一流行列，若干所大学进入世界一流大学前列，一批学科进入世界一流学科前列，总体上，高等教育的整体实力得到了明显提高；到21世纪中期，我国的一流大学、一流的学科的数量已跻身全球前列，并初步建成高等教育强国。

本书正是基于"双一流"建设背景下，为了提升我国高等教育综合实力和国际竞争力，优化高等教育系统内的资源配置，我国高校调整其组织结构和学科布局，在此背景下部分教育学院发展受到显著影响。因而基于此，探讨我国高校教育学院功能及其优化，对于其长远生存发展有重大意义。

（三）教育学院

教育学院是指具有师范性质的省市属成人本科高等学校或者普通高等院校内设的二级学院。在本书中，主要研究普通高等本科院校内设的教育学院。同时，对教育学院的研究并非仅研究二级学院的名称为教育学院的机构，为了更好地研究我国教育学科相关机构的布局、发展状况及其功能，本书将以教育学相关学科门类为基础的教育或科研机构，如教育学部、师范学院、教师教育学院、教育科学学院、学前教育学院、初等教育学院、教育科学与技术学院、教育与心理科学学院、高等教育研究院等都统计在内，而继续教育学院、国际教育学院等并不以教育学学位授予为主的学科组织不被统计在内。

在我国高等教育的发展过程中，校、院、系三级管理体制是我国高校管理过程中的普遍形式。在本书中，对教育学院的研究并非只研究二级学院的名称为教育学院的机构，为了更好地研究我国教育学科相关机构的布局和发展状况，在本书中将教育学部、师范学院、教师教育学院、教育科学学院、学前教育学院、初等教育学院、教育科学与技术学院、教育与心理科学学院、高等教育研究院等主要研究教育学科、培养教育领域人才的教育机构都统计在内，因此，本书中的教育学院是更加广泛意义上的教育类学院。

（四）功能

"功能"作为一个传统汉语词语具有许多解释，在词源学上首次出现于《管子·乘马》："工，治容貌功能，日至于市"，彼时尚与"技能"同义；后在《汉书·宣帝纪》中记载："五日一听事，自丞相以下各奉职奏事，以傅奏其言，考试功能"，意指事物或方法所发挥的效能与功效……众多解释虽有不同侧重，但仍以"功效、作用"等词语为核心来解释"功能"这一概念，由此可作出以下定义。

本书以结构功能主义、三角协调理论为理论依据，其中教育学院的功能界定与优化也发生在系统与组织内部，因此，本书将其定义为"功能是指系统与环境产生交互作用时所发挥的功效与能力"，在强调系统自身发展与组织交互作用的同时凸显功能的本质属性。

本书中的功能一般指教育学院作为一种独立的组织形态与外部环境（学校）进行交互时所产生的功效与能力，其核心表现为系统对资源的获取与产出、系统对环境的适应与改变。同时，教育学院还与其内部组织环境产生交互，其间作用所产生的功效与能力也属于本书中"功能"的范畴，其核心表现为系统对其内部资源的配置与使用、对内部组织环境的优化与改善。因此，本书中所指的"功能"通常具有外部功能（教育学院与外部环境交互的功效）和内部功能（教育学院与组织内部环境交互的功效）双重含义。又因教育学院在不同系统中发挥的作用不同、与不同组织产生的交互不同，因而其功能又具有鲜明的差异性。此外，本书的"功能"研究聚焦于教育学院，其发展与历史变迁、优化与结构调整势必同所在教育学院的发展息息相关，因而，本书中界定的多为具有一定前提的、多重限制性的、半封闭式的教育学院功能属性。

（五）绩效评价

根据《中国大百科全书》的定义[①]，绩效评价（performance appraisal）是按照一定的标准，运用科学的方法，对单位、个人一定时期内的工作或生产效能作出客观公正评价的过程。它是单位、个人经营管理中的控制系统，起着监督、调控、反馈、激励并最终提高单位、个人绩效的作用。绩效评估的结果可以为确定单位经营管理的好坏以及个人报酬、人事调配、学习培训等各项管理

---

① 中国大百科全书总编委会．中国大百科全书［M］．北京：中国大百科全书出版社，209．

决策提供依据。根据评估对象的不同，评估的内容、指标和方法也不同。如对企业整体管理绩效的评估，主要是针对管理效率和经济效益。常用的是财务报告指标分析法，以分析企业的营运能力、获利能力和偿债能力，主要有总产报酬率（return on total assets，ROA）、净资产收益率（rate of return on common stockholders' equity，ROE）、总资产周转率（total assets turnover，TAT）、流动资产周转率（current assets turnover，CAT）、资产负债率（debt asset ratio，DAR）、资本累计率（rate of capital accumulation，RCA）等。

20 世纪 90 年代以来，形成了一种新的将财务评估指标和非财务评估创造地融合在一起的企业管理绩效的综合评价制度，即综合计分卡制度。它的导向是企业的长期目标和战略，在财务（financial）、顾客（customer）、内部流程（internal processes）、学习和成长（learning and growth）四个维度形成有机联系的整体来全面评价企业的经营绩效。它在实际运用中可能会导致企业的战略机密外泄，需要根据企业的行业性质、生命周期的差异具体确定，并不断完善。如对企业员工绩效的评估，主要是工作数量、质量和效率，对处于不同工作岗位员工具体的考核指标也不同。常用的有书面描述、多人比较等方法。

绩效评估必须坚持客观公正、民主透明、可操作性的原则。同时应制定绩效评估计划，做好评估者的选择、评估标准的制定、评估方法的选择等准备工作。进行相关信息的收集，正确进行分析评估，以及及时进行评估结果的反馈。

二、文献综述

基于平衡计分卡对我国高校教育学院绩效评价指标体系研究，应该在现有研究的基础上进行进一步的分析。为更好地把握国内外相关研究的现状与趋势，本书将国内外相关文献分为以下三个主题进行综述：第一，关于平衡计分卡的研究；第二，关于教育学院的研究；第三，关于高校二级学院绩效评价的研究。对于上述主题相关文献的研究，主要采取文献计量的方法进行研究，使用的软件主要有文献计量软件 CiteSpace5.0、Sati3.2、Ucinet6、Netdraw 和 Excel 等。各主题的具体研究现状与研究趋势如下。

（一）关于平衡计分卡的研究

为更好地把握现有的关于平衡计分卡的研究现状、热点及前沿，对平衡计分卡的相关内容的分析，本书利用文献计量软件 SATI 对与平衡计分卡相关文献进行了关键词抽取与统计，并利用 CiteSpace 对关键词的中心度进行统计分析（见表1－1）。分析发现，与平衡计分卡相关研究的高频关键词有：平衡计分卡、绩效管理、绩效评价、绩效考核、BSC、人力资源管理、平衡计分卡、指标体系、管理会计、关键绩效指标、业绩评价、企业、战略管理、绩效评估、应用、商业银行、全面预算管理、企业绩效、企业战略、评价指标。通过对平衡计分卡相关文献高频关键词的统计和社会网络分析图谱（见图1－1）的分析可知，利用平衡计分卡对企业的绩效进行管理与评价，是现有关于平衡计分卡研究最多的内容，也是现有研究的主流趋势，如刘丰收（2004）对平衡计分卡在企业绩效管理中的应用进行了研究，提出了中国企业进行绩效管理的具体步骤与方法[①]；王建（2008）对利用平衡计分卡在我国企业绩效管理过程中存在的问题进行了研究，[②] 并提出了解决问题的具体对策与建议。总之，现有关于平衡计分卡的研究主要集中在以下领域：第一，关于平衡计分卡方法本身的研究，包括平衡计分卡各个维度内涵的研究；第二，关于平衡计分卡应用的研究，主要集中在企业管理的研究，运用 BSC 的方法进行企业绩效的评估、评价和管理；第三，基于平衡计分卡的绩效评价、评估和绩效管理指标体系的构建，但这一评价指标体系的构建也多在企业管理领域。

表1－1　　　　　　平衡计分卡主题高频关键词统计（TOP20）

序号	关键词	频次	中心度	序号	关键词	频次	中心度
1	平衡计分卡	392	0.69	5	BSC	53	0.23
2	绩效管理	134	0.30	6	人力资源管理	39	0.21
3	绩效评价	105	0.36	7	平衡计分卡	36	0.36
4	绩效考核	61	0.08	8	指标体系	33	0.11

① 刘丰收. 平衡计分卡在企业绩效管理中的应用 [D]. 北京：首都经济贸易大学，2004.
② 王建. 我国企业绩效管理中采用平衡计分卡存在问题及相关对策研讨 [D]. 成都：西南财经大学，2008.

序号	关键词	频次	中心度	序号	关键词	频次	中心度
9	管理会计	27	0.07	15	应用	18	0.04
10	关键绩效指标	26	0.08	16	商业银行	16	0.01
11	业绩评价	26	0.11	17	全面预算管理	15	0.03
12	企业	23	0.05	18	企业绩效	15	0.07
13	战略管理	20	0.08	19	企业战略	14	0.10
14	绩效评估	19	0.06	20	评价指标	14	0.10

资料来源：根据 CiteSpace 输出结果整理得到。

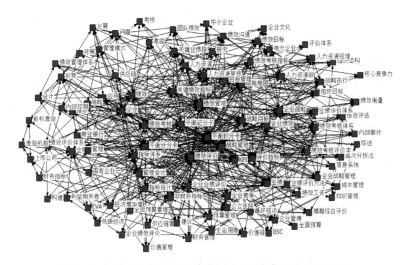

图1-1　平衡计分卡主题高频关键词社会网络分析图谱

　　基于对平衡计分卡相关研究的关键词高频词的统计与社会网络分析，得出了现有关于平衡计分卡的主要研究方向，在深入把握现有研究现状的基础上，探索平衡计分卡相关的研究热点与前沿趋势是十分必要的。本书利用 CiteSpace5.0 对平衡计分卡相关研究的关键词进行了可视化分析（见图1-2）、关键词凸现趋势分析（见表1-2）以及主题前沿时区视图分析（见图1-3），得出关于平衡计分卡研究的热点与前沿趋势。通过对关键词可视化图谱、前沿时区视图和关键词凸现趋势的分析，发现关于平衡计分卡研究的热点与前沿趋势主要是平衡计分卡的应用问题且主要集中在企业管理领域，如平衡计分卡与企业绩效管理问题、通过平衡计分卡提供的四个维度构建一系列关于企业绩效管理的指标，在实践中对企业的各项绩效进行科学合理的考核与评价。除此之外，平衡计分卡在企业的人力资源管理、目标与战略管理、成本管理和全面预算管理等方面应用的研究，也是热点与前沿领域。

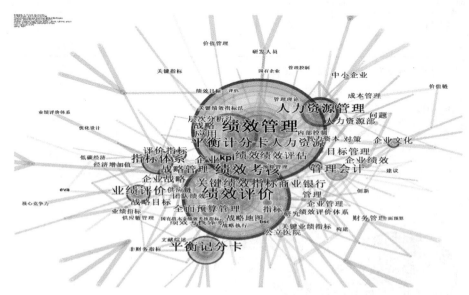

图 1 - 2　平衡计分卡主题关键词共现可视化图谱

表 1 - 2　　　　　　　平衡计分卡研究文献关键词突现率（TOP15）

关键词	突现率	开始年份	结束年份	2000 ~ 2022 年
平衡计分卡	4.0799	2000	2003	
战略目标	3.668	2004	2006	
人力资源管理	3.2138	2005	2006	
BSC	3.6375	2007	2010	
企业	3.3681	2009	2011	
战略管理	3.1505	2010	2013	
绩效考核	7.2436	2012	2017	
企业绩效	3.1512	2013	2017	
管理	3.0246	2013	2017	

续表

关键词	突现率	开始年份	结束年份	2000 ~ 2022 年
问题	3.2534	2013	2015	
成本管理	3.5355	2014	2015	
管理会计	8.7203	2014	2017	
全面预算管理	4.3218	2015	2017	
应用	5.7622	2015	2017	

资料来源：根据 CiteSpace 输出结果整理得到。

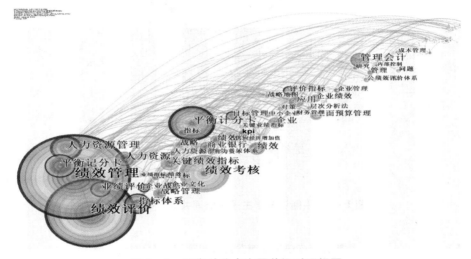

图 1－3　平衡计分卡主题前沿时区视图

（二）关于教育学院的研究

　　在中国知网（CNKI）以"教育学院""教育科学院""教育研究院"为关键词进行检索，在对文献进行手动筛选的过程中，发现检索到的文献中充斥着大量对某一教育学院介绍的期刊广告页，因此，放弃使用文献计量软件对相关文献进行分析，采取手动检索的方式。在大量的文献中提取出与本书主题最切合的文献，对检索后与主题最相关的所有文献进行文本分析发现，与教育学院相关的研究主要集中在以下几个主题：教育学院的定位与发展问题研究、国外和我国港澳台地区教育学院研究、教育学院改革问题研究、教育学院社会服务与职能研究、教育学院历史研究、师范大学与教育学院关系研究、国内教育学院的比较研究、教育学院建设问题研究等方面。

1. 教育学院的定位与发展问题研究

对于教育学院的定位与发展问题的研究，可以分为对教育学院的战略、定位和发展趋势研究。陈小波（1999）从历史、现状、未来三个方面讨论了我国教育学院的定位与转换问题。许宝成（2000）从信息服务、教科研指导、师资培训、干部轮训等方面阐述了高校体制改革过程中教育学院的定位问题。胡艳（2006）对不同时期教育学院的功能进行了探讨①。王燕（2007）提出，我国综合性大学教育学院的功能应进行扩展。诸东涛（2008）认为，教育学院应走教研型教师教育的道路②。栾兆祥和陶小青（2008）认为，教育学院应致力于应用型性研究与实践。孙华（2010）对我国综合性大学教育学院的市场、定位、机制等方面做出了剖析③。吴仁英和刘恩允（2011）将教师教育学院定位为"培养机构""研究机构""发展基地""认证机构"④。包水梅（2012）认为，研究型大学教育学院应以综合化、国际化、特色化为发展战略和指导思想⑤。张斌贤和董静（2012）认为，国内名称相同的教师教育学院在诸多方面存在差异，师范类院校要抓住自己的特色⑥，合理定位，找好突破口，不断获得发展。刘蕾（2014）认为，我国研究型大学教育学院发展定位要注重办院目标多样化、办院环境规范化、学科发展明确化、办院层次分散化、服务方向多元化⑦。对于教育学院发展问题的研究主要观点有：李娇萍和邵文安（2005）对省级教育学院的可持续发展路径做出了研究；韩晓东和刘宏全（2008）认为，省级教育学院要走内涵式发展道路；苗青（2010）认为，教师教育的发展对教育学院的发展带来了不利的影响；程介明教授（2010）以北京大学教育学院为例对走向明天的教育学院进行了分析；⑧钟祖荣（2011）基于教师教育一

---

① 胡艳. 新形势下大学教育学院的功能 [J]. 北京师范大学学报（社会科学版），2006（06）：28 - 34.

② 诸东涛. 教研型教师教育院校建设刍议——关于对教育学院转制科学定位的思考 [J]. 江苏高教，2008（03）：52.

③ 孙华. 综合性大学教育学院的发展：市场、定位、机制 [J]. 高等教育研究，2010（05）：19 - 24.

④ 吴仁英，刘恩允. "教师教育学院"模式的角色定位与实施路径 [J]. 当代教育科学，2011（05）：32 - 34.

⑤ 包水梅. 我国研究型大学教育学院发展战略探析 [J]. 学术论坛，2012（08）：219 - 223.

⑥ 张斌贤，董静. "教师教育学院现象"与师范院校的发展战略 [J]. 高等教育研究，2012（10）：30 - 36.

⑦ 刘蕾. 我国研究型大学教育学院发展定位研究 [D]. 太原：山西师范大学，2014.

⑧ 程介明. 走向明天的教育学院 [J]. 北京大学教育评论，2010（04）：75 - 84 + 189.

体化的视角，对我国教育学院的策略选择和发展前景做出了预测①。上述学者主要研究我国教育学院的定位与发展问题。

2. 国外和我国港澳台地区教育学院研究

对于国外和我国港澳台地区的教育学院的研究方面，涉及的国家有美国、英国、新西兰、印度等，以及我国的港澳台地区。其中，对国外教育学院研究最多的问题是关于美国教育学院的研究，如袁运开（1995）对美国著名大学的教育学院的发展进行了研究；吴志功（2000）对美国大学教育学院的排名和发展进行了研究；洪成文（2004）对美国教育学院认证标准进行了解读②；黄丽娜（2006）和叶苗（2014）对美国综合大学中教育学院课程设置的问题进行了研究；赖志玲（2007）和张济洲（2010）对美国教育学院的教师教育问题进行了研究；李伟（2008）通过芝加哥教育学院停办的事件，反思了教育研究应该遵循的学术标准和研究范式；祝怀新和许啸（2009）以哈佛和斯坦福大学为例对美国研究型大学教育学院的人才培养模式进行了分析③；杜秀萍（2008）和邓丹（2010）对美国高等教育机构的转型作出了研究④；李萍（2013）对美国教育学院的历史问题进行了研究。对英国教育学院的研究，主要是以伦敦大学教育学院为主，李绯（2006）对伦敦大学教育学院的发展问题进行了深入的分析与阐释⑤；何晓芳（2007）对伦敦大学教育学院的博士培养问题进行了研究。马俊红和姜君（2011）对印度教师教育学院进行了研究。李钟善等（1999）对新西兰奥克兰教育学院的办学特点进行了研究。史明洁（2012）对香港教育学院实习制度进行了实地调研与分析。熊川武（2000）对港台地区和内地（大陆）的教育学院系本科教学计划进行了比较分析。萨尼娅·查乌拉（Saniya Chawla，2015）指出，高等教育机构在竞争日益激烈的环境中，要想实现可持续竞争优势，需要进行大幅度的结构转换策略。文章基于调查的方法，召集了300名来自印度高等教育机构的教师，主要研究分析学习型组织理论在印度高等教育机构中的应用并进行创新，使之适应高等教育机构

---

① 钟祖荣. 教师教育一体化的反思与教育学院发展的选择 [J]. 教师教育研究，2011（06）：9 – 13.

② 洪成文. 美国教育学院认证标准及其特点研究 [J]. 教师教育研究，2004（03）：73 – 80 + 67.

③ 祝怀新，许啸. 美国研究型大学教育学院人才培养模式探析 [J]. 高等教育研究，2009（05）：62 – 66.

④ 邓丹. 美国师范学院的转型研究 [D]. 成都：四川师范大学，2010.

⑤ 李绯. 伦敦大学教育学院发展研究 [D]. 上海：华东师范大学，2006.

的发展①。

3. 教育学院改革问题研究

关于教育学院改革问题的主要研究有：胡幸福（1996）研究了 20 世纪 90
年代我国教育学院的教学任务和转变特点；刘子贵和翁智群（2000）认为，创
新教育是教育学院改革的核心；方国才（2001）认为，教育学院的生存发展要
与当时高师改革趋势相结合；闫建璋等（2007）对我国高等师范专科学校的办
学模式进行了研究；付八军和彭春妹（2008）对我国教育学院发展面临的冲
击、设置教育学院的必要性和教育学院改革发展的路径选择进行了剖析②；吴
恒山（2010）对我国教育学院的改革历史和改革发展走向作了研究；普莉希
拉·查德威克（Priscilla Chadwick，1996）认为，教育机构需要加强教育发展
的战略作用，进行跨机构合作，提高学术质量③；戈登·柯克（Gordon Kirk，
1986）认为，教育学院在提供师资力量和支持资源服务上具有重要作用，它通
过初始课程的培训对所有进入教学行业的教师施加影响。一些高校的教育资源
专家在学校开展持续的项目，这些资源的使用和评价成为所有教师的专业基
础，从而确保教师可以开展卓有成效的教学活动④。

4. 教育学院社会服务与职能研究

关于教育学院的社会服务与职能研究的主要观点有：白晓明和史亚君
（2004）对教育学院服务于教师继续教育的问题作出了思考；朱家安（2005）
对教育学院参与西部大开发的运行机制与形式作了研究；何兆华和童广运
（2008）对省级教育学院适应地方经济发展的道路进行了探索；张琳琳
（2013）认为，教育学院应构建现代教育服务体系；郭赟嘉（2014）对我国师
范大学教育学院社会服务进行了分析，并提出了教育学院社会服务转型的策
略；范甜（2015）对大学教育学院的职能和实现途径进行了分析；马苏德·巴
德里（Masood A. Badri，2004）主要探讨高等教育机构在实施教师绩效评估研

① Saniya Chawla, Usha Lenka. A study on learning organizations in Indian higher educationalinstitutes ［J］. Journal of Workplace Learning, 2015 （27）：142 – 161.
② 付八军，彭春妹. 新形势下地方高校教育学院改革刍议 ［J］. 大学教育科学，2008 （06）：22 – 25.
③ Priscilla Chadwick. Strategic management of educational development ［J］ Quality Assurance in Education, 1996 （4）：21 – 25.
④ Gordon Kirk. Colleges of education and resource services in schools ［J］. Library Review, 1986 （35）：184 – 187.

究、教学研究和大学社区服务等方面的工作①。

5. 教育学院历史研究

现有的关于教育学院研究的文献中，研究教育学院历史的文献相对较少。对教育学院历史研究的主要观点有：唐亚豪（2000）将我国教育学院的发展历史划分为创建阶段、稳步发展、停办阶段、恢复阶段、兴盛阶段、学历补偿阶段6个阶段；赖红梅（2008）研究了我国教育学院机构建制的历史演变及其改革；田正平教授和陈玉玲（2012）对国民政府初期（1931～1936年）高等院校教育学院（系）的整顿进行了研究；丹尼尔·杜克（Daniel L. Duke, 2015）认为，高等学校的历史、地区分布对于解决教育问题具有重要作用，将组织理论应用到教育和教育系统并开发新的组织理论，同时强调历史因素对教育领导者的影响②。

6. 师范大学与教育学院关系研究

通过对国内关于教育学院研究的文献分析发现，学者对师范大学与教育学院的关系是比较关注的，主要的研究有：王瑞敏（2012）对师范大学教育学院人才培养模式的研究；文胜利等（2013）对师范大学如何更好地经营教育学院进行了研究；侯小兵和张继华（2013）对师范院校设立教师教育学院的原因进行了研究；刘凌燕（2013）对我国师范大学教育学院的科研现状进行了调查与分析；闫建璋（2014）对我国师范大学教育学院教师科研现状进行了调查研究。

7. 国内教育学院的比较研究

通过比较的方法对教育学院进行分析研究，主要包括：张飞（2007）对中美的教育学院从称谓之别、培养目标、系科及专业设置、师资力量、学生来源及就业方向5个方面作了比较研究，找出了在不同方面中美教育学院存在的差别，并提出了我国教育学院进一步发展完善的策略③；焦彩珍（2012）从办学定位、组织机构、学术研究、人才培养、社会服务等方面对我国教育学院进行了比较研究，分析了我国主要教育学院的共同点与不同点，并对教育学院今后的发展道路进行了探讨；殷昌（Yin Cheong, 2011）通过对不同地区教育中心

---

① Masood A. Badri Mohammed H. Abdulla. Awards of excellence in institutions of higher education: an AHP approach [J]. International Journal of Educational Management, 2004 (18): 224–242.

② Daniel L. Duke, Organizing education: schools, school districts, and the study of organizational history [J]. Journal of Educational Administration, 2015 (53): 682–697.

③ 张飞. 中美大学教育学院之比较研究 [J]. 现代教育科学, 2007 (03): 56–60.

机构关于教育发展的审查，分析其功能、策略和相关问题，分析中国和亚太地区的发展趋势。以香港为例，通过与国际化标准比较教育中心发展与高等教育发展之间的关系①。

8. 教育学院建设问题研究

国内学者关于我国教育学院的建设问题研究较多，涉及的主要内容有学科专业与科研建设、特色建设、内部建设、院长素质与人力资源建设等。关于学科专业与科研建设研究的主要内容有：梁励（2010）对教育学院学科专业建设进行了研究，提出教育学院学科专业优化建设的思路与提高核心竞争力的策略；邢红军等（2013）以南京师范大学教师教育学院为例，提出教师教育学院是学科教学知识中国化的实践范本；仝素勤（2001）对教育学院的师范性与学术性的关系进行了探讨，并提出了随着教师教育的发展，教育学院有了新的发展领域。关于教育学院的科研建设问题的主要研究有：吴龙（2000）对我国教育学院的科研任务和科研管理进行了探讨；王岩（2012）认为，省级教育学院的发展应突出研培一体化特色。关于教育学院特色建设的主要研究有：张蓉（1999）对江苏省立教育学院的办学特色进行了研究；王伯康和柳国梁（2000）认为，创建办学特色是新世纪教育学院发展的重要课题；王冬凌（2000）通过对教师专业化和中小学教师教育的继续教育的研究，提出了教育学院的发展如何走特色化道路的途径；柳菊兴（2002）认为，在新的时代背景下要努力寻找新坐标、发展新特色；陈光春（2006）提出，要不断建设教育学院的优势特色，以优势特色搭建教师继续教育平台；靳雁涛（2008）提出，要加强大学特色文化建设，以此来助推教育学院的发展；赵凤平（2010）对教育学院如何建设大学特色文化进行了探究。

关于教育学院人力资源管理与建设的主要研究有：关于教育学院院长素质的研究，如章建生和池伟（2000）研究了我国教育学院学科带头人培养的途径和措施；刘尧教授（2003）提出了教育学院院长应该具备十种能力，即：预测未来的能力、应变能力、获取信息能力、协调教育学院与大学及其他学校部门关系的能力、办学资金的筹措能力、清醒的教育使命感、责任感、公正诚实处事、评价的态度、关心全体工作人员的工作作风、幽默感；程灵（2009）对教育学院的学者参与学校管理的困境和出路进行了研究；秦珊薇（2015）对我国

① Yin Cheong, Cheng Alan C. K., Cheung Timothy W. W. Yeun. Development of a regional education hub: the case of Hong Kong [J]. International Journal of Educational Management, 2011 (25): 474 – 493.

师范大学教育学院院长的角色冲突进行了研究。对于教育学院的内部建设问题的研究主要有：丁康（2003）对我国教育学院教育资料网站建设进行了分析；胡海建（2011）对大学教育学院的内驱力进行了研究；穆罕默德·伊姆兰·拉希德（Muhammad Imran Rasheed，2016）认为，高校教师激励制度会对高等教育机构产生影响，员工激励是影响教育部门工作的重要因素，对教师所面临的工作环境、工作培训和发展、管理体系都会产生重大影响[1]；基尔西·皮海尔托（Kirsi Pyhältö，2011）以各地学区教育领导人为研究对象，对高等院校校长和首席教育官对学校的改革与发展作用进行了研究。对于研究不同层次之间的高等院校系统和规模具有指导意义，认为在分散的教育系统中，地方有关部门和学校是主要负责学校和教育机构改革创新的关键，并指出建立共享的工作原理和考虑当地因素对学校改革是至关重要的[2]。穆田博光（Hiromitsu Muta，2000）为进一步提高管理技能，达到维持其竞争优势的目的，认为教育委员应以创造性、灵活性和多样性的方式进行权力下放来放松管制[3]。

整体来看，国内教育学院相关研究方面主要聚焦于以下三个主题：一是从国家、社会层面关注经济社会发展需求下教育学院建设模式的发展；二是从高校层面关注院校系统内教育学院的组织结构布局；三是从教育学院内部层面分析其具体功能。同时，通过分析国外教育学院的相关研究，我们发现境外教育学院的研究主要涉及德国、英国、新加坡、南非以及美国等国家，这些国家对于教育学院的研究又主要聚焦于教师教育学院，但也有部分国家教育学院立足研究型的定位展开学院组织建设，这为本书分析教育学院教师人才培养、学术科研功能提供经验，也为分析教育学院功能实现机制提供了相关理论实践基础。

"双一流"建设战略的提出为我国高校学科调整与院系调整提出了相应要求，探讨如何能够在"双一流"建设背景下找到协调、综合、可持续的高校发展模式至关重要。在此过程中，教育学科的调整以及教育学院的调整呈现多样化的特征，并且总体的组织架构进一步与所处高校系统、所处学科系统进行联结。现阶段对于"双一流"建设背景下高校教育学院的研究主题是从师范教育

---

① Muhammad Imran Rasheed, Asad Afzal Humayon, Usama Awan, Affan ud Din Ahmed. Factors affecting teachers' motivation [J]. International Journal of Educational Management, 2016 (30): 101 – 114.

② Kirsi Pyhältö, Tiina Soini, Janne Pietarinen. A systemic perspective on school reform [J]. Journal of Educational Administration, 2011 (49): 46 – 61.

③ Hiromitsu Muta. Deregulation and decentralization of education in Japan [J]. Journal of Educational Administration, 2000 (38): 455 – 467.

的转型升级、综合性大学教育学院的功能变迁等视角出发，但对于我国高校教育学院究竟在其所处系统中发挥了何种功能，对于我国高校教育学院整体上的系统性的组织模式的研究较为缺失。

"双一流"建设背景下，关于如何实现综合评估与如何更好完成学科建设成为关注的焦点，对于各学校之间的建设政策与方案的比较也具有较为充足的理论基础。在政策与建设方案方面，"学科占据了绝对的中心节点位置，并与其他关键词保持密切联系"①（张京京，2022）的观点凸显了"双一流"建设中学科建设的关键作用，学科生态的建设成为"双一流"建设的重要环节。在学科建设普遍逻辑的基础上，"'双一流'建设的着力点与突破口是基层学科组织，学科组织可持续发展仍然是目前需要解决的难题，如何激活学科组织的内生发展活力，促进我国'双一流'建设成为重要议题"②（蒋观丽、刘志民，2023）的观点提出了完善学科组织在"双一流"建设中的重要意义，并且基于外嵌理论提出了相应的学科组织机理与逻辑。教育学院作为教育学科的建设组织，不仅仅承担着简单的教育学科的建设职能，同时也发挥着教育理论反哺其他学科的独特研究优势。因此，在"双一流"建设背景下，对于学科建设与学科组织的进一步发展的要求下，探索出如何更好发挥教育学院这样的能够更好推动教育学科建设、教育学科组织发展、教育理论创新的中观院校组织的建设作用意义非凡。

在关于教育学院建设本身的研究上，目前呈现多元化发展趋势，脱离了原有局限于师范教育研究的范式，而是将研究视角拓展到数量更多、涵盖范围更广的综合类大学上，但对于整个教育学院系统的研究目前仍然缺失。在教育学院静态建设研究上，从教育学院学科建设出发，"通过对比等手段，运用三角协调理论，发现地方综合性大学师范教育在'双一流'建设背景下的出路"③（方梦，2019）的观点虽研究着眼点为师范教育，但其将师范教育组织放置于综合性大学系统。其研究中体现出的社会系统中的多元交互视角是值得借鉴的，对本书调查研究教育学院这样的中观组织为学校生态与全国教育学院生态如何建设提供了研究思路。从绩效指标出发，"结合教育学院发展过程中的内、

① 张京京. 我国一流大学与一流学科建设政策及方案的比较研究 [J]. 科教文汇，2022（22）：2-5.
② 蒋观丽，刘志民. 外嵌与内生："双一流"建设背景下高校学科组织发展的内在机理与行动逻辑 [J]. 江苏高教，2023（08）：70-78.
③ 方梦. "双一流"建设背景下地方综合性大学师范教育的困境与出路 [D]. 深圳：深圳大学，2019.

外部动力与阻力，尝试构建一套高校教育学院绩效评价的指标体系，以寻求高校教育学院的可持续发展之路"①（宋亚峰，2018）的观点同样参考了三角协调理论，也强调了环境与组织内部的要素交互，为教育学院的发展提出了绩效指标参考。

教育学院动态建设研究上，基于功能主义，"综合性大学教育学院的功能变迁在时间维向上经历了模糊单一期、弱化缺失期、分化整合期、多元明晰期等不同的时期，每一阶段的变迁遵循特定的进化逻辑"②（宋亚峰，2020）的观点展示了教育学院的动态变迁以及功能发展的逻辑。由此可见，"双一流"建设下我国教育学院与所处的政策环境、院校环境、社会环境的联系更加密切，并且其组织性更加突出。因此，在"双一流"建设背景下探讨多维环境与多维组织系统的异变对教育学院的组织所产生的影响，探究多种多样环境因素与教育学院积极交互下所产生的学院组织类型以及学院功能十分重要。

中国的高等教育体系中，教育学院作为培养教育专业人才和推动教育研究的重要组成部分，具有重要的功能。在关于我国高校教育学院功能的研究上，现有研究主要认为，教育学院是培养人才的重要机构，其在教育科学领域的研究具有重要的学术价值，同时承担着教育咨询、教育评估等任务。依据教育学院不同功能属性，"综合性大学教育学科的发展模式主要有三种：一是学科导向型，即突出学术性，主要遵循学科建设逻辑；二是人才培养导向型，即突出教育性，为中小学或中等职业学校培养教师，与校内其他学科形成共生态势；三是服务贡献型，即突出服务性，走院校研究之路，为综合性大学教育教学改革和人才培养服务，专注本校的教育教学改革与管理问题的研究"③（周文辉、勾悦、李明磊，2018），此观点为本书建立教育学院结构类型的分类指标提供些许借鉴，并成为我国高校教育学院结构分类的重要切入点。

"世界一流教育学科肩负着培养人才、增进学科知识和满足社会需求三个方面的学科使命，办学定位呈现师范性与学术性日益融合的特征"④（韩双森、谢静，2021）的观点同样认为教育学院功能涵盖了人才培养、科学研究、社会

　　① 宋亚峰. 基于 BSC 的我国高校教育学院绩效评价指标体系构建研究［D］. 兰州：兰州大学，2018.

　　② 宋亚峰，王世斌. 综合性大学教育学院的功能变迁与进化逻辑——基于功能主义的分析范式［J］. 当代教育科学，2020（05）：66–71.

　　③ 周文辉，勾悦，李明磊. 教育学科如何适应"双一流"建设——基于中美研究型大学教育学科建设比较研究［J］. 研究生教育研究，2018（01）：83–90.

　　④ 韩双森，谢静. 世界一流教育学科建设模式的比较研究［J］. 高等教育研究，2021，42（12）：59–70.

服务三个方面。上述成果主要聚焦了教育学院基础功能，本书基于静态上学院的培养层次、研究方向、学校类型等要素，同时结合教育学院办学传统、历史沿革和制度文化等动态的生成和演化路径进行考察，建立八大分类指标，进一步深入分析总结我国高校教育学院的核心功能。

对于教育学院功能实现机理的研究，既有的研究形成了纵横相交的格局，即纵向上国家、高校两类建设主体与横向的权力关系、结构布局和逻辑机理相互交织：以国家为教育学科建设主体开展的研究多关注国家行政力量和经济社会发展需求对学院组织结构建设模式的影响，"上位系统一体联系考量核心在于将三者放置到社会主义现代化国家建设全局予以审视"① （段从宇，2023）的观点印证了位处于国家事业和社会治理"多维立体空间"的教育学院属典型的空间立体"三角协调"关系，其各项功能发挥受到国家、市场等外部环境的显著影响，并随之生成适应机制；以高校为教育学科建设主体开展的研究聚焦于学院结构布局，此类研究以剖析"双一流"建设背景下综合性大学教育学院裁并案例为主要研究手段，"开始采取削枝强干的学科收缩管理思路，教育学院因学科整体水平低且未能有效地实现成立之初的组织意图而被撤销"② （任初明、杨素萍，2019），由于教育学院在高校组织系统中占有生态位较小，学院竞争力低下，在面临院校布局结构调整时常常成为"弱势群体"，往往处于"孤立无援"的状态，因此，隶属于职能部门或合并到二级教学科研单位，一定程度上可以依托所在机构的资源，同时有利于更加密切联系学校管理和服务部门，加强跨学科研究。综上，为探讨我国高校教育学院功能及其优化机制，本书在借鉴已有研究上，结合多元静动态指标分析教育学院组织机构类型，深入剖析其核心功能，试图为建设一流教育学科、完善学科组织载体提供有益思路。

"双一流"建设下的学科建设与综合评价模式更加倾向于整个院校系统与学科系统的交互，对于教育学院功能的研究主要倾向于人才培养、科学研究、社会服务三个方面，相关学科组织的研究也提醒着我们如何激发学科的内生动力，更积极地推动组织与环境的选择、适应是十分必要的。除此之外，"双一流"建设下的教育学院的研究也不约而同从三角均衡理论与组织理论出发，对于教育学院这样的学科组织承载者的发展提出了更新更丰富的理论支持。基于

① 段从宇，胡礼群，张逸闲. 中国式现代化进程中教育、科技、人才三者关系的科学识辨与正确处理［J］. 教育科学，2023，39（02）：48－55.
② 任初明，杨素萍. "双一流"建设背景下综合性大学教育学院撤并的案例剖析及启示——兼论综合性大学教育学科建设［J］. 黑龙江高教研究，2019，37（10）：1－5.

此，为达到更好的学科建设、更完善的学科组织，在诸多变迁理论的基础上，以系统的、组织的、完整的视角找到现阶段我国教育学院的组织模式是更有效实现我国教育学院组织进化与良性发展的关键。

国外关于大学教育学院发展的研究相对成熟，但少有研究从中观组织层面对教育学院功能进行分析研究，于是我们围绕"二级学院治理""大学组织结构""高校组织文化"等关键词展开检索，通过对相关文献的分析，为我们研究教育学院的组织结构、功能及其功能实现机理积累了一定的理论基础。

在二级学院治理问题上，学者们普遍认为，学院治理的关键在于治理主体之间的权力关系。美国学者舒斯特（Schuster，1994）对有效治理作出解释，他认为，有效治理应该是"建立在治理能力基础之上的，能够实现高质量、高效率的决策手段"①。当前，各大学在治理上出现了明显的权力下移倾向，二级学院有了一定的治理自主权，教育学院作为大学中较为年轻的二级学院，研究如何更好地发挥其功能以促进组织治理体系的优化具有重要的现实意义。伯顿·克拉克（Burton R. Clark，1994）认为，二级学院是一种底部占主导地位的权力组织结构，在这种组织结构中，权力如何分布影响学院的治理模式②。教育学院的治理模式应然也是围绕权力的制衡与合作进行划分，学院治理过程中侧重不同权力的类型，学院具备何种功能在一定程度上有赖于治理核心的取向。对于二级学院治理的具体路径层面，伯恩鲍姆（Birnbaum，2004）认为，应该构建管理、专业、责任三方共同协助的权力体系，以完善二级学院的治理结构③；罗纳德·埃伦伯格（Ronald G Ehrenberg，2010）提出大学治理包括二级学院的治理，其最核心的问题就是权力的配置情况④。学者对如何从整体上把握二级学院治理的问题给予回答，启示本书在分析教育学院功能时要将其置于宏观的组织系统中，充分考虑外部权力体系对于其功能实现的影响，从而构建更加优化的功能体系。总的来说，二级学院的治理问题已经受到学术界的普遍关注，但针对教育学院治理的专门研究目前较少。因而，通过二级学院治理的相关理论并将其运用于教育学院的治理当中，为我们研究教育学院实际功能

---

① Schuster J, Smith D, Corak K, et al. Strategic Academic Governance：How to Make Big Decisions Better［M］. Phoenix, Ariz：Oryx Press, 1994.

② ［美］伯顿·克拉克. 高等教育新论［M］. 王承绪等，译. 杭州：浙江教育出版社，2001.

③ Birnbaum R. The End of Shard Governance：Looking ahead or Looking back［J］. New Directions for Higher Education，2004.

④ Ehrenberg R G. Did Teachers' Verbal Ability and Race Matter in the 1960s? Coleman Revisited［J］. Economics of Education Review，1995，14（1）：1–21.

发挥提供些许理论借鉴。

在大学组织及其变革的问题上，"大学组织研究属于高等教育管理研究的一个重要组成部分，但目前似乎还没有形成一个相对独立的研究领域"，但相关学者的研究为我们了解宏观大学组织及其变革，并进而深入到中观教育学院组织及其变革提供理论基础。伯恩鲍姆和罗伯特（Birnbaum and Rorbert，1990）指出，大学组织结构本身是复杂和多样的，多种分析模式增加了我们对大学组织认识的全面性，在多种分析模式之间，没有绝对的孰对孰错、孰优孰劣之别，只有哪一个模式更适合于分析和解释研究对象的行为①。对大学组织的分析，同样适用于教育学院组织的研究，全国高校教育学院呈现出不同的组织模式样态，其模式的设置必然存在相应的合理性，探究其模式背后的逻辑有利于我们更好地分析其功能。亨利·明茨伯格（Henry Mintzberg，1980）研究分析组织结构设计的要素，根据不同的环境和规模，各种变量的排列顺序不同，通过排列可以组成五种基本组织结构：简单结构、机械结构、职能结构、事业部结构、矩阵结构。按此划分，大学的组织结构属于事业部结构，教育学院作为大学的子系统，这为分析其组织结构提供了有利的启示。② 要研究作为中观组织的教育学院，也需要将其置于高等教育系统中加以考量。弗兰斯·范·菲赫特（Frans van Vught，1992）对高等教育系统的结构，包括高等教育在全国教育系统中的地位、部分重要的指标、高等教育系统的历史和基本原理、高等教育系统各构成部分的职能和目的进行论述与思考③，为本书分析教育学院外部系统以及与其交互而产生相关功能提供理论视野。

在高校组织建设问题上，主要见于高等教育的相关文献中，其中美国学者的研究一直处于"领跑"地位，无论数量上还是话题的前沿性上都颇具代表性。伯顿·克拉克（2003）认为，高等教育的学术心脏地带是"各学科和各事业单位之间形成的相互交织的矩阵"，④ 这种矩阵结构使教学和科研两条脉络相互交织，并与工作、权力和信念三个要素贯穿，形成了高等教育系统内部大大小小的矩阵"交叉点"，而这些"交叉点"体现在大学内部即是不同层级的基层学术组织。在"双一流"建设背景下，我国大学基层学术组织的生态化

① ［美］罗伯特·伯恩鲍姆. 大学运行模式［M］. 别敦荣，译. 青岛：中国海洋大学出版社，2003.
② Mintzberg H. The Structuring of Organizations：A Synthesis of Research［J］. Administrative Science Quarterly，1980，25（3）.
③ ［荷兰］弗兰斯·F. 范富格特. 国际高等教育政策比较研究［M］. 王承绪等，译. 杭州：浙江教育出版社，2001.
④ ［美］伯顿·克拉克. 高等教育新论［M］. 王承绪等，译. 杭州：浙江教育出版社，2001.

治理和生态系统的再造，在新时代大学学术性的回归和各院系组织多重功能发挥方面发挥重要作用。蒂尔尼（Tierney，2017）认为，大学不只是一个简单的结构单元的总和，而是一个符号和抽象的文化内涵创生的场所，① 大学治理应当理解为大学基本价值的象征性过程，大学治理绩效的提升，不在于设计出一种最好的治理制度，而在于大学参与者能够有效地解释大学文化。大学在所有的社会组织中是最应该、最需要、最有条件研究和践行文化治理的现代组织，而大学组织内部各个院系的文化建设也是值得被关照的，教育学院作为其中一个组成部分，其自身文化功能的实现有利于高校整体文化治理的优化。亚历山大（Alexander，1985）提到"组织文化主要是指能够体现本校特色的指导思想、管理哲学和办学宗旨"②，启示本书通过分析教育学院的院训、培养目标等归纳其在文化层面的功能，了解不同结构类型教育学院具有的多样组织文化及功能形成机理。

（三）关于高校二级学院绩效评价的研究

为了更好地把握现有关于"高校二级学院绩效评价"的研究现状、热点及前沿，在中国知网（CNKI）中检索发现关于"高校二级学院绩效评价"的相关研究呈现逐渐增加的趋势，尤其是在 2004 年之后，关于"高校二级学院绩效评价"的相关研究的增速不断加大，进入 21 世纪关于高校二级学院绩效的相关研究逐渐增多。由上述数据可以看出，高校在发展过程中，已开始逐渐摆脱"求全求大"的倾向，开始逐步关注高校二级学院的发展绩效问题，从对"量"的关注开始逐步向对"质"的关注转变。

本书利用文献计量软件 SATI 对与"高校二级学院绩效评价"相关的文献，进行了关键词抽取与统计，并利用 CiteSpace 对关键词的中心度进行统计分析（见表 1 - 3）。"高校二级学院绩效评价"相关研究的高频关键词有："绩效评价、高校、高校教师、指标体系、绩效、绩效考核、平衡计分卡、绩效管理、层次分析法、评价指标、评价体系、预算管理、高校图书馆、财务管理、对策、科研绩效、高等教育、地方高校、科研经费、财务绩效"等。通过对"高校二级学院绩效评价"相关文献高频关键词的统计和社会网络分析图谱（见图 1 - 4）的分析可知，与此相关的主要研究主题有：第一，不同评价对象的

---

① Tierney S M, Friedrich M, Humphreys W F, et al. Consequences of Evolutionary Transitions in Changing Photic Environments [J]. Austral Entomology, 2017, 56 (1)：23 - 46.

② J. Alexander. Neofunctionalism [M]. Beverly Hills：Sage. 1985：9.

表 1 - 3　　　　　　　"高校绩效"主题高频关键词统计（TOP20）

序号	关键词	频次	中心度	序号	关键词	频次	中心度
1	绩效评价	1049	0.09	11	评价体系	95	0.09
2	高校	681	0.14	12	预算管理	87	0.10
3	高校教师	256	0.18	13	高校图书馆	78	0.13
4	指标体系	253	0.16	14	财务管理	67	0.11
5	绩效	172	0.14	15	对策	62	0.12
6	绩效考核	167	0.06	16	科研绩效	60	0.04
7	平衡计分卡	158	0.05	17	高等教育	58	0.05
8	绩效管理	142	0.08	18	地方高校	56	0.09
9	层次分析法	139	0.10	19	科研经费	55	0.05
10	评价指标	96	0.16	20	财务绩效	48	0.09

资料来源：根据 CiteSpace 输出结果整理得到。

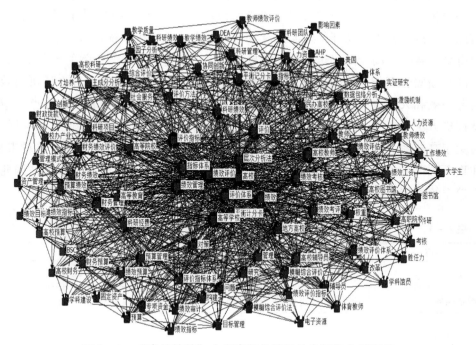

图 1 - 4　　"高校绩效"主题高频关键词社会网络分析图谱

绩效考评，如对于高校图书馆、高校教师、科研系统和财务系统的绩效评价，如史万兵和杨慧（2014）对高校教师科学研究绩效的"评价方法"① 进行了研究；第二，利用不同的方法对高校系统绩效评价指标的构建，如利用平衡计分卡（BSC）和层次分析法（AHP）构建的指标体系等，如杨德毅（2008）利用平衡计分卡（BSC）在"我国科研机构中科研绩效的管理"② 提供了新的指标与方法；第三，对高校绩效管理的现状、问题与对策的研究，此类研究是目前关于高校绩效管理的重要组成部分。

基于上述对现有关于"高校二级学院绩效评价"相关研究的高频词统计分析与关键词社会网络分析，得出了现有关于"高校二级学院绩效评价"的主要研究现状，在深入把握现有研究现状的基础上，对"高校二级学院绩效评价"的相关研究热点与前沿趋势进行进一步分析是十分必要的。本书利用CiteSpace5.0对"高校二级学院绩效评价"相关研究的关键词进行了可视化分析（见图1-5）、关键词强突趋势分析（见表1-4），进一步得出关于"平衡计分卡"研究的热点与前沿趋势。通过对关键词共现可视化图谱、关键词强突趋势表的分析，得出现有关于"高校二级学院绩效评价"研究的热点与前沿趋势主要有以下几点：首先，从评价对象角度来看，现有关于高校系统评价的热点对象主要有高校教师、高校图书馆和高校辅导员等，上述评价对象的绩效管理是目前关于高校绩效管理与评价的热点与前沿领域；从绩效评价的类型来看，科研绩效、财务绩效和人力资源管理绩效，是目前高校绩效管理相关主题的研究热点领域；从评价方法上来看，主要有综合评价法、平衡计分卡和模糊综合评价法等。通过对关于高校系统绩效评价的热点与前沿主题分析发现，高校系统发展开始越来越注重不同环节的绩效评价，而不是像以往的发展过程中一味地求全求大，因此，高校系统的绩效评价成为现有关于高等教育系统绩效评价研究的热点领域。

表1-4　　　　　　"高校绩效"研究文献关键词突现率（TOP15）

关键词	突现率	开始年份	结束年份	1989~2022 年
评价	7.8519	2002	2008	
教师绩效	6.5476	2006	2007	

---

① 史万兵，杨慧. 高等学校教师科研绩效评价方法研究 [J]. 高教探索，2014（06）：112-117.
② 杨德毅. 平衡计分卡在我国科研机构绩效管理中的应用研究 [D]. 青岛：中国海洋大学，2008.

续表

关键词	突现率	开始年份	结束年份	1989~2022 年
校办产业	5.4782	2007	2010	
平衡计分卡	5.8339	2007	2010	
综合评价	4.3961	2007	2009	
财政拨款	4.1355	2008	2011	
胜任力	3.4719	2010	2013	
高校辅导员	5.7975	2011	2013	
工作绩效	4.9479	2011	2013	
模糊综合评价	4.2990	2012	2014	
财务预算	3.6700	2013	2015	
预算绩效	4.0931	2013	2014	
绩效工资	3.5393	2013	2015	
绩效评价体系	3.9914	2013	2017	
协同创新	5.3280	2014	2017	
科研	4.7440	2012	2013	

资料来源：根据 CiteSpace 输出结果整理得到。

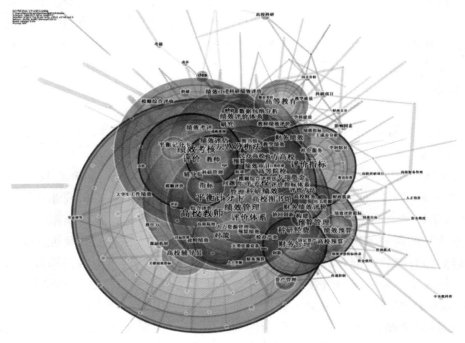

图 1-5 "高校绩效"主题关键词共现可视化图谱

通过上述对关于平衡计分卡、教育学院的研究、高校二级学院绩效评价的研究文献计量分析与综述，可以得出现有关于平衡计分卡的研究主要集中在企业管理过程中的 BSC 应用问题，在高校二级学院绩效评价过程中的应用较少；对于教育学院的研究，主要集中在教育学院的定位与发展问题研究、国外和港澳台地区教育学院研究、教育学院改革问题研究、教育学院社会服务与职能研究、教育学院历史研究、师范大学与教育学院关系研究、教育学院建设问题研究、国内教育学院比较研究等方面，关于高校教育学院绩效管理的文章少之又少；关于高校系统绩效的评价也主要集中在教师绩效管理、科研绩效管理和财务绩效管理等方面。因此，本书关注的高校教育学院绩效评价主题的研究，有利于丰富与充实相关领域的研究，上述各主题的研究不足与研究缺失，也进一步增加了本书研究的必要性。

第三节　理论基础

在理论基础层面，本书选取了组织理论——平衡计分卡、高等教育外部关系规律、三角协调理论、组织生态学以及结构功能主义作为调查研究的理论基础，并且本书对各个理论观点在调查分析中的体现进行了解构与说明，最终形成了以结构功能主义为核心的符合本书研究特征的理论研究框架和绩效评价核心维度。

一、平衡计分卡理论

平衡计分卡（balanced score card）是 1990 年由哈佛大学教授卡普兰（Robert Kaplan）和诺朗顿研究院诺顿（David Norton）领导的研究小组，基于"传统的财务方法进行行业业绩衡量已经过时"的思想而提出，在"衡量未来的组织业绩"的研究课题中形成的一种新的企业绩效评价方法。经过研究人员的大量研究和对绩效评价方法的创新，最终突破了传统的只注重财务的绩效评价方法，形成了一种全新的绩效评价方法。这种方法的形成以卡普兰和诺顿（David Norton）的系列研究成果为标志，即二人在 1990 年、1993 年、1999 年发表的题为《"平衡计分卡"：良好绩效的测评体系》《平衡计分卡的实际应用》《把平衡计分卡作为战略管理体系的基石》三篇研究文章。平衡计分卡进行绩效评价的框架图（见图 1 - 6）是通过自上而下的战略分解，实现财务（financial）维度、顾客（customer）维度、内部流程（internal processes）维度、学习和成长（learning and growth）维度四个维度具体的目标，同时采取相应的行动。

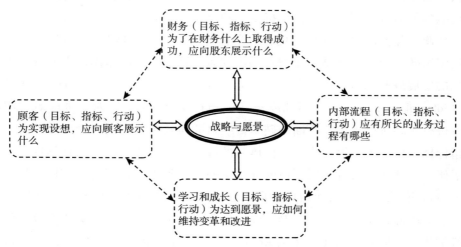

图 1 - 6　平衡计分卡进行绩效评价的框架图①

（1）财务（financial）维度：主要利用投资报酬率、现金流量指标、主营业务增长率等财务指标对组织的发展进行评价，关注的问题为："为了财务上取得成功，应向股东展示什么"，对于一个组织而言，尤其是营利性组织，财务维度是其绩效考核评价过程中非常重要的一个维度。

（2）顾客（customer）维度：顾客对企业生产产品的认可与消费对企业发展的发展意义重大，一个消费者口碑好的企业才可能在未来的发展中取得长足的发展与进步。因此，企业在生产自己产品的过程中，在产品的性能、质量和服务等方面要高度重视消费者的需求。顾客维度高度关注"为实现设想与战略，应向顾客展示什么"的问题。

（3）内部流程（internal processes）维度：这一维度要求企业在发展过程中，清楚地了解自己擅长的领域，通过不断优化整合自己的内部各业务流程，从而不断满足顾客的需求。内部流程维度重点关注"要不断满足顾客和股东，

---

① 罗伯特·卡普兰，大卫·诺顿. 平衡计分卡——化战略为行动 ［M］广州：广东经济出版社，2004.

哪些内部流程必须卓越"的问题。

（4）学习和成长（learning and growth）维度：组织企业员工出发，通过不断地整合创新人员、企业组织程序和信息系统三个方面的内容，实现顾客价值增长过程中的关键环节的成长与发展。学习和成长维度主要关注的是"为了实现组织的战略和蓝图，应如何维持变革和改进"的问题。

平衡计分卡适切性分析与优化。平衡计分卡自20世纪90年代提出之后，在组织绩效评价，尤其是企业绩效评价方面得到了广泛的运用。平衡计分卡以组织的发展战略和蓝图为导向，从财务（financial）、顾客（customer）、内部流程（internal processes）、学习和成长（learning and growth）四个维度对组织的绩效进行了多维度评价，不断突破了传统财务绩效评价的局限性和弊端，在评价指标体系中引入非财务指标评价体系的做法促进了评价结果的科学性，也引起了研究者和实操者等不同群体的强烈反响，得到了非常广泛的应用。平衡计分卡经过30余年的发展和运用之后，已经成为一种较为成熟和主流的绩效评价方法。因此，将平衡计分卡的绩效评价模式应用于高校等组织的绩效评价有其科学依据。但是，由于高校等组织相对于企业等营利组织而言，有其特殊性，因此在使用平衡计分卡的过程中要注意对其特殊性的考虑。

从平衡计分卡在高校等非营利性组织的实践来看，平衡计分卡在国外各营利性组织绩效评价的过程中得到了广泛应用。例如，英国的爱丁堡大学是较早使用平衡计分卡进行院校绩效评价的高校之一，爱丁堡大学根据学校的发展战略，从财务（financial）、顾客（customer）、内部流程（internal processes）、学习和成长（learning and growth）四个维度对学校的相应方面进行了评价，并提出了不断改进的目标，从而取得了非常好的效果。在我国的事业单位，基于平衡计分卡的绩效评价也有着诸多的实践与研究。本书将平衡计分卡的绩效评价模式运用到我国高校二级学院绩效评价指标体系的构建过程中，由于高校相对于企业等营利组织有其特殊性，因此对平衡计分卡的不同维度进行了进一步优化，以对接高校二级学院的特殊性。例如，在本书中，将财务维度具体为学院的具体经费收支情况，相对企业的财务指标，进一步减轻财务维度的指标权重；顾客维度将其具体为学生、家长和社会对学院的满意度；内部流程维度将其具体为学院的人才培养、科学研究和社会服务三个主要方面；学习与成长维度主要从学院的师资队伍建设、专业建设、定位与发展思路和经验借鉴等方面进行指标体系的构建。

二、高等教育外部关系规律

在社会这个大系统中，还有政治、经济、文化、教育等各种子系统，根据潘懋元教授等在其著作《高等教育学》中的观点，教育的外部关系规律主要是指"教育实践活动的过程与整个社会及其他子系统（政治、经济、文化等）的活动过程，存在着相互作用的必然联系"[①]。根据马克思主义哲学的观点，规律是事物本质的必然的联系。在社会大系统与教育小系统相互作用、相互影响的过程中，教育的发展必须与社会的发展相适应。按照潘懋元教授的观点，这里的适应包括两个方面的含义：第一方面是制约关系，即教育系统要受到一定的社会大系统中的经济系统、政治系统、文化系统所制约；第二方面是推动关系，教育子系统对政治子系统、经济子系统、文化子系统起推动作用。随着我国高等教育领域"双一流"建设的推进，以及第四轮学科评估的进行，教育与社会其他子系统的发生作用的方式也在进一步调整，在教育外部关系的指导下不断优化教育与社会其他子系统的关系，使得教育可以更好地助推社会的发展。

三、伯顿·克拉克三角协调理论

伯顿·克拉克在其著作《高等教育系统——学术组织的跨国研究》中提出了著名的"三角协调理论。"[②] 如图 1 - 7 所示，国家权力、市场竞争和学术权威这三股力量在高等教育系统中的作用是不同的，在不同的国家有着不同的组合方式，两两可以走向一个极端组合。教育学院作为高等教育系统的一个组成部分，其发展过程中也会受到来自国家权力、市场竞争和学术权威的不同影响，教育学院的不断发展甚至消亡，也是国家权力、市场竞争和学术权威等高等教育系统内的各种力量不断博弈的结果。要使我国现有的教育学院获得更好的发展必须不断地协调好国家权力、市场竞争和学术权威三种力量之间的关系。教育学院在制定自身发展定位的过程中一定要协调好国家权力、市场竞争和学术权威三者的力量，制定科学合理的发展战略。

---

① 潘懋元，王伟廉. 高等教育学 ［M］. 福州：福建教育出版社，2013.
② ［美］伯顿·R·克拉克著. 高等教育系统——学术组织的跨国研究 ［M］. 王承绪，译. 杭州：杭州大学出版社，1994.

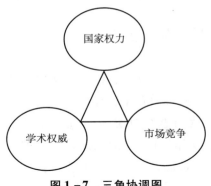

图 1 - 7　三角协调图

三角协调理论认为，高等教育是国家权力、市场竞争和学术权威三者之间协调的产物。这个三角形的每个角代表一种势力的极端和其他两种势力的最低限度，三角形内部的位置代表三个因素不同程度的结合。这三种力量彼此作用、互相制衡，即高等教育的协调发展既不能完全服从于国家权力，也不能一味迎合市场需求，更不能盲从于学术权威，必须要采取客观的原则，采取协调控制手法，实现一种动态的平衡。基于此，三角协调理论将是我们处理高校教育学院这样的组织为何呈现此类样态，如何实现与环境的交互的重要理论分析支撑。AGIL 模型将告诉我们在类型不同的高校组织中，由于其组织结构的差异性而在 AGIL 四个方面产生了所属教育学院不同的功能，但对这样的功能如何产生的解释将需要我们引入三角协调理论进行分析归纳，将教育学院组织与环境之间的交互作用引入考量范围，帮助本书更好地形成教育学院与社会网络联结的普遍指导。

四、组织生态学理论

组织是复杂且多层级的，但利维特的钻石结构——组织模型从社会结构、参与者、目标、技术、环境五个方面介绍了组织的基本要素。同时，组织首先是一个要素的体系，要素之间相互影响。目标并不是理解组织本质和运作的关键，参与者、技术或社会结构也一样重要，没有一个组织可以在脱离大环境的情况下被全面地理解。因此，在这样的组织模型与中观的视角下，教育学院作为学科组织的载体成为多层级组织模型中的一个组织个体，不仅具备组织的基本要素，同时呈现多层级式特征。

在组织生态学形成的早期，西方学者集中研究的是种群（population）问题。一个组织种群（organizational population）是相对同质的一类组织的集合体（Hannan and Freeman，1977）。一个组织种群是那些依赖相同物质和社会环境、依赖共同资源的组织（Hannan and Freeman，1983）。具体而言，种群是由在一个特定边界内的、具有共同形式的所有组织构成的集合，即存在于特定系统中的组织形式。因此，在当年中国高等教育组织体系与环境下，高校教育学院本身之间存在着交流合作，并且具有相似的基础，这是本书研究的种群组织的第一种表现形式。同时，高校教育与本校资源环境，其他组织机构之间存在着紧密交互，并且共同构成高校这一组织系统，这是本书研究下种群组织的第二种表现形式。

同时，组织种群生态学以组织群体与组织差异为特征，适用于富有组织层级的系统。在此模型中，我国高校的不同教育学院组织类型即为组织差异，我国同一类型教育学院，整个教育学院系统即为组织群体。并且在此基础上，组织生态学还强调自然选择理论与资源依附理论，强调组织与环境的交互作用，正好对应了不同类型院校系统中教育学院组织类型与组织功能的异变与多元化。

组织种群生态理论在组织领域方面的研究主要集中在以下两个方面：一是探讨组织与环境之间的关系问题；二是组织种群内或种群间的相互关系的问题。组织种群生态学理论主要是从生物学的自然淘汰学说演变而来的，这一理论的分析对象为特定范围内（如一个产业）同类组织生存和适应性问题。类似地，在高校组织内，高校教育学院在高校组织内作为组织个体与周围环境积极产生交互，适应高校资源，推动高校环境改善。在全国教育学院组织种群内，师范类大学与综合类大学教育学院面临的境况不同，所产生的嬗变也呈现不同的特征，在不同环境与资源下形成不同的组织发展模式，生成了多样功能。基于组织种群生态理论的两个方面，探究在不同组织系统中教育学院应该遵从何种进化模式，发挥何种功能是帮助我国高校教育学院组织更好地实现可持续发展的关键。

五、结构功能主义

结构功能主义是侧重对于社会系统的制度性结构进行功能分析的社会学理论，结构功能主义的核心概念是社会结构与社会功能，包含社会各种相互联系的组成部分之间存在的规律关系以及互动，社会结构为维护整个社会与个人福利的作用效果等。结构功能主义认为，社会作为一个有机整体，其中各个部分相互依存，相互联系，并且共同维持着社会大环境的运转与稳定。因此，机构功能主义认为，人类社会之所以能够继续生存下去，是因为找到了某种结构来满足人类的需求（功能）。教育学院作为高校学科组织的重要部分，在许多院校中扮演着系统调节者、系统反馈者等形象。因此，面对我国教育学院的不断调整与多样化发展模式的现状，将我国教育学院放置于高校大系统中、放置于我国经济发展社会大环境中，进行功能探索是厘清我国教育学院如何发展、在各个系统中如何发挥其独有作用的必经之路，同时符合结构功能主义的分析范式。

在此基础上，本书将研究视角细化至 AGIL 模式。AGIL 模式是帕森斯结构功能主义中分析社会系统的模型。帕森斯认为，可以把行动系统的子系统进一步分为子子系统，无限可分。四类系统对应着四种功能：行为有机系统具有适应功能、人格系统具有目标达成功能、社会系统具有整合功能、文化系统具有模式维持功能。AGIL 功能分析模式适合于分析各类层次的人类行动体系，是帕森斯社会系统理论的主要内容。

帕森斯认为，行动系统总是维持在一种均衡状态下，其中任何一个子系统的变化都会导致整个系统的失衡。功能模式中的 A（adaptation）、G（goal attainment）、I（integration）、L（latency pattern maintenance）分别对应着适应功能（行为有机系统的功能）、目标达成（人格系统的功能）、整合（社会系统的功能）、潜在模式维持（文化系统的功能）。具体来说，A 关注资源问题，确保社会系统从环境中获得自身所需要的资源进而加以分配；G 关注整体目标的实现问题，基于社会系统中各目标的制定与主次关系的确定，调动从满足 A 所得的相应资源，并引导社会系统中的各成员去实现最终的目标；I 关注整合的问题，强调一种使动能力，使社会系统内部各要素结构协调成一个发挥应有作用的整体；L 关注价值观的问题，行动系统要维持价值观的基本模式，并以制度化的形式保持在社会系统内，进而处理社会系统内行动人员的关系紧张问题。无论是处于高校组织内的教育学院研究视角，还是基于全国教育学院组织下的研究视角，高校教育学院能够实现自然选择与资源依附的关键都在于其在特定的组织中发挥了一定的功能。正是由于其处于结构分明的高校组织系统内，其与环境的交互符合系统的观点且能够体现教育学院的职能特性、组织安排等满足学校与教育学院系统这样大群体组织的需求与结构式统筹，恰恰对应了结构功能主义的分析范式。

六、理论分析框架

本书结合上述三个理论，结合所选主题，将理论参考分为三个维度（见图 1-8）。首先，基于组织理论——组织种群生态学的分析范式，从所选取案例的内容出发，参考高校组织分类标准，对样本进行标准化归类，以达到对我国高校教育学院的组织样态进行研究，得到高校教育学院组织选择与演进的现存样态，得出高校教育学院种群组织结构"怎么样"的结论。其次，基于结构功能主义——AGIL 模型的分析范式与三角协调理论，在前一阶段结论下，探讨在这样的组织结构中我国高校教育学院究竟在哪些方面发挥了何种功能，弥合了何种需求，这样的功能又是在与环境的交互下如何产生的，形成高校教育学院功能模式的结论，以得出教育学院功能"是什么"与"为什么"的结论。最后，结合"双一流"建设背景下出现的多元政策与实践需求，在发挥教育学院组织功能的前提下，结合所处多层级组织特点与组织特性，根据 AGIL 模型与三角协调理论分别从组织结构内与组织和环境相互两个方面提出相应的功能优化路径，推动我国高校教育学院的进一步发展。

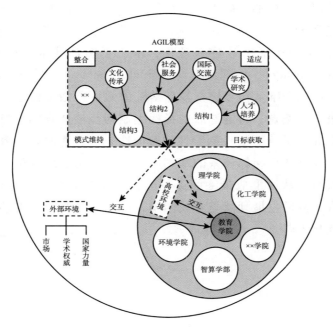

图 1-8 理论框架

第四节　研究思路与方法

一、研究思路

在国内高校教育学院和教育学科不断被裁撤的背景下，为厘清高校教育学院的核心功能和绩效评价原则，主要从我国高校教育学院的总体设置现状、主要类型和结构、核心功能、功能的实现机理、实现困境和优化对策、绩效评价指标体系构建等核心子问题出发，根据研究问题的需要，选择适切的研究方法，采用定性和定量研究相结合的研究手段，形成了我国高校教育学院功能及其绩效评价的主要结论，具体技术路线和研究思路如图 1－9 所示。

首先，基于国内教育学院和教育学科被裁撤的背景，提出本书研究的主要问题，即高校教育学院的功能及绩效评价指标体系的构建问题。其次，在明确本书主要研究问题的基础上，对全国现有的普通高校教育学院设置现状进行深入研究和 SWOT 分析；厘清我国高校教育学院的核心功能，结合高校教育学院设置现状和平衡计分卡理论，基于平衡计分卡，从财务（financial）、顾客（customer）、内部流程（internal processes）、学习和成长（learning and growth）四个维度初步建立教育学院绩效评价指标体系，然后运用德尔菲法进行进一步遴选；将遴选后的指标编制初步的调查问卷进行测试，利用主成分分析和因子分析法（探索性和验证性）对教育学院绩效评价指标体系进行优化，在优化后指标体系的基础上进一步运用层次分析法（AHP）确定各维度的权重，从而形成最终的高校教育学院绩效评价指标体系。最后，基于高校教育学院的发展现状与发展困境，提出高校教育学院功能优化与可持续发展的优化方略。

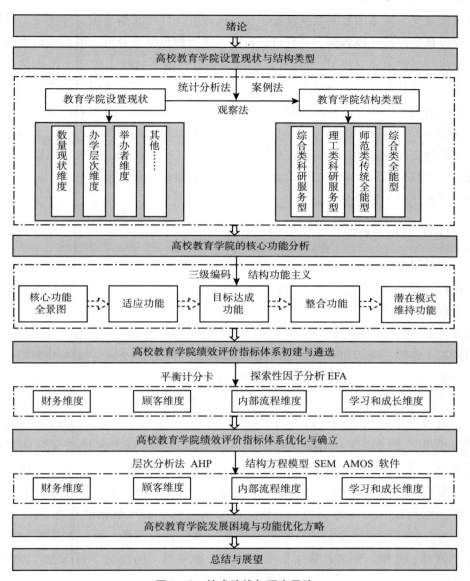

图 1-9 技术路线与研究思路

二、研 究 方 法

本书采取质性结合量化的研究方法，采用案例法、半结构化访谈法、结构化观察法、描述性统计以及文献研究文本分析。研究分为两个阶段：第一阶段进行结构化观察与大范围收集数据样本，进行描述性统计与文本分析，分析得出我国高校教育学院统计性数据，并且就已有样本进行初步编码分析；第二阶段为在第一阶段的基础上，寻找15所具有典型性与独特性的高校样本进行半结构化访谈与进一步的数据收集，利用相关数据资料进行质性研究三级编码，结合已有理论支撑，运用扎根理论，并且达到理论饱和，归纳分析得出相应组织模式结论。本书在全国普通高等学校教育学院和教育学科不断被裁撤的背景下，基于平衡计分卡对我国高校教育学院的绩效评价指标体系进行了构建研究，主要采用以下研究方法：文献研究法、半结构化访谈法、结构化观察法、多案例研究法、统计分析法、德尔菲法、层次分析法。

（一）文献研究法

文献研究法（document study）又称历史文献法，是指研究者通过搜集和分析现有的种类繁多的相关文献资料，找出其中与研究主题最相关的文献资料，研究者在此过程中一定要根据自己的研究主题，从浩如烟海的各种文献资料中，找出与自己研究主题最贴切的文献资料。文献研究法指的是研究者通过对文献资料的搜集、整理、阅读和分析，以形成相关问题科学认识的方法。文本分析指对文本的表示及其特征项的选取，对文本进行量化表示，并推断出文本的相关意图与目的。本书借助图书馆资源、中国知网等学术资源对我国"双一流"建设背景以及教育学院发展的资料进行了阅读、分析、总结与综述，为调查研究的开展提供了现状描述。与此同时，本书利用各高校的官方网站以及新闻日报等电子信息资源平台收集了多方面、多样化的数据资料，包含高校教育学院学术研究成果、人才培养计划、国际交流课题等，通过对以上数据的编码化处理，以形成相关结论，为本书研究的开展提供了文本数据的支撑。

为分析和探讨诸多的社会关系、社会行为和社会现象，可以利用文献分析以"符号、文字、图片、数字"等形式的文献资料。为厘清本书研究的国内研究现状、前沿和不足，主要使用的是文献法进行分析。针对本书研究的主题，将与本书研究最相近的三个主题，即关于平衡计分卡的研究、关于教育学院的研究、关于高校二级学院绩效评价的研究，基于文献计量软件 CiteSpace5.0、Sati3.2、Ucinet6、NetDraw 和统计软件 SPSS 进行计量分析，分析现有研究文献的研究现状、研究热点和研究前沿，为本书研究更好地进行提供充实的文献基础。

（二）半结构化访谈法

半结构化访谈又称半标准化访谈，是访谈法的重要方法之一，其特征为访谈事先有一定的题目与假设，但实际问题没有具体化，而是根据访谈情景进行差异化处理。

由于本调查研究涉及范围较大，其包含的教育学院组织特征多样，并且受此影响下的受访谈人员也具有一定的差异性，因此，本书并未选择结构化访谈法。与此同时，本书认为，高校教育学院功能具有一定的相似性，并且相同类型的高校教育学院共性较大，因此，并未选择深度访谈法。基于以上分析，本书采用了介于二者之间的半结构化访谈法，在问题设置上兼顾多类型教育学院的组织设置共性与发展共性的同时，将部分题目做了半开放与追问设计，意图在获得偏向结构化访谈数据的同时能够获得一些"意料之外"的数据资料与富有院校特色的数据资料。同时，由于本书着重探究教育学院此类中观组织的发展，调查对象选择的层次性也纳入了本书的考虑范围内。本着学院管理岗作为教育学院组织功能发展感受最直观的群体的优势，本书开发了第一套访谈提纲（教师版）。但本书发现，所处于教育学院组织系统中的学生群体同样也受到教育学院功能定位与功能发挥的影响，其所具有的更倾向于微观的视角，或许是对本书结论探索资料的一大补充，因此，本书开发了第二套访谈提纲（学生版）。在对不同的群体进行访谈后，本书将访谈资料与案例资料进行了整理，通过三级编码而推动研究结论的形成。

（三）结构化观察法

结构化观察法也称结构式观察法，是指观察者确定观察样本与观察项目，并设计观察结果的指标。其与非结构观察法的不同之处在于结构化观察法在观察前需要计划与开发标准化的观察指标，即观察范围。

本书通过对于天津大学教育学院的实时观察以及影像资料的留存，对相关教育学院的组织架构、学术产出、国际交流等指标进行结构化记录。与此同时，本书利用网络平台，对其他高校教育学院的相关的影视资料以及学术论坛等进行了结构化观察，通过对所收集观察资料的结构化记录，以进一步丰富调查研究的案例样本。

（四） 多案例研究法

本调查研究采取多案例研究法，在本书对我国高校教育学院组织结构的分析归纳后，分别从八大教育学院组织类型中选取出较为典型的十五所高校教育学院作为研究案例，在前阶段收集教育学院概况、组织结构、学术产出、主要职能、国际化程度以及相关课题等信息的基础上，运用三级编码（核心类属—范畴化类属—概念化类属）的方法，对各案例进行分析归纳，并且积极使用对比研究的方法，在分析差异性的同时，得出相似性的功能特征，以形成相应结论与优化对策。

在案例选择上，本书基于多样本、多层次、多样化的要求，在每个教育学院组织类型中选取了至少一个典型案例，样本典型性较强。与此同时，案例院校地区分布广泛，样本推广性较强。除此之外，案例选择时尽可能纳入多样的办学层次以及学校层次，样本中既有本硕博均开设的教育学院组织，也具有开设本硕或硕博的教育学院组织，同时也具有仅开设本科或硕士点的教育学院组织；样本同时也涵盖了"985""211"高校以及双非一本高校、二本高校以及民办高校。通过多维度因素的考量，本书最终选取了十五所高校教育学院作为案例法研究样本，以样本的典型性与多样本的研究方法来提升研究结论的内部信度，以样本的多样性来提升研究结论的外部信度。

本书案例法部分采取质性分析的研究方法，在研究高校教育学院功能及优化部分主要采用质性分析法与 Nvivo 编码工具。在对案例进行分析时主要采用三级编码的方法，通过开放式编码、轴心编码以及选择性编码对所获取调查数据进行质性分析，并且在此过程中结合结构功能主义的分析范式，利用扎根理论对调查研究形成的编码数据进行不断深化，以形成贯穿于本书研究的中心概念。同时，本书在对案例资料进行分析时力求达到理论饱和，以新概念类属的产生、类属属性与维度的更新为标准，对案例样本进行多次分析与归纳，直至无新概念产生。

Nvivo 作为本书案例研究的主要工具，我们在整合案例资料与访谈文本的基础上，将文档数据导入至 Nvivo 软件中，以手动编码的形式完成三级编码，以推动本书形成相应结论。

（五） 统计分析法

本书在现状研究时主要采用统计分析法，同时在爬取与分析资料时引入了大数据分析技术。本书通过对 31 个省份 1275 个本科高校的官网进行爬取，获得了我国高校教育学院开设现状数据，在此基础上，本书运用描述性统计方法，分别从总体数量特征、地域分布特征以及类型分布特征展开了数据分析，形成了我国高校教育学院开设现状的相关结论。

在基于平衡计分卡（BSC）的高校教育学院绩效评价指标体系构建的过程中，绩效评价指标优化过程中所用的统计方法主要有主成分分析（PCA）和因子分析（factor analysis），因子分析主要有探索性因子分析（exploratory factor analysis）和验证性因子分析（confirmatory factor analysis）。

1. 主成分分析

主成分分析（principal component analysis）是研究 N 个变量之间"相关性的一种多元统计方法"[1]，使用主成分分析的主要目的是利用较少的研究变量去解释样本数据中较多的变异。其主要原理是利用降维的思想将多个互相关联的变量转化为较少的几个互不相关的指标体系的一种多元统计方法，少量的互不相关的指标体系就是原来多个变量的主成分，各个主成分之间互不相关，每个主成分也是对应原始变量的线性组合。

在进行主成分分析时，主要有两大任务，即计算主成分和确定主成分个数。首先，计算主成分的主要步骤有：（1）原始变量的标准化，由于原始变量存在量纲和数据类型等方面的差异，因此，首先要对原始变量进行标准化处理；（2）求出各变量之间的相关矩阵，并进一步求出该矩阵的特征向量和特征根；（3）对特征根进行降序排列，分别计算出相应的主成分。其次，第二个主要任务是确定主成分个数，确定主成分的方法有两种：即确定两个指标，分别是累计贡献率和特征根，当 n 个主成分的累计贡献率达到 70% 以上时，就可以保留前 n 个主成分；在特征根的选取方面，一般选取特征根 ≥1 的主成分的特征根。在进行教育学院绩效评价指标体系的构建过程中，由于涉及的变量过多，要利用主成分分析法对变量进一步筛选，找出其中的主成分，从而不断优化教育学院绩效评价指标体系。

2. 因子分析

因子分析（factor analysis）最早是由心理学家查尔斯·斯皮尔曼（Chales Spearman）在 1904 年提出的，主要通过少数几个不可观测的潜在变量（因子）去描述多个能够观测到的随机变量间关系的一种方法，也是一种通过具体指标

---

① 武松，潘发明. SPSS 统计分析大全［M］. 北京：清华大学出版社，2014：334 – 335.

测抽象因子的方法。因子分析的主要思路是以变量之间的相关性大小为依据，通过对观测变量的分类与分组，将相关性较高的变量归为同一组，组别不同，变量之间的相关性也较低，相关性较高的变量一起组成一个"基本结构"，研究中诸多的"基本结构"一起组成公共因子。

因子分析可以分为两大类：即探索性因子分析（exploratory factor analysis）和验证性因子分析（confirmatory factor analysis）。在数据初期分析阶段主要使用探索性因子分析，验证性因子分析是在探索性因子分析的基础上进一步进行的，结构方程模型分析中非常关键的一步是验证性因子分析（confirmatory factor analysis），CFA 是结构方程模型（SEM）的一种"特殊应用"[①]，也是结构方程的一种"次模型"。因子分析的数学表达式如下：

$$Y_1 = b_{11}X_1 + b_{12}X_2 + \cdots + b_{1m}X_m \qquad (1-1)$$

$$Y_2 = b_{21}X_1 + b_{22}X_2 + \cdots + b_{2m}X_m \qquad (1-2)$$

$$\cdots$$

$$Y_p = b_{p1}X_1 + b_{p2}X_2 + \cdots + b_{pm}X_m \qquad (1-3)$$

其中，Y_1，Y_2，$\cdots$，Y_p 为 p 个原有变量，它们是标准差为 1/均值为 0 的标准化变量，X_1，X_2，$\cdots$，X_m 为 m 个因子变量，其中 $m < p$。在进行因子分析的时候要注意一关键的指标，如因子载荷、变量共同度和公共因子方差贡献等。

因子分析的主要目的有两个：即"如何对因子变量进行命名与解释、想办法构造因子变量"，以上述两个目的为导向，因子分析（factor analysis）的主要步骤有：（1）判断与评估，对所有待分析的变量进行判断，评估各变量是否适合进行因子分析；（2）构造，在确定待测变量可以进行因子分析的基础上，进一步构造因子变量；（3）可解释性的优化，利用因子旋转的方法，使得因子更具有可解释性；（4）在前几步分析的基础上，进一步计算每个因子的得分情况。在教育学院绩效评价指标体系构建的过程中，也是一个逐渐构造因子、不断优化指标体系的过程。因此，在教育学院绩效评价指标体系构建的过程中，要结合使用探索性因子分析和验证性因子分析，进一步优化教育学院绩效评价指标体系。

（六）德尔菲法

德尔菲法（Delphi Method）是 20 世纪 40 年代创立和发展的一种决策方

---

① 吴明隆. 结构方程模型——AMOS 的操作与应用 [M]. 重庆：重庆大学出版社，2009：213.

法，又称"专家规定程序调查法"。根据赫尔姆和达尔克的观点，德尔菲法主要是在严格的程序下，挑选出某一领域的权威专家，在专家不发生横向沟通交流的情况下，通过调查人员向专家发放调查问卷，在分析调查问卷的基础上，进行多轮意见收集，最终找出专家意见的最大"交集"和公示，从而为决策提供依据。在进行教育学院绩效评价指标体系构建的过程中，初步建立指标体系的基础上，要对教育领域尤其是高等教育领域的专家学者运用德尔菲法收集他们的意见与建议，以便于进一步优化教育学院绩效评价指标体系。

首先，确定主要的研究问题，即高校教育学院的指标体系的构建问题；其次，在明确研究问题的基础上，进行专家的选择，本书选取的主要专家为教育领域，尤其是高等教育领域权威的专家学者，比如，我国著名师范大学教育学部的教授；再次，基于平衡计分卡在财务（financial）、顾客（customer）、内部流程（internal processes）、学习和成长（learning and growth）四个维度设计初步的指标体系，即本次研究的专家调查表；最后，通过发送电子邮件和走访的形式，进行三轮专家征询，每一次征询结束后，都对征询的结果进行认真的处理，并作为下一次征询的基础。以此类推，相同的征询方式循环三次。根据三次征询的反馈结果，确定此次专家规定程序调查的结果，结合该结果，对基于平衡计分卡确定的指标进行遴选与优化，为本书研究后续问卷的初步设计提供科学的基础，具体的操作流程如图 1 - 10 所示。

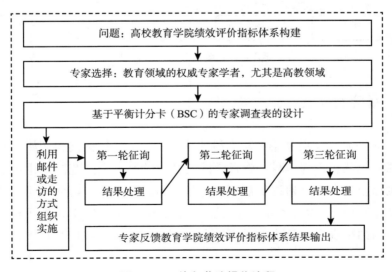

图 1 - 10　德尔菲法操作流程

（七）层次分析法

层次分析法（analytic hierarchy process）又称 AHP 决策分析法，是 20 世纪 80 年代由运筹学家托马斯·赛蒂创立的。层次分析法是一种强有力的系统分析运筹数学方法，对多因素、多层次、多标准、多方案、多层次的非结构化模型综合评价及趋势预测效果明显。马斯·赛蒂教授的小组给出了一整套处理"方案层＋因素层＋目标层"[①] 构成递阶层次结构决策分析问题的方法与步骤（见图 1 –11）。AHP 法分析的最终导向是"目标层"，"目标层"是事先确定的"定性事件"，影响目标达成的诸多方面是"因素层"，为达成特定目标的路径选择是"方案层"，方案层和因素层是"未定性事件"，方案层是通过 AHP 法筛选后按照一定的权重排序的结果。运用层次分析法一般要经过以下步骤：第一，对决策的问题进行描述；第二，建立决策层次图；第三，确定比较尺度表；第四，构建判断矩阵；第五，进行一致性检验并计算组合权向量等步骤。

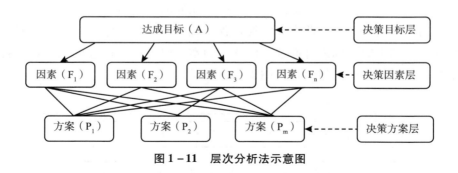

图 1 –11　层次分析法示意图

三、研究创新点

在"双一流"建设和第四轮学科评估的背景下，国内高校开始不断调整和重新布局学校的机构与学科。教育学院与教育学科在全国范围内也掀起调整热潮，一批综合性大学开始逐步裁撤教育学院和教育学科。与此同时，部分综合性大学则重新设立了教育学院，并且获批教育学博士一级学科授予权，高校教育学院在国内呈现出"冰火两重天"的发展境况。针对我国高校教育学院发展

---

① 刘六生，冯用军. 高等教育研究中的数学方法［M］. 北京：科学出版社，2009.

过程中"东边日出西边雨"的现象，本书基于"平衡计分卡（BSC）"的视角，对我国普通高校教育学院绩效评价的指标体系进行了构建。平衡计分卡的相关研究与实践主要集中在企业管理方面，高校二级学院的绩效评价鲜有使用平衡计分卡的实践案例。对平衡计分卡理论进行适切性处理，并将其应用到我国普通高校教育学院绩效评价指标体系的构建过程中，是本书的主要创新点。另外，结合结构功能主义，对我国高校教育学院的功能进行了全面梳理，得出了高校教育学院功能"全景图"。

第二章

高校教育学院设置现状与结构类型

为全面深入分析我国普通高校教育学院的设置现状，本书分别在 2017 年和 2023 年两个时间节点，对全国范围内高校教育类学院的设置情况展开了大规模调查。本书的调查过程按照先后顺序分为调查准备与现状调查两个阶段。在调查准备阶段，本调查结合研究主题确定了调查问题与调查对象，并在此基础上选取了适应于质性分析资料收集的调查工具——半结构式访谈提纲以及结构化观察表。在完成案例资料的初步收集与完善后，本书对我国高校教育学院展开了一系列的调查研究。现状研究分为四个层次：第一层次为我国高校教育学院的发展现状，第二层次为我国高校教育学院的组织类型，第三层次与第四层次为我国高校教育学院功能及其优化对策。四层次的调研循序渐进，逐渐深入，并且每个阶段所运用的调查研究方法也各有侧重，最终推动本书在揭示我国高校教育学院发展表层现状的同时逐步向高校教育学院发展的内核递进。

第一节　高校教育学院设置现状的数据收集

在"双一流"建设背景下，我国社会对高等教育的发展提出新的要求，而高校作为发展高等教育的主力军必然要回应新的发展诉求。为有效提高高校组织治理的有效性，我国高校在调整学科布局和完善学院组织治理体系方面集中发力，由此教育学院的发展呈现出了不对称的局面，具体体现为部分高校随大流"一窝蜂"式裁撤教育学院，而部分高校却反其道而行之，这不禁让我们思考教育学院发展的前路如何？教育学院存在、发展的合理性究竟有哪些？循此思路，我们逐步将调查问题聚焦于教育学院功能的研究。在研究教育学院功能之前，我们首先从整体上思考其在全国层面的发展情况是如何的，继而将问题引向教育学院结构的考察，从而展开对教育学院功能及其优化路径的研究。

一、调查工具编制

（一）访谈提纲编制

访谈提纲设计是研究者进行访谈的主要工具之一，其设计的问题要通俗易懂、具有一定的可实施性，同时还要保持灵活的态度，根据现场采访的情境变通追问，以得到更加真实且丰富的访谈资料。基于扎根理论的基本要求，本书采用半结构式访谈，主要围绕教育学院内部组织结构及其在高校组织中的功能定位两大主题，并就教育学院具体的科研功能、教师人才培养功能、社会服务功能、特色功能和功能优化几个方面进行访谈提纲编制。根据每个主题设计合适的题目，题目的表述力求清晰明了、通俗易懂，最大程度让受访者明白所要回答的问题，在引入问题时遵循循序渐进、由表及里、由浅入深的原则。另外，在访谈过程中根据受访者院校的类型、教育学院的定位及其对应的回答，有针对性地进行追问，拓展延伸主题，收集丰富的研究数据。同时，为了更好地了解教育学院的组织结构和功能，我们从学生的微观视角和教师的中观视角差异化出发进行访谈提纲设计。基于上述考虑，本书围绕教育学院功能的相关主题，在查找相关文献的基础上拟定了初步的教师版访谈提纲和学生版访谈提纲，并选取了2名同学和1位教师进行预访谈，结合访谈的效果对访谈提纲中的问题进行了修正，正式的学生版访谈提纲和教师版访谈提纲详见附录。

（二）观察表编制

观察法作为一种科学的研究方法，除了要借助感官，还需要借助一定的工具辅助观察、辅助记录，以保证资料的准确性和观察的科学性。观察记录表是帮助我们进行有目的的观察最有效的工具之一。确保观察内容详细不遗漏，本书详细地统计高校教育学院的相关资料，并作细致的归类和观察。通过文献研究及前期的数据资料收集整理，我们对406所高校教育学院的数据资料进行分析，首先确立了教育学院组织结构、基本功能、特色功能3个维度，基于此，我们进一步建立了院校类型、是否侧重科研、是否重视教师人才培养、是否侧重提供服务、是否侧重教育技术学或职业教育学、是否侧重院校特色学科融合教育学6个一级观察指标，并确定了是否为师范类院校、是否为研究型大学、是否侧重学术科研、是否重视科研人才培养、是否侧重理论服务、是否侧重社会服务、学科是否侧重特殊教育、学科是否侧重小学教育、学科是否侧重学前教育、学科是否侧重学科教育、学科是否侧重职业教育、学科是否侧重教育技术学、学科是否侧重心理学类、学科是否侧重音乐教育、学科是否侧重体育教育、是否开设博士点、是否开设硕士点 17 个二级观察分类指标，这为后续的教育学院组织结构类型划分奠定了良好的基础。观察表详见附录。

二、数据收集与分析

在搜集调查数据资料、清洗数据、选择样本、对其进行分析后，本调查研究主体过程分为四个层次——教育学院发展现状调查、教育学院组织结构现状调查、教育学院功能调查、教育学院功能优化调查。

（一）数据收集与清洗

本书以全国本科高校教育学院为研究对象，因此，本书首先需要对全国本科高校教育学院的现状展开调查。在爬取与检索数据时发现，除了笔者 2017 年对全国教育学院做过较为完善的开设现状梳理之外，我国目前尚未公布教育学院分布以及设立数据。与此同时，距离上一次大范围的数据统计已然过去六年之余，在不断变迁的经济社会以及高等教育建设方针的影响下，我国高校教育学院设立现状显然会出现较大变化。基于此，本书对 31 个省份、1275 所本科院校展开了调查，通过登录高校官网以完成调查数据的初步收集以及对高校教育学院开设状况的甄别。值得一提的是，在本次样本数据收集时，本书将以教育学科为主的学科组织定义为教育学院，包括多种组织形式的教育学科组织，如教育科学研究院、教育研究院等，同时教育学院所涉及专业也不仅仅局限于教育学专业，而是将小学教育、学前教育以及颁发教育学学位的华文教育等专业均纳入资料收集范围之内。需要注意的是，如颁发艺术学学位的音乐教育、颁发文学学位的国际汉语教育均不纳入数据收集范围之内。

在初步的高校教育学院开设现状的数据收集的基础上，本书对所收集的高校教育学院资料展开了数据清洗。首先，本书筛选掉了一部分由于人工统计而出现的错误数据。其次，本书将所收集高校教育学院的办学资料进行了整理，按照组织结构、历史变迁、办学特征以及职能服务进行了分类处理，进一步完成了高校教育学院开设状况的数据清洗，为后续描述性统计以及第二层次的结构现状调查奠定基础。

（二）数据分析

本书将所得到的清洗完毕的数据进行了描述性统计，利用大数据分析技术将所获得的数据进行分类式整理，分别从总体数量分布特征、地区分布特征以及类型分布特征进行了数据展示与数据分析，并且此过程参考了 2017 年的数据，形成了一定的数据对比，以推动本书获得横向与纵向的数据分析结果。在总体数量分布特征数据分析过程中，本书着重强调高校教育学院总体开设数量，各省份开设数量的特征描述。在地区分布特征数据分析过程中，本书着重强调我国不同地区高校教育学院开设数量以及数量变化特征描述。在类型分布特征数据分析过程中，本书着重强调教育学院所处高校的学校类型以及学院名称等特征描述。

三、分类指标确立

针对我国高校类型以及高校组织类型划分的研究众多，其中以学术导向、人才培养导向、服务导向、研究领域导向为主要划分类型。基于此，本书以现有类型指标为划分依据主体的同时，将"双一流"建设中的政策文本要求转化为补充性指标，并且在观察与分析部分院校时，将部分高校教育学院的开设特色融入指标体系中，初步形成了 19 个主要分类指标。类似于三级编码的思路，我们将样本中的高校教育学院进行了指标对应，最后确定了 8 个分类指标，形成了 7 个高校学院主要组织类型划分。在初步分类时，我们将是否为师范类院校、是否为研究型大学、是否侧重学术科研、是否重视科研人才培养、是否重视教师人才培养、是否侧重国际化、是否侧重理论服务、是否侧重社会服务、学科是否侧重特殊教育、学科是否侧重小学教育、学科是否侧重学前教育、学科是否侧重学科教育、学科是否侧重职业教育、学科是否侧重教育技术学、学科是否侧重心理学类、学科是否侧重音乐教育、学科是否侧重体育教育、是否开设博士点、是否开设硕士点 19 个指标作为初步分类标准。但我们在进行编码时发现，这样的分类指标明显出现了指标重叠的问题和指标同类指向的问题。

指标重叠问题是指指标之间存在着明显且相近的覆盖面，如研究领域指标中的 9 个学科建设指标中的学前教育、特殊教育指标明显与教师培养指标存在重叠，并且就逻辑上而言，学科的设置本身就是反映组织职能的一大方面。指标同类指向问题是指指标之间存在某些联系，几个指标共同指向同一核心事件，并且这几个指标一般同时存在且相互作用，如是否侧重学术科研的指标与是否侧重培养科研人才以及是否提供理论服务的指标均指向是否重视科研服务这一核心事件。基于此，我们对指标进行了进一步优化。

我们进一步将指标优化为院校类型、是否侧重科研、是否重视教师人才培养（学科教育、特殊教育、学前教育、小学教育以及心理学师范）、是否侧重提供服务、是否侧重教育技术学或职业教育学、是否侧重院校特色学科融合教育学、是否设有硕士点、是否设有博士点8个指标。这8个指标虽仍有一定的重叠或者同类指向问题，但研究领域指标是反映院校设置特色的重要衡量标准，本书认为，作为分类指标是能合理存在的。同时，在归纳分析华北地区与东北地区的教育学院后，我们发现指标无新增。在归纳分析华东地区后，我们发现指标仍无新增，本书研究的指标达到一定程度的理论饱和。

四、分类研究过程

本书在依据高校类型对设有教育学院的高校进行统计分析后，进一步对高校教育学院的命名进行了统计分析。本书发现，教育学院命名类型多样，以教育、师范、科学、教师等词眼为主，命名以教育学院、教育科学学院以及教师教育学院为主。以2023年的数据为例，以教育学院命名的高校教育学院组织共有120所，占29.55%；以教育科学学院命名的高校教育学院组织共有93所，占22.90%；以教师教育学院命名的高校教育学院组织共有44所，占10.83%。[①] 除此之外，还有教育系、师范学院、教育学部、高等教育研究院、人文与教育学院等命名方式。本书认为，透过教育学院组织的命名能够在一定程度上反映其所属高校教育学院的组织定位与功能特征。因此，基于总的命名特征来看，我国高校教育学院以教育学科建设、教育科学研究、教师培养为特征。同时，如职业教育学院、人文与教育学院等学院的命名也引发了本书的思考：学院命名与学院所处院校环境以及学院内部教育学科构成是否存在相关关系？

图2-1为教育类学院命名词云图。

---

① 资料来源：中华人民共和国教育部、全国高等学校名单 [EB/OL].［2023-06-15］. http://www.moe.gov.cn/jyb_xxgk/s5743/s5744/A03/202306/t20230619_1064976.html.

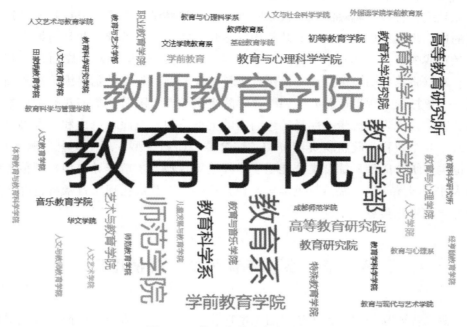

图 2 - 1 教育类学院命名词云图

在指标建立之后，本书对所选 406 个高校教育学院样本进行了指标归类，在归类过程中，我们依据指标数量以及指标的显示程度，初步将高校教育学院组织分为综合类科研服务型、理工类科研服务型、师范类科研服务导向型、师范类人才培养导向型、综合类教师人才培养导向型、理工类教师人才培养导向型、语言类教师人才培养导向型、文体类教师人才培养导向型、院校特色学科混合型、综合类全能型与师范类全能型 10 个类型。但本书发现，这样的分类方式存在 4 个问题。首先是综合类、理工类、语言类、文体类的人才培养导向可以统一归纳为非师范类教师人才培养导向型。其次是师范类院校本身就具备教师人才培养的职能，案例归类中也没有发现存在科研优异而不注重教师人才培养的情况，并且科研与教师人才培养本身就具备一定的服务功能，因此，本书将师范类科研服务型归纳入师范类全能型中。再次，通过师范类全能型与综合类全能型进行对比，本书发现，师范类大学在教育学院组织上更加完善，对于教育学科的研究、研究领域的覆盖面、教师人才的培养以及社会服务的提供更加完备。因此，我们将师范类全能型更名为师范类传统全能型，更加强调师范类院校教育学院组织的体系完备性与参照性。最后，我们在归类中发现，拥有职教或教育技术特色的院校被划归到了综合类科研服务型，但在我们进行资料的进一步取证后发现：这些院校均存在强势的理工科基础，并且所拥有的职业教育或教育技术学的特色均由其相关技术优势或经验积累发展而来。基于此，本书将这些明显区别于一般综合类科研服务型的教育学院组织单独划归一类——依托理工背景特色办学型教育学院组织类型。随后，本书对剩余样本进行了归类，发现并无带有明显特色的新的类型出现，至此理论饱和。本书最终形成了8个教育学院组织类型分类：综合类科研服务型、理工类科研服务型、师范类传统全能型、综合类全能型、非师范类教师人才培养导向型、师范类教师人才培养导向型、院校特色学科混合教育学型以及依托理工背景特色办学型教育学院组织类型。

第二节 高校教育学院的规模现状

我国普通高等学校教育学院的规模现状的分析主要从全国层面、省域层面教育学院的总体数量现状、总体组成现状进行分析。通过上述对设置规模现状的研究，进一步总结出我国现有普通高等学校教育学院的布局特点。

一、全国层面高校教育学院设置现状

在探究我国高校教育学院功能和绩效评价指标体系之前，本书对我国高校教育学院组织展开了较为全面的研究，试图在探究中观层面的教育学院功能之前，先对全国范围内高校教育学院形成总体上的认知。与此同时，对教育学院发展现状的调查研究也是本书提出功能结论以及优化对策的基础。基于此，本书从教育学院总体数量现状、地区分布现状以及开设类型出发，对我国高校教育学院的总体数量、数量变化、省份分布、地区分布、类型分布以及学院命名展开了研究，对我国高校教育学院的发展现状形成了较为清晰的认识。

（一）全国不同地区教育学院规模现状

我国普通高校教育学院的总体数量现状在不同层面有不同的布局方式，首

先，在地区层面，各地区高校教育学院分布不均，地区之间的差异十分明显。以 2017 年教育学院的布局为例，其中，教育学院数目最多的地区为华东地区，全区设置教育学院的普通高校共计 89 所，占全国教育学院总数的 23.12%；数目最少的地区是东北地区，有 28 所，仅占全国教育学院总数的 7.27%；华中地区设置教育学院的普通高校共计 81 所，占全国教育学院总数的 21.04%；西南地区设置教育学院的普通高校共计 65 所，占全国教育学院总数的 16.88%；西北地区设置教育学院的普通高校共计 44 所，占全国教育学院总数的 11.43%；华北地区设置教育学院的普通高校共计 43 所，占全国教育学院总数的 11.17%；华南地区设置教育学院的普通高校共计 35 所，占全国教育学院总数的 9.09%，如图 2 - 2 所示。

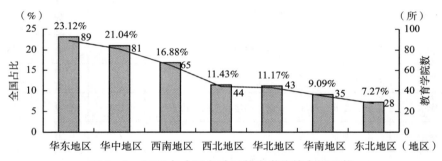

图 2 - 2　2017 年全国各地区教育学院的布局现状

资料来源：根据全国普通高校网站机构设置情况整理。

为了进一步分析高校教育学院的时间变化情况，本书又对 2023 年全国教育学院的设置情况进行了全面分析。本书依据中国地区分类，将所调查的 31 个省份分别划分为华北地区（北京、天津、河北、山西、内蒙古）、东北地区（黑龙江、吉林、辽宁）、华东地区（上海、江苏、浙江、安徽、福建、江西、山东）、华中地区（河南、湖北、湖南）、华南地区（广东、广西、海南）、西南地区（重庆、四川、贵州、云南、西藏）以及西北地区（宁夏、陕西、甘肃、新疆、青海）7 个地区。在省份统计的基础之上，本书以地域群组的视角，将进一步讨论我国高校教育学院分布的空间分布特征，发现我国高校教育学院开设地区分布不均，差异较大，东部地区总数多、增长快，西部地区总数少、增长缓慢。其中，华北地区共有 54 所高校教育学院，新增 15 所，增幅 38.46%（见表 2 - 1）；东北地区共有 35 所高校教育学院，新增 12 所，增幅 52.17%；华东地区共有 124 所高校教育学院，新增 49 所，增幅 65.33%；华中地区共有 65 所高校教育学院，新增 20 所，增幅 44.44%；华南地区共有 40 所高校教育学院，新增 17 所，增幅 73.91%；西南地区共有 56 所高校教育学院，新增 12 所，增幅 27.27%；西北地区共有 32 所高校教育学院，新增 5 所，增幅 58.51%。其中教育学院开设数量最多的地区为华东地区且华东地区同时为新增数量第一，增幅第二；西北地区教育学院开设数量最少且新增数量最少，同时增幅最小。除此之外，华南地区教育学院增幅最大。

表 2-1　　　　　　　　　　2023 年高校教育学院地区分布

地区	包含省份	总数（所）	新增数（所）	增幅（%）
华北	北京、天津、河北、山西、内蒙古自治区	54	15	38.46
东北	黑龙江、吉林、辽宁	35	12	52.17
华东	上海、江苏、浙江、安徽、福建、江西、山东	124	49	65.33
华中	河南、湖北、湖南	65	20	44.44
华南	广东、广西、海南	40	17	73.91
西南	重庆、四川、贵州、云南、西藏	56	12	27.27
西北	宁夏、陕西、甘肃、新疆、青海	32	5	58.51

资料来源：根据全国普通高校网站机构设置情况整理。

（二）全国不同省份教育学院规模现状

在省份层面，各省高校教育学院的数量分布不均，省域差异十分明显。以 2017 年的数据为例，其中，教育学院数目最多的省份为山东省，全省设置教育学院的普通高校共计 30 所；教育学院最少的省份为海南省，全省有教育学院的普通高校仅有 2 所；全省有教育学院的普通高校超过 20 所的主要有山东、广东、湖北、四川和河南等省份，其他省份的教育学院数目如图 2-3 所示。

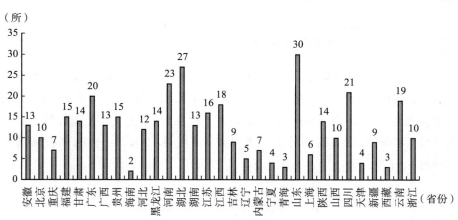

图 2-3 2017 年全国各省份高校教育学院的布局现状

资料来源：根据全国普通高校网站机构设置情况整理。

本书遴选标准为拥有教育学科的教育学类组织，如学前教育、特殊教育、小学教育、学科教育的组织均被囊括，但不包括提供艺术学学位的音乐教育、艺术教育等非教育学学位的学科组织。基于此，本书运用大数据分析技术检索了 2023 年我国 31 个省区市（除去港澳台地区）、1275 个本科院校，其中高校教育学院开设数量为 406 所，占比为 31.84%，占比较少（见图 2-4）。在开设的 406 所教育学院中，师范类高校为 125 所，占比为 30.79%，非师范类高校为 281 所，占比 69.21%，其中非师范类高校以综合类高校为主，即教育学院开设以师范类高校与综合类高校为主（见图 2-4）。同时，本书在调查中发现、教育学院开设比例与同属文科类的马克思主义学院以及国际教育学院相比明显比例较低，开设数量较少。

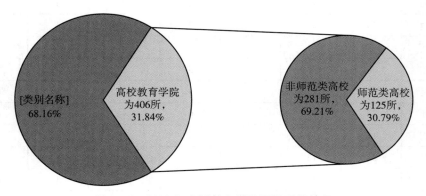

图 2-4 2023 年全国教育学院开设现状情况

（三）全国层面教育学院的组成现状

在普通高校教育学院数量现状研究的基础上，为厘清我国设置教育学院的 380 多所高校的内部组成现状，本书将从办学层次层面、举办者层面、是否为师范类高校层面、是否为 985 工程或 211 工程高校层面、是否拥有教育类硕博士点层面等不同的层面展开分析（见表 2-2），以 2017 年全国高校教育学院组成情况来分析。

表 2-2　　　　　　　　　　2017 年高校教育学院的组成类型现状　　　　　　　单位：所

省份	总数	本科数	民办数	师范类数	985 或 211 数	硕士点数	博士点数
北京	10	9	1	2	7	7	7
天津	4	4	1	2	1	3	2
河北	12	12	1	5	0	2	1
山西	10	9	1	4	0	3	0
内蒙古	7	5	1	1	0	2	1
辽宁	5	5	0	3	0	4	2
吉林	9	8	1	5	1	5	1
黑龙江	14	10	1	5	0	4	1
上海	6	5	3	2	2	3	3
江苏	15	13	0	4	2	7	3
浙江	10	8	2	2	1	5	2
安徽	13	10	0	8	0	3	0
福建	15	7	1	7	1	3	2
江西	18	11	1	8	0	3	0
山东	30	24	7	5	1	6	3
河南	23	17	2	9	1	5	0
湖北	27	17	1	6	4	9	4
湖南	13	11	1	5	1	4	2
广东	20	13	1	5	1	4	1
广西	13	10	1	7	1	5	0

省份	总数	本科数	民办数	师范类数	985 或 211 数	硕士点数	博士点数
海南	2	2	0	1	0	0	0
重庆	7	6	1	4	1	3	2
四川	21	10	5	9	0	3	1
贵州	15	11	0	9	0	1	0
云南	19	15	3	6	1	4	0
西藏	3	2	0	1	1	1	0
陕西	14	9	0	4	1	3	1
甘肃	14	8	1	5	0	2	1
青海	3	2	0	1	0	2	1
宁夏	4	2	0	2	1	2	0
新疆	9	5	0	3	1	3	1
总计	381	276	37	141	27	107	39

资料来源：根据全国普通高校网站机构设置情况整理。

（1）从办学层次方面看（见图 2 - 5），在我国设置教育学院的 385 所高校中，有 280 所高校为本科层次，占教育学院总数的 72.73%；专科层次的教育学院的高校有 105 所，占教育学院总数的 27.27%。

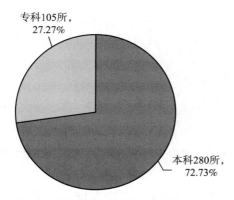

图 2 - 5　全国拥有教育学院高校的本专科占比情况

（2）从举办者方面看（见图 2 - 6），在我国设置教育学院的 385 所高校中，有 37 所高校为民办高校，占教育学院总数的 9.61%；公立高校设置教育学院的有 348 所，占教育学院总数的 90.39%。

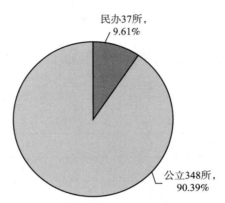

图 2 - 6　全国拥有教育学院高校的民办公立占比情况

（3）从是否为师范类高校层面看（见图 2 - 7），在我国设置教育学院的 385 所高校中，有 141 所高校为师范类高校，占教育学院总数的 36.62%；非师范类高校设置教育学院的高校有 244 所，占教育学院总数的 63.38%。

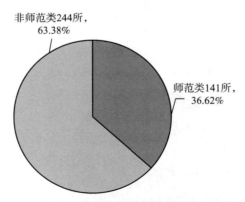

图 2 - 7　拥有教育学院高校的师范类占比情况

（4）从是否为非 211 工程或 985 工程高校看（见图 2 - 8），在我国设置教育学院的 385 所高校中，有 30 所高校为 211 工程或 985 工程高校，占教育学院总数的 7.79%；非 211 工程或 985 工程高校设置教育学院的有 355 所，占教育学院总数的 92.21%。

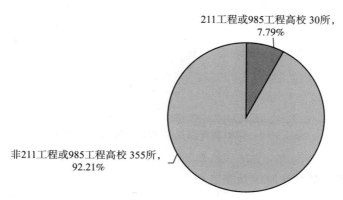

图 2 - 8　拥有教育学院高校的 211 工程或 985 工程高校占比情况

（5）从是否有教育类硕博士层面来看（见图 2 - 9），在我国设置教育学院的 385 所高校中，有 111 所高校有教育类硕士点，占教育学院总数的 28.83%，没有教育类硕士点的教育学院有 274 所，占教育学院总数的 71.17%；有 42 所高校有教育类博士点，占教育学院总数的 10.91%，没有教育类博士点的教育学院有 343 所，占教育学院总数的 89.09%，如图 2 - 10 所示。

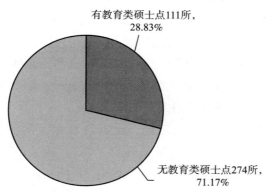

图 2 - 9　有教育学院高校的有无硕士点占比情况

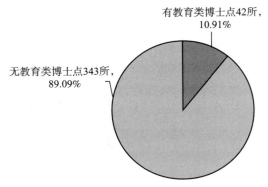

图 2-10　有教育学院高校的有无博士点占比情况

（四）高校教育学院的数量变化

2017 年之前，我国高校教育学院面临学科调整风波，学院裁撤与学科重组成为教育学院组织调整的主要样态，在此基础上统计出的 2017 年本科高校教育学院开设数量为 276 所。因此，较 2017 年统计数据，本次数据发现，即使仍然存在一定的裁撤，但是教育学院在 2017 年之后开始复苏重建，本科高校教育学院新增数高达 130 个，增幅为 47.10%，增长速度较快，学院组织建设能力较强。同时，在 31 个省份中，仅有 3 个省份无新增，这同样说明了教育学院组织建设能力较强的结论。

在 2017 年高校教育学院开设总体数量现状和高校教育学院地域分布现状研究基础之上，为进一步厘清我国高校教育学院不同类型的变化情况，本书对 2023 年的最新数据进行了分析，全国 406 所高校教育学院的内部组成情况，从是否为研究型大学、是否为"985"或"211"工程、是否拥有教育类硕博点几个层面展开具体分析。从是否为研究型大学层面看，我国设有教育学院的研究型院校有 20 所，占我国研究型大学的 32.78%，占教育学院总数的 4.93%，研究型大学教育学院开设数量仍较低；设有教育学院的非研究型院校有 386 所，占教育学院总数的 95.07%。从是否为"982"或"211"工程层面看，我国设有教育学院的"985"或"211"院校有 38 所，占"985"或"211"工程总数的 29.9%，占教育学院总数的 9.36%；设有教育学院的非"985"或"211"院校有 368 所，占教育学院总数的 90.64%。从是否有硕士点层面看，152 所高校有教育类硕士点，占教育学院总数的 37.44%；254 所高校没有教育类硕士点，占教育学院总数的 62.56%。从是否有博士点层面看，56 所高校有教育类博士点，占教育学院总数的 13.79%；350 所高校没有教育类博士点，占教育学院总数的 86.21%。综上可以发现：研究型大学与"985"或"211"工程院校开设教育学院数量较少，占比较低。同时，从硕士点与博士点设置情况来看，教育学院培养层次仍以本科为主，硕士点设置占比较少，博士点设置占比少。

二、省域层面高校教育学院设置现状

我国普通高等学校教育学院在地域分布层面设置现状的研究，主要通过省份和地区分布现状来进一步研究。通过对上述教育学院分布现状的研究，进而总结出我国现有本科院校教育学院的区域分布特点。

在省份分布层面，我国高校教育学院的数量分布不均，省域差异较为明显。截至 2023 年统计数据，北京市设有教育学院 12 所，相比 2017 年新增 3 所；天津市设有教育学院 9 所，相比 2017 年新增 5 所；河北省设有教育学院 16 所，相比 2017 年新增 4 所；山西省设有教育学院 10 所，相比 2017 年新增 1 所；内蒙古自治区设有教育学院 7 所，相比 2017 年新增 2 所；辽宁省设有教育学院 11 所，相比 2017 年新增 6 所；吉林省设有教育学院 11 所，相比 2017 年新增 3 所；黑龙江省设有教育学院 13 所，相比 2017 年新增 3 所；上海市设有教育学院 8 所，相比 2017 年新增 3 所；江苏省设有教育学院 19 所，相比 2017 年新增 6 所；浙江省设有教育学院 17 所，相比 2017 年新增 12 所；安徽省设有教育学院 16 所，相比 2017 年新增 6 所；福建省设有教育学院 15 所，相比 2017 年新增 8 所；江西省设有教育学院 20 所，相比 2017 年新增 9 所；山东省设有教育学院 29 所，相比 2017 年新增 5 所；河南省设有教育学院 26 所，相比 2017 年新增 9 所；湖北省设有教育学院 26 所，相比 2017 年新增 9 所；湖南省设有教育学院 13 所，相比 2017 年新增 2 所；广东省设有教育学院 22 所，相比 2017 年新增 10 所；广西壮族自治区设有教育学院 15 所，相比 2017 年新增 3 所；海南省设有教育学院 3 所，相比 2017 年新增 1 所；重庆市设有教育学院 10 所，相比 2017 年新增 4 所；四川省设有教育学院 17 所，相比 2017 年新增 7 所；贵州省设有教育学院 11 所，相比 2017 年无新增；云南省设有教育学院 16 所，相比 2017 年新增 1 所；西藏自治区设有教育学院 2 所，相比 2017 年无新增；陕西省设有教育学院 13 所，相比 2017 年新增 3 所；甘肃省设有教育学院 9 所，相比 2017 年新增 1 所；青海省设有教育学院 2 所，相比 2017 年无新增；宁夏回族自治区设有教育学院 3 所，相比 2017 年新增 1 所；新疆维吾尔自治区设有教育学院 5 所，相比 2017 年无新增，如图 2 - 11 所示。

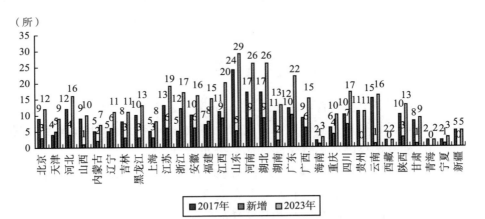

图 2 - 11　高校教育学院分省份分布变化情况

其中，截至 2023 年开设教育学院最多的省份为山东，全省设置教育学院的本科院校共计 29 所；开设教育学院最少的省份为青海和西藏，设置教育学院的本科院校仅有 2 所。同时，与 2017 年数据相比，新增教育学院最多的省份为浙江，共计 12 所；新增最少的省份为贵州、西藏、青海、新疆，均无新增。

在各省份层面对我国普通高校教育学院设置现状的深入分析主要是以省份为单位，以 2017 年全国高校教育学院的设置现状为例，对每个省份拥有的教育学院从具体概况、内部构成，如师范类占比、985 或 211 高校占比、民办高校占比、本专科占比、是否有硕博士点等方面进行研究。

（一）各省教育学院办学层次现状

全国各省份教育学院的办学层次现状主要从各省份设置教育学院的高校本专科高校构成与占比两个方面进行研究（见图 2 - 12）。北京市设置教育类学院的普通高校共计 9 所，学院的名称为教育学院、教育研究院、教育学部、师范学院、教育系等不同的称谓，从办学层次看，全市 9 所设置教育学院的高校全部为本科层次的高校，占全市设置教育学院高校总数的 100%；天津市设置教育类学院的普通高校共计4所，学院的名称为教育学院、职业教育学院、教育科学学院、教育系等不同的称谓，从办学层次看，全市设置教育学院的4所高校全部为本科层次的高校；河北省设置教育类学院的普通高校共计12所，学院的名称为教育学院、教育学部、教育系等不同的称谓，从办学层次看，全省设置教育学院的12所高校全部为本科层次的高校；山西省设置教育类学院的普通高校共计9所，学院的名称为教育学院、教育科学研究院、教育科学与技术学院、教育与心理科学系、教育系等不同的称谓，从办学层次看，全省设置教育学院的9所高校全部为本科层次的高校；内蒙古自治区设置教育类学院的普通高校共计5所，学院的名称为教育学院、教育科学学院、教育科学系、教育系等不同的称谓，从办学层次看，全区设置教育学院的5所高校全部为本科层次的高校，占全区设置教育学院高校总数的100%。

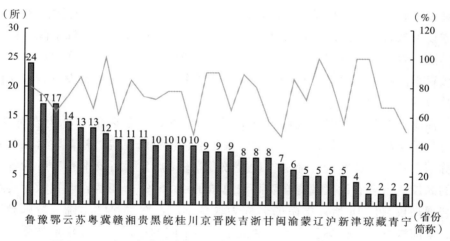

图2-12　全国各省份有教育学院高校中本科数和本科占比情况

辽宁省设置教育类学院的普通高校共计5所，学院的名称为教育学院、教育科学学院、教育科学与技术学院、高等教育研究院等不同的称谓，从办学层次看，辽宁省设置教育学院的5所高校全部为本科层次的高校；吉林省设置教育类学院的普通高校共计9所，学院的名称为教育学院、教育科学学院、教育系、师范学院等不同的称谓，从办学层次看，吉林省设置教育学院的9所高校中有8所为本科层次的高校，占全省设置教育学院高校总数的88.89%；黑龙江省设置教育学院的普通高校共计14所，学院的名称为教育学院、教育科学学院、教育系、教育科学系、师范学院、教师教育学院、师范教育部等不同的称谓，从办学层次看，黑龙江省设置教育学院的 14 所高校中有 10 所为本科层次的高校，占全省设置教育学院高校总数的 71.43%。

上海市设置教育类学院的普通高校共计 6 所，学院的名称为教育学院、教育学部、高等教育研究院等不同的称谓，从办学层次看，上海市设置教育学院的 6 所高校中有 5 所为本科层次的高校，占全市设置教育学院高校总数的 83.33%；江苏省设置教育类学院的普通高校共计 15 所，学院的名称为教育学院、教育科学学院、教育科学与技术学院、师范学院、教育研究院等不同的称谓，从办学层次看，江苏省设置教育学院的 15 所高校中有 13 所为本科层次的高校，占全省设置教育学院高校总数的 86.67%；浙江省设置教育类学院的高校共计 10 所，学院的名称为教育学院、教育科学学院、教育科学与技术学院、师范学院、教育学系等不同的称谓，从办学层次看，浙江省设置教育学院的 10 所高校中有 8 所为本科层次的高校，占全省设置教育学院高校总数的 80%；安徽省设置教育类学院的普通高校共计 13 所，学院的名称为教育学院、教育科学学院、教师教育学院、学前教育系等不同的称谓，从办学层次看，安徽省设置教育学院的 13 所高校中有 10 所为本科层次的高校，占全省设置教育学院高校总数的 76.92%。

福建省设置教育类学院的普通高校共计 15 所，学院的名称为教育学院、教育科学学院、教师教育学院、学前教育系、教育研究院、初等教育系等不同的称谓，从办学层次看，福建省设置教育学院的 15 所高校中有 7 所为本科层次的高校，占全省设置教育学院高校总数的 46.67%；江西省设置教育类学院的普通高校共计 18 所，学院的名称为教育学院、教育科学学院、教师教育学院、学前教育系、初等教育系、师范学院等不同的称谓，从办学层次看，江西省设置教育学院的 18 所高校中有 11 所为本科层次的高校，占全省设置教育学院高校总数的 61.11%；山东省设置教育类学院的普通高校共计 30 所，学院的名称为教育学院、教育科学学院、教师教育学院、学前教育系、初等教育系、师范学院、教育与心理科学学院等不同的称谓，从办学层次看，山东省设置教育学院的 30 所高校中有 24 所为本科层次的高校，占全省设置教育学院高校总数的 80.00%；河南省设置教育类学院的普通高校共计 23 所，学院的名称为教育学院、教育科学学院、教师教育学院、学前教育系、初等教育系、师范学院等不同的称谓，从办学层次看，河南省设置教育学院的 23 所高校中有 17 所为本科层次的高校，占全省设置教育学院高校总数的 73.91%；湖北省设置教育类学院的普通高校共计 27 所，学院的名称为教育学院、教育科学学院、教师教育学院、学前教育系、初等教育系、师范学院、教育学科与技术学院、特殊教育学院等不同的称谓，从办学层次看，湖北省设置教育学院的 27 所高校中有 17 所为本科层次的高校，占全省设置教育学院高校总数的 62.96%；湖南省设置教育类学院的普通高校共计 13 所，学院的名称为教育学院、教育科学学院、教师教育学院、学前教育系、初等教育系、师范学院、教育学科研究院等不同的称谓，从办学层次看，湖南省设置教育学院的 13 所高校中有 11 所为本科层次的高校，占全省设置教育学院高校总数的 84.62%。

广东省设置教育类学院的普通高校共计 20 所，学院的名称为教育学院、教育科学学院、教育与教育技术系、学前教育系、初等教育系、师范学院等不同的称谓，从办学层次看，广东省设置教育学院的 20 所高校中有 13 所为本科层次的高校，占全省设置教育学院高校总数的 65%；广西壮族自治区设置教育类学院的普通高校共计 13 所，学院的名称为教育学院、教育学部、教育科学学院、教育与心理科学学院、教育系、师范学院等不同的称谓，从办学层次看，广西壮族自治区设置教育学院的 13 所高校中有 10 所为本科层次的高校，占全区设置教育学院高校总数的 76.92%；海南省设置教育类学院的普通高校共计 2 所，学院的名称为教育学院和教育与心理学院，从办学层次看，海南省设置教育学院的 2 所高校全部为本科层次的高校。

重庆市设置教育类学院的普通高校共计 7 所，学院的名称为教育学院、教育学部、教育科学学院、学前教育学院等不同的称谓，从办学层次看，重庆市设置教育学院的 7 所高校中有 6 所为本科层次的高校，占全市设置教育学院高校的 85.71%；四川省设置教育类学院的普通高校共计 21 所，学院的名称为教育学院、教育科学学院、学前教育系、初等教育系、师范学院等不同的称谓，从办学层次看，四川省设置教育学院的 21 所高校中有 10 所为本科层次的高校，占全省设置教育学院高校总数的 47.62%；贵州省设置教育类学院的普通高校共计 15 所，学院的名称为教育学院、教育科学学院、学前教育系、初等教育系、师范学院等不同的称谓，从办学层次看，贵州省设置教育学院的 15 所高校中有 11 所为本科层次的高校，占全省设置教育学院高校总数的 73.33%；云南省设置教育类学院的普通高校共计 19 所，学院的名称为教育学院、教育科学学院、学前教育系、初等教育系、师范学院、教育科学与管理学院、教师教育学院、高等教育研究院等不同的称谓，从办学层次看，云南省有教育学院的 19 所高校中有 14 所为本科层次的高校，占全省设置教育学院高校总数的 73.68%；西藏自治区设置教育类学院的普通高校共计 3 所，学院的名称为师范学院、教育学院和教育系等不同称谓，从办学层次看，西藏自治区设置教育学院的 3 所高校中，有 2 所为本科层次的高校，1 所为专科层次的高校。

陕西省设置教育类学院的普通高校共计 14 所，学院的名称为教育学院、教育科学学院、教育系、师范学院、师范教育系等不同的称谓，从办学层次看，陕西省设置教育学院的 14 所高校中有 9 所为本科层次的高校，占全省设置教育学院高校总数的 64.29%；甘肃省设置教育类学院的普通高校共计 14 所，学院的名称为教育学院、教育科学学院、教育科学与技术学院、教育系、学前教育学院、师范学院、教师教育学院等不同的称谓，从办学层次看，甘肃省设置教育学院的 14 所高校中有 8 所为本科层次的高校，占全省设置教育学院高校总数的 57.14%；青海省设置教育类学院的普通高校共计 3 所，学院的名称为师范学院、教育学院和教育系等不同称谓，从办学层次看，青海省设置教育学院的 3 所高校中，有 2 所为本科层次的高校，1 所为专科层次的高校；宁夏回族自治区设置教育类学院的普通高校共计 4 所，学院的名称为教育学院、教育科学学院、教育系和学前教育学院等不同称谓，从办学层次看，宁夏回族自治区设置教育学院的 4 所高校中，有 2 所为本科层次的高校，2 所为专科层次的高校；新疆维吾尔自治区设置教育类学院的普通高校共计有 9 所，学院的名称为教育学院、教育科学学院、师范教育系、学前教育学院、师范学院等不同的称谓，从办学层次看，新疆维吾尔自治区设置教育学院的 9 所高校中有 5 所为本科层次的高校，占全区设置教育学院高校总数的 55.56%。

（二）各省教育学院举办者现状

各省高校教育学院的举办者现状主要从学院所在高校是民办还是公立角度，对各省设置教育学院的高校数量与占比进行统计分析（见图 2-13）。从民办、公立的角度看，北京市设置教育学院的 10 所高校中有 9 所为公立高校，占全市设置教育学院高校总数的 90%；天津市设置教育学院的 4 所高校中有 3 所为公立高校，占全市设置教育学院高校总数的 75%；河北省设置教育学院的 12 所高校中有 11 所为公立高校，占全省设置教育学院高校总数的 91.67%；山西省设置教育学院的 10 所高校中有 9 所为公立高校，占全省设置教育学院高校总数的 90.00%；内蒙古自治区设置教育学院的 7 所高校中有 6 所为公立

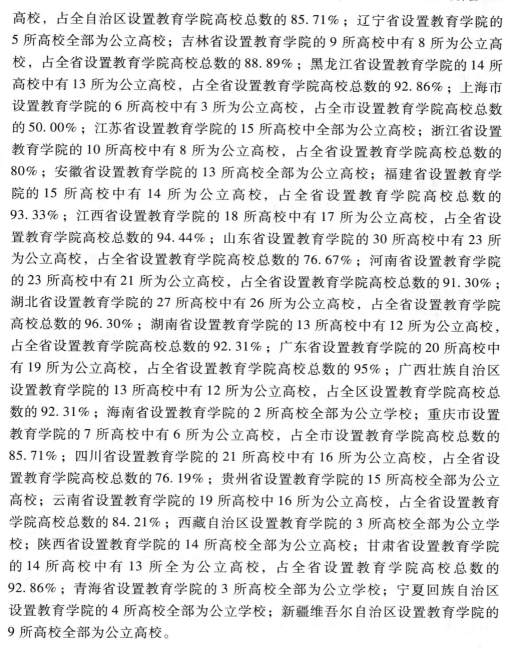

高校，占全自治区设置教育学院高校总数的 85.71%；辽宁省设置教育学院的 5 所高校全部为公立高校；吉林省设置教育学院的 9 所高校中有 8 所为公立高校，占全省设置教育学院高校总数的 88.89%；黑龙江省设置教育学院的 14 所高校中有 13 所为公立高校，占全省设置教育学院高校总数的 92.86%；上海市设置教育学院的 6 所高校中有 3 所为公立高校，占全市设置教育学院高校总数的 50.00%；江苏省设置教育学院的 15 所高校中全部为公立高校；浙江省设置教育学院的 10 所高校中有 8 所为公立高校，占全省设置教育学院高校总数的 80%；安徽省设置教育学院的 13 所高校全部为公立高校；福建省设置教育学院的 15 所高校中有 14 所为公立高校，占全省设置教育学院高校总数的 93.33%；江西省设置教育学院的 18 所高校中有 17 所为公立高校，占全省设置教育学院高校总数的 94.44%；山东省设置教育学院的 30 所高校中有 23 所为公立高校，占全省设置教育学院高校总数的 76.67%；河南省设置教育学院的 23 所高校中有 21 所为公立高校，占全省设置教育学院高校总数的 91.30%；湖北省设置教育学院的 27 所高校中有 26 所为公立高校，占全省设置教育学院高校总数的 96.30%；湖南省设置教育学院的 13 所高校中有 12 所为公立高校，占全省设置教育学院高校总数的 92.31%；广东省设置教育学院的 20 所高校中有 19 所为公立高校，占全省设置教育学院高校总数的 95%；广西壮族自治区设置教育学院的 13 所高校中有 12 所为公立高校，占全区设置教育学院高校总数的 92.31%；海南省设置教育学院的 2 所高校全部为公立学校；重庆市设置教育学院的 7 所高校中有 6 所为公立高校，占全市设置教育学院高校总数的 85.71%；四川省设置教育学院的 21 所高校中有 16 所为公立高校，占全省设置教育学院高校总数的 76.19%；贵州省设置教育学院的 15 所高校全部为公立高校；云南省设置教育学院的 19 所高校中 16 所为公立高校，占全省设置教育学院高校总数的 84.21%；西藏自治区设置教育学院的 3 所高校全部为公立学校；陕西省设置教育学院的 14 所高校全部为公立高校；甘肃省设置教育学院的 14 所高校中有 13 所全为公立高校，占全省设置教育学院高校总数的 92.86%；青海省设置教育学院的 3 所高校全部为公立学校；宁夏回族自治区设置教育学院的 4 所高校全部为公立学校；新疆维吾尔自治区设置教育学院的 9 所高校全部为公立高校。

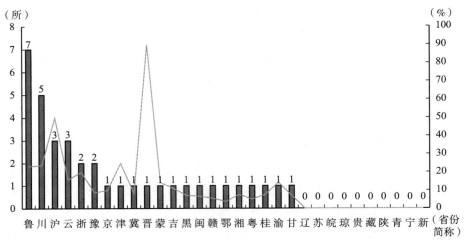

图 2 - 13   全国各省份有教育学院高校中民办数和民办占比情况

（三）各省教育学院所在高校师范类占比现状

师范类院校教育学院的发展相对于非师范类教育学院的发展有着独特的优势，为厘清我国教育学院的师范类构成现状，主要通过分析教育学院所在高校为师范类高校的数量和占比情况（见图 2 - 14）。从是否为师范类高校看，北京市设置教育学院的 10 所高校中有 2 所为师范类高校，占全市设置教育学院高校总数的 20%；天津市设置教育学院的 4 所高校中有 2 所为师范类高校，占全市设置教育学院高校总数的 50%；河北省设置教育学院的 12 所高校中有 5 所为师范类高校，占全省设置教育学院高校总数的 41.67%；山西省设置教育学院的 10 所高校中有 4 所为师范类高校，占全省设置教育学院高校总数的 40.00%；内蒙古自治区设置教育学院的 7 所高校中有 1 所为师范类高校，占全区设置教育学院高校总数的 14.29%；辽宁省设置教育学院的 5 所高校中有 3 所为师范类高校，占全省设置教育学院高校总数的 60.00%；吉林省设置教育学院的 9 所高校中有 5 所为师范类高校，占全省设置教育学院高校总数的 55.56%；黑龙江省设置教育学院的 14 所高校中有 5 所为师范类高校，占全省设置教育学院高校总数的 35.71%；上海市设置教育学院的 6 所高校中有 2 所为师范类高校，占全市设置教育学院高校总数的 33.33%；江苏省设置教育学院的 15 所高校中有 4 所为师范类高校，占全省设置教育学院高校总数的 26.67%；浙江省设置教育学院的 10 所高校中有 2 所为师范类高校，占全省设置教育学院高校总数的 20%；安徽省设置教育学院的 13 所高校中有 8 所为师范类高校，占全省设置教育学院高校总数的61.54%；福建省设置教育学院的15所高校中有7所为师范类高校，占全省设置教育学院高校总数的46.67%；江西省设置教育学院的18所高校中有8所为师范类高校，占全省设置教育学院高校总数的44.44%；山东省设置教育学院的30所高校中有5所为师范类高校，占全省设置教育学院高校总数的16.67%；河南省设置教育学院的23所高校中有9所为师范类高校，占全省设置教育学院高校总数的39.13%；湖北省设置教育学院的27所高校中有6所为师范类高校，占全省设置教育学院高校总数的22.22%；湖南省设置教育学院的13所高校中有5所为师范类高校，占全省设置教育学院高校总数的38.46%；广东省设置教育学院的20所高校中有6所为师范类高校，占全省设置教育学院高校总数的30%；广西壮族自治区设置教育学院的13所高校中有7所为师范类高校，占全区设置教育学院高校总数的53.85%；海南省设置教育学院的2所高校中有1所为师范类高校；重庆市设置教育学院的7所高校中有4所为师范类高校，占全市设置教育学院高校总数的57.14%；四川省设置教育学院的21所高校中有9所为师范类高校，占全省设置教育学院高校总数的42.86%；贵州省设置教育学院的15所高校中有9所为师范类高校，占全省设置教育学院高校总数的60.00%；云南省设置教育学院的19所高校中有6所为师范类高校，占全省设置教育学院高校总数的31.57%；西藏自治区设置教育学院的3所高校中有1所为师范类高校；陕西省设置教育学院的14所高校中有4所为师范类高校，占全省设置教育学院高校总数的28.57%；甘肃省设置教育学院的14所高校中有5所为师范类高校，占全省设置教育学院高校总数的35.71%；青海省设置教育学院的3所高校中有1所为师范类高校；宁夏回族自治区设置教育学院的4所高校中有2所为师范类高校；新疆维吾尔自治区设置教育学院的9所高校中有3所为师范类高校，占全区设置教育学院高校总数的33.33%。

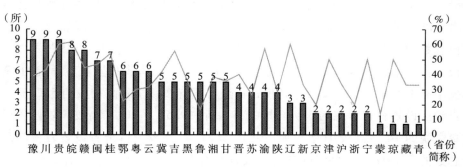

图2-14 全国各省份有教育学院高校中师范数和师范占比情况

（四）各省教育学院所在高校"985""211"占比现状

一个良好的高校平台对教育学院的发展有着十分重要的影响，为深入研究我国教育学院发展的具体现状，应对教育学院所在高校平台进行深入研究（见图2-15）。从是否为"985""211"高校角度来看，北京市设置教育学院的10所高校中有7所为"985""211"高校，占全市设置教育学院高校总数的70%；天津市设置教育学院的4所高校中有1所为"985""211"高校，占全市设置教育学院高校总数的25%；辽宁省设置教育学院的5所高校中有1所"985""211"高校，占全省设置教育学院高校总数的20.00%；吉林省设置教育学院的9所高校中有1所"985""211"高校，占全省设置教育学院高校总数的11.11%；上海市设置教育学院的6所高校中有2所为"985""211"高校，占全市设置教育学院高校总数的33.33%；江苏省设置教育学院的15所高校中有2所"985""211"高校，占全省设置教育学院高校总数的13.33%；浙江省设置教育学院的10所高校中有1所"985""211"高校，占全省设置教育学院高校总数的10%；福建省设置教育学院的15所高校中有1所为"985""211"高校，占全省设置教育学院高校总数的6.67%；山东省设置教育学院的30所高校中有1所"985""211"高校，占全省设置教育学院高校总数的3.33%；河南省设置教育学院的23所高校中有1所"985""211"高校，占全省设置教育学院高校总数的4.35%；湖北省设置教育学院的27所高校中有4所"985""211"高校，占全省设置教育学院高校总数的14.81%；湖南省设置教育学院的13所高校中有1所"985""211"高校，占全省设置教育学院高校总数的7.69%；广东省设置教育学院的20所高校中有1所"985""211"高校，占全省设置教育学院高校总数的5%；广西壮族自治区设置教育学院的13所高校中有1所"985""211"高校，占全区设置教育学院高校总数的7.69%；重庆市设置教育学院的7所高校中有1所"985""211"高校，占全市设置教育学院高校总数的14.29%；云南省设置教育学院的19所高校中有1所"985""211"高校，占全省设置教育学院高校数的5.26%；西藏自治区设置教育学院的3所高校中有1所"985""211"高校；陕西省设置教育学院的14所高校中有1所"985""211"高校，占全省设置教育学院高校总数的7.14%；宁夏回族自治区设置教育学院的4所高校中有1所"985""211"高校；新疆维吾尔自治区设置教育学院的9所高校中有1所为985或

211 高校，占全区设置教育学院高校总数的 11. 11%。河北、山西、内蒙古、黑龙江、安徽、江西、海南、四川、贵州、甘肃、青海等省份设置教育学院的高校中没有"985 或 211"高校。

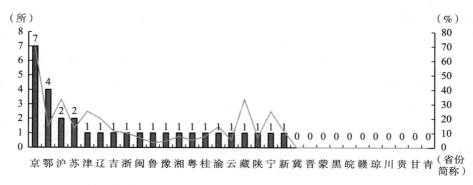

图 2 – 15　全国各省份有教育学院高校中"985""211"工程数及其占比情况

（五）各省教育学院硕博士点设置现状

教育类硕博士点有无与多少对教育学院更好地发展起着非常重要的作用，对我国高校教育学院构成现状的研究中也应该深入分析各省教育学院的硕博士点设置现状（见图 2 – 16、图 2 – 17）。从教育学院是否有硕博士点来看，北京市设置教育学院的 10 所高校中有 7 所有教育类硕士点，占全市设置教育学院高校总数的 70%，有 7 所有博士点，占全市设置教育学院高校总数的 70%；天津市设置教育学院的 4 所高校中有 3 所有硕士点，占全市设置教育学院高校总数的 75%，有 2 所有博士点，占全市设置教育学院高校总数的 50%；河北省设置教育学院的 12 所高校中有 2 所有硕士点，占全省设置教育学院高校总数的 16.67%，有 1 所有博士点，占全省设置教育学院高校总数的 8.33%；山西省设置教育学院的 10 所高校中有 3 所有硕士点，占全省设置教育学院高校总数的 30.00%，没有有博士点的教育学院；内蒙古自治区设置教育学院的 7 所高校中有 2 所有硕士点，占全区设置教育学院高校总数的 28.57%，有 1 所有博士点，占全区设置教育学院高校总数的 14.29%；辽宁省设置教育学院的 5 所高校中有 4 所有硕士点，占全省设置教育学院高校总数的 80.00%，有 2 所有博士点，占全省设置教育学院高校总数的 40.00%；吉林省设置教育学院的 9 所高校中有 5 所有硕士点，占全省设置教育学院高校总数的 55.56%，有

1 所有博士点，占全省设置教育学院高校总数的 11.11%；黑龙江省设置教育学院的 14 所高校中有 4 所有硕士点，占全省设置教育学院高校总数的 28.57%，有 1 所有博士点，占全省设置教育学院高校总数的 7.14%；上海市设置教育学院的 6 所高校中有 3 所有硕士点，占全市设置教育学院高校总数的 50%，有 3 所有博士点，占全市设置教育学院高校总数的 50%；江苏省设置教育学院的 15 所高校中有 7 所有硕士点，占全省设置教育学院高校总数的 46.67%，有 3 所有博士点，占全省设置教育学院高校总数的 20.00%；浙江省设置教育学院的 10 所高校中有 5 所有硕士点，占全省设置教育学院高校总数的 50%，有 2 所有博士点，占全省设置教育学院高校总数的 20%；安徽省设置教育学院的 13 所高校中有 3 所有硕士点，占全省设置教育学院高校总数的 23.08%，没有有博士点的教育学院；福建省设置教育学院的 15 所高校中有 3 所有硕士点，占全省设置教育学院高校总数的 20.00%，有博士点的有 2 所，占全省设置教育学院高校总数的 13.33%；江西省设置教育学院的 18 所高校中有 3 所有硕士点，占全省设置教育学院高校总数的 16.67%，没有有博士点的教育学院；山东省设置教育学院的 30 所高校中有 6 所有硕士点，占全省设置教育学院高校总数的 20.00%，有 3 所有博士点，占全省设置教育学院高校总数的 10.00%；河南省设置教育学院的 23 所高校中有 5 所有硕士点，占全省设置教育学院高校总数的 21.74%，没有有博士点的教育学院；湖北省设置教育学院的 27 所高校中有 9 所有硕士点，占全省设置教育学院高校总数的 33.33%，有 4 所有博士点，占全省设置教育学院高校总数的 14.81%；湖南省设置教育学院的 13 所高校中有 4 所有硕士点，占全省设置教育学院高校总数的 30.77%，有 2 所有博士点，占全省设置教育学院高校总数的 15.38%；广东省设置教育学院的 20 所高校中有 4 所有硕士点，占全省设置教育学院高校总数的 20%，有 1 所有博士点，占有教育学院高校总数的 5%；广西壮族自治区设置教育学院的 13 所高校中有 5 所有硕士点，占全区设置教育学院高校总数的 38.46%，没有有博士点的教育学院；海南省 2 所设置教育学院的高校均无硕博士点；重庆市设置教育学院的 7 所高校中有 3 所有硕士点，占全市设置教育学院高校总数的 42.86%，有 2 所有博士点，占全市设置教育学院高校总数的 14.29%；四川省设置教育学院的 21 所高校中有 3 所有硕士点，占全省设置教育学院高校总数的 14.29%，有 1 所有博士点，占全省设置教育学院高校总数的 4.76%；贵州省设置教育学院的 15 所高校中有 1 所有硕士点，占全省设置教育学院高校总数的 6.67%，没有有博士点的教育学院；云南省设置教育学院的 19 所高校中有 4 所有硕士点，占全省设置教育学院高校总数的 21.05%，没有有博士点的教育学院；西藏自治区设置教育学院的 3 所高校中只有 1 所有硕士点，没有有博士点的教育学院；陕西省设置教育学院的 14 所高校中有 3 所有硕士点，占全省设置教育学院高校总数的 21.43%，有 1 所有博士点，占全省设置教育学院高校总数的 7.14%；甘肃省设置教育学院的 14 所高校中有 2 所有硕士点，占全省设置教育学院高校总数的 14.29%，有 1 所有博士点，占全省设置教育学院高校总数的 7.14%；青海省设置教育学院的 3 所高校中有 2 所有硕士点，有 1 所有博士点的教育学院；宁夏回族自治区设置教育学院的 4 所高校中有 2 所有硕士点，没有有博士点的教育学院；新疆维吾尔自治区设置教育学院的 9 所高校中有 3 所有硕士点，占全区设置教育学院高校总数的 33.33%，有 1 所有博士点，占全区设置教育学院高校总数的 11.11%。

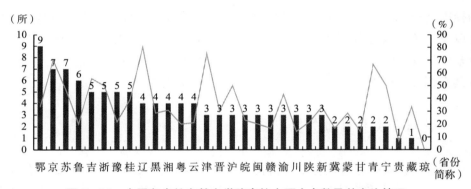

图 2 - 16　全国各省份有教育学院高校中硕士点数及其占比情况

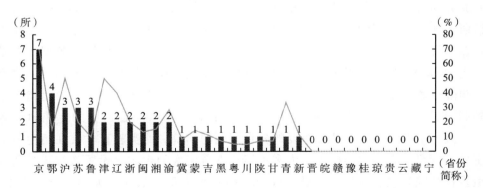

图 2 - 17　全国各省份有教育学院高校中博士点数及其占比情况

第三节　高校教育学院的类型现状

我国普通高等学校教育学院有着不同的类型，按照不同的划分标准，可以将现有的普通高等学校的教育学院划分为不同的种类。例如，按照规模的大小可以将其划分为大型、中型、小型教育学院；根据办学层次不同，可以分为本科层次和专科层次的教育学院；根据教育学院所在的高校是否为师范类，可分为师范类教育学院和非师范类教育学院；根据学院职能定位的不同，又可以划分为教育科学研究型、教师资源培养型、应用技术人才培养型和综合型的教育学院。

由于本书主要研究我国普通高等学校教育学院的功能及其绩效评价指标体系，因此，在研究我国普通高等学校教育学院类型的过程中主要按照职能定位的标准划分。高校教育学院处于高校组织系统之内，其组织结构与其功能、定位以及资源获取能力密切相关。因此，本书通过对2023年全国406所高校教育学院呈现的特征、拥有的职能以及其在所处院校环境中的定位进行了解析，将具有相似特征的组织归于一类，形成了七大组织类型。

一、综合类科研服务型

综合类科研服务型教育学院占比较大，是综合类大学教育学院组织的主要类型之一，同时该类型中研究型大学占比较大。这样的教育学院组织类型以科研服务为特征，学院的架构通常以各研究院或研究所作为核心，部分学院兼具科研人才培养的职能，其科研产出不仅服务于学科学术，同时也服务于学校教育改进等组织内部优化职能（见图2－18）。因此，综合类科研服务型教育学院更倾向于充当院校组织结构调节者这样的职能，在院校系统中充当着学术产出与院校教育改进参考的协调者角色。教育科学研究型教育学院主要是指该学院职能定位为进行教育领域问题研究，培养教育领域问题研究的专业研究人才，致力于解决国家和地方重要的教育问题的学院。此类教育学院在招生方面主要进行研究生层次的招生，大多不招收本科层次的生源，设置教育科学研究型教育学院的大学在我国主要为综合型高水平大学，如北京大学、清华大学、北京理工大学、中国人民大学、华中科技大学、厦门大学、华东师范大学、南京大学、武汉大学、南京大学等高校的教育学院，此类高校教育学院的主要研究对象为"教育领域科学问题和教育领域专业研究人才的培养问题"。

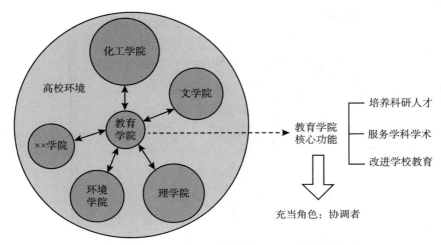

图 2 – 18   综合类科研服务型教育学院示意图

二、理工类科研服务型

理工类科研服务型教育学院占比较小，是理工类大学教育学院组织的主要类型之一。该组织类型教育学院与综合类科研服务型有着一定的相似性，但理工类科研服务型更加强调学科建设与学校特色的融合，该类型的教育学院组织往往具有较为丰富的教育学类基础学科门类，并且会开设结合院校技术特性的教育技术学、工程教育等，其组织架构以完善理工类学校教育学科组织为主要目标（见图 2 – 19）。因此，理工类科研服务型教育学院更倾向于完善理工院校内部组织结构，推动其朝着综合类院校转变，其也更像充当着院校结构完善、院校特色转化的补充者角色。该学院类的职能定位为培养教育领域应用技术人才的一类教育学院，教育科学与信息技术、传播学、心理学等应用性较强的学科相结合，产生了教育技术、教育心理等应用性较强的研究领域和专业，与此对应的专业培养的人才，也主要为应用技术型的人才。这类学院多设置于理工科发展较好的高校，如浙江工业大学的教育科学与技术学院等。上述学院依靠自身所在高校的特色与优势，致力于培养教育领域的应用技术型人才。故而将此类以培养教育领域应用技术型人才为主要职能的教育学院划分为应用技术人才培养型教育学院。

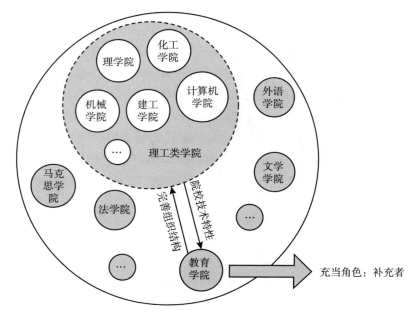

图 2-19　理工类科研服务型教育学院示意图

　　依托理工背景特色办学型教育学院是我们在探索综合类科研服务型教育学院时发现的极具特色的教育学院组织类型，该类教育学院数量相对较少，但该类型学院均存在强大的理工背景，并且依靠这样的理工背景与经验积累发展起了特色学科。同时，仔细研究该类教育学院的发展历程，本书发现，该类教育学院均充当过职教培训或电化教育平台且所处院校系统拥有强大的理工科支持。因此，该类型教育学院在履行综合类科研服务型教育学院职能的同时，也强调组织历史的顺延以及院校资源的调配，更倾向于充当协调者＋继承者的角色。

三、师范类传统全能型

　　师范类传统全能型教育学院是我国高校教育学院中组织结构最为完善的一类，同时也是发展底蕴最深的一类。该类教育学院集中于省部级师范类大学以及各省重点师范大学，带有一定的师范资源集约特征。该类型教育学院一般以提供服务为目标，将教师人才培养与学科研究并行开展，在研究前沿的教育理论的同时建设教师培养基地，形成多维度的教育学院组织架构。与此同时，因为师范类大学的学校特征与本身的组织机构设置，师范类大学中的教育学院的定位、职能或资源获取能力与综合类大学存在明显差异，该类型教育学院更加倾向于充当院校组织架构领导者的角色，如北京师范大学物理学与化学明显受到教育学影响，有着一定的教育学特征，如图 2 - 20 所示。

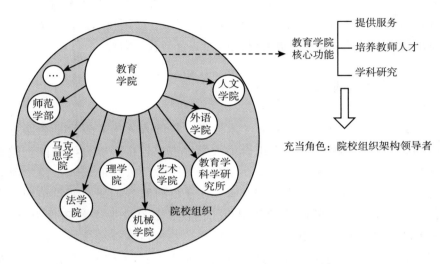

图 2 - 20 师范类传统全能型教育学院示意图

综合型的教育学院主要是以职能定位为标准的划分之下，综合了教育科学研究型、教师资源培养型、应用技术人才培养型三类教育学院特点的一类教育学院。综合型教育学院的这一综合性可以由学院的招生专业明显体现出来。我国普通高等学校的综合型教育学院主要由两类组成：一类是综合性大学的教育学院，例如，天津大学教育学院，有本科、硕士和博士三个层次的招生专业，本科专业有教育学、计算机科学与技术（职教师资）等，研究生专业有现代教育技术（专业学位）、教育管理（专业学位）、教育经济与管理、教育学和应用心理学等专业，博士专业主要有职业技术教育学。另一类综合型学院主要是综合性师范大学的教育学院，例如，北京师范大学有本科、硕士和博士三个层次的招生专业，本科层次的招生专业有教育学、学前教育和特殊教育，硕士层次的招生专业有教育学原理、课程与教学论、教育史、比较教育学、学前教育学、高等教育学、成人教育学、职业技术教育学、特殊教育学、教师教育、远程教育、教育管理、学科教学（各科）、小学教育、心理健康教育、科学与技术教育、学前教育、教育经济与管理、教育技术学和计算机软件与理论等专业，博士层次的主要专业有教育学原理、课程与教学论、教育史、比较教育学、学前教育学、高等教育学、职业技术教育学、特殊教育学、教育技术学、教师教育、远程教育、教育政策与教育法学、教育经济与管理等专业。从上述高校教育学院的专业设置可以看出，不论是招生层次，还是从专业涉及的教育领域的知识来讲都有很强的综合性，兼具了教育科学研究型、教师资源培养型、应用技术人才培养型三类教育学院的特点。因此，将此类教育学院归为综合型教育学院。

四、综合类全能型

综合类全能型教育学院是兼有学术科研、教师人才培养以及社会服务的教育学院组织类型，其数量少，在综合类大学中占比较小。综合类全能型教育学院与综合类科研服务型最大的区别在于其兼顾了教师人才的培养，是学科教育与教育学的融合，其内部组织架构既有专注于科研服务的研究所类组织，也存在专注于教师人才培养的师范学科组织。因此，其社会服务的属性也会更强，学院影响力与辐射面也会更广。但本书认为，二者在综合类院校中所承担的职能类似，只不过综合类全能型因其具有教师人才培养的特质，会在协调者角色的基础上，增加生产者这一新角色，成为综合类高校院校组织中的协调者＋生产者，如图2-21所示。

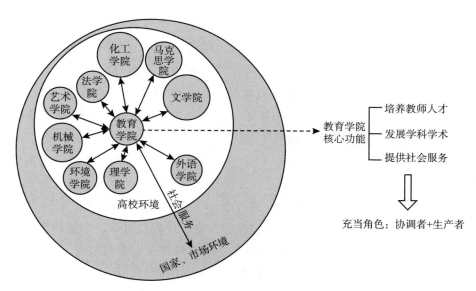

图2-21 综合类全能型教育学院示意图

五、非师范类教师人才培养导向型

非师范类教师人才培养导向型教育学院是数量最多、占比最大的类型，同时也是理工类与综合类高校教育学院最主要的组织类型。该类型教育学院内部组织结构设置以学科教育研究院（所）、学前教育研究院（所）、小学教育研究院（所）等师资人才培养研究机构与师资培养基地为主，研究机构与师资培养基地同时服务于师范人才的培养或教师教学实践。同时，本书发现，该类型教育学院是适应力最强，同时也是与院校组织交互最少的一个类型。非师范类教师人才培养导向型开设数量大、涉及各类型院校，遍布全国，因其开设学科主要目的在于培养师资，其学校教学改进功能并不突出。因此，该类型教育学院更加倾向于院校组织中的一个独立个体，仅仅深耕自身独有功能，并且不影响其余组织的存续与功能发挥，带有较强的独立性特征，因而交互少，适应力强，在院校中担任着独立生产者的角色，如图 2-22 所示。

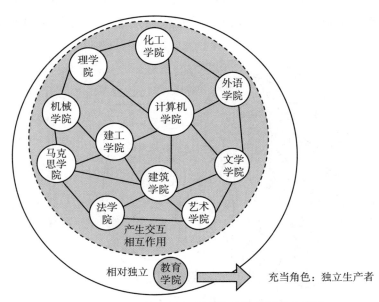

图 2-22 非师范类教师人才培养导向型教育学院

六、师范类教师人才培养导向型

师范类教师人才培养导向型教育学院数量较多，占比较大，是师范类大学教育学院的主要组织类型。该类型教育学院与非师范类教育学院内部组织结构相似，但由于所处院校的类型特征与本身职能，其交互性会更强，独立性较弱，更加倾向于在师资培养的同时与其他学院学科形成交互，如学科教育（语文）与汉语言文学形成交互。因此，师范类教师人才培养导向型教育学院与师范类传统全能型教育学院有相似之处，但由于缺乏理论研究的深度，应用型更加突出，因此，该类型教育学院更倾向于充当着主体者的角色。该类学院职能定位为培养教师队伍，教育资源培养型教育学院注重教师队伍的训练与培养，如果追溯教育学院的形成历史可以明显地发现，我国现有大多普通高等学校的教育学院主要是由教师培训机构演化而来的。我国现有的教师教育型教育学院主要是由两类组成的：第一类是非师范类大学的教师教育学院和师范学院；第二类主要是地方师范院校的教育学院、教师教育学院和师范学院。上述学院都可归为教师资源培养型的教育学院，师资培养是教育学院主要的职能之一，教师资源培养型的教育学院也成为我国普通高等学校教育学院的主要组成类型之一，如图 2-23 所示。

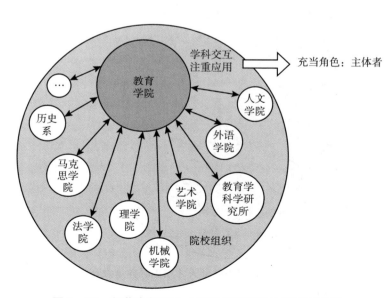

图 2-23　师范类教师人才培养导向型教育学院示意图

七、院校特色学科混合教育学型

院校特色学科混合教育学型教育学院是我们在分类时发现的较为特殊的一类，该类教育学院组织往往与所在院校的学科特色深度结合，在院校组织中呈现特色学科＋教育学的特征。该类型教育学院与学校特色学科之间交互较强，但与所处院校中的其他部分交互较少，呈现依附式的学科延展属性，更倾向于充当衍生者的角色，如暨南大学华文教育正是与暨南大学侨胞特色的深度结合与学科延伸，如图2－24所示。

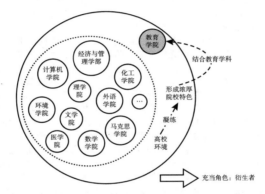

图2－24　院校特色学科混合教育学型教育学院示意图

表2－3为高校教育学院组织类型分类。

表2－3　　　　　　　　高校教育学院组织类型分类

主要类型	教育学院所在高校
综合类科研服务型	北京大学、中国人民大学、清华大学、山西大学、太原学院、辽宁大学、黑龙江大学、佳木斯大学、复旦大学、苏州大学、江苏大学、浙江大学、绍兴文理学院、宁波诺丁汉大学、安徽大学、黄山学院、厦门大学、中国海洋大学、济南大学、郑州大学、河南科技学院、武汉大学、华中科技大学、江汉大学、三峡大学、吉首大学、湖南大学、汕头大学、云南大学、延安大学、兰州大学、石河子大学、喀什大学
理工类科研服务型	北京理工大学、大连理工大学、东北石油大学、常州大学、南京邮电大学、浙江工业大学、中国地质大学（武汉）、湖南科技大学、湖南理工学院、东莞理工学院、香港科技大学（广州）

续表

主要类型	教育学院所在高校
师范类传统全能型	河北师范大学、河北科技师范学院、山西师范大学、内蒙古师范大学、沈阳师范大学、东北师范大学、通化师范学院、长春师范大学、白城师范学院、华东师范大学、上海师范大学、南京师范大学、福建师范大学、闽南师范大学、山东师范大学、曲阜师范大学、河南师范大学、华中师范大学、华南师范大学、广西师范大学、海南师范大学、西南大学、四川师范大学、遵义师范学院、云南师范大学、陕西师范大学
综合类全能型	天津大学、上海交通大学、南京大学、深圳大学、中央民族大学、河北大学、扬州大学、苏州科技大学、杭州师范大学、湖州师范学院、井冈山大学、河南大学
非师范类教师人才培养导向型	北京体育大学、北京联合大学、中国音乐学院、中华女子学院、北京城市学院、同济大学、天津师范大学津沽学院、天津传媒学院、天津外国语大学滨海外事学院、保定学院、河北北方学院、衡水学院、石家庄学院、邢台学院、河北科技学院、张家口学院、山西大同大学、太原师范学院、晋中学院、运城学院、吕梁学院、内蒙古民族大学、赤峰学院、呼伦贝尔学院、河套学院、呼和浩特民族学院、沈阳工学院、渤海大学、大连大学、延边大学、吉林外国语大学、长春光华学院、哈尔滨学院、绥化学院、哈尔滨剑桥学院、黑河学院、上海建桥学院、上海外国语大学贤达经济学院、上海师范大学天华学院、南京信息工程大学、南通大学、江苏理工学院、徐州工程学院、泰州学院、浙江师范大学、宁波大学、湖州师范学院求真学院、浙江海洋大学、绍兴文理学院、丽水学院、台州学院、温州大学、宁波大学、衢州学院、温州肯恩大学、巢湖学院、安徽师范大学、安徽师范大学皖江学院、蚌埠学院、淮北理工大学、池州学院、滁州学院、合肥学院、亳州学院、集美大学、莆田学院、闽南理工学院、泉州职业技术大学、龙岩学院、宜春学院、景德镇学院、萍乡学院、南昌职业大学、江西应用科技学院、江西科技学院、新余学院、九江学院、江西师范大学科学技术学院、滨州医学院、聊城大学、德州学院、滨州学院、鲁东大学、临沂大学、泰山学院、济宁学院、菏泽学院、青岛滨海学院、枣庄学院、青岛大学、潍坊学院、山东女子学院、青岛黄海学院、潍坊科技学院、山东英才学院、山东协和学院、青岛恒星科技学院、聊城大学东昌学院、潍坊理工学院、齐鲁理工学院、青岛工学院、山东青年政治学院、许昌学院、郑州工程技术学院、平顶山学院、新乡学院、河南财政金融学院、南阳理工学院、郑州财经学院、信阳学院、河南科技职业大学、郑州西亚斯学院、长江大学、湖北大学、湖北文理学院、中南民族大学、湖北理工学院、湖北工程学院、湖北科技学院、武汉音乐学院、武汉晴川学院、长江大学文理学院、湖北商贸学院、武汉文理学院、荆楚理工学院、湖南农业大学、怀化学院、韶关学院、惠州学院、肇庆学院、嘉应学院、广东白云学院、广东石油化工学院、广州大学、佛山科学技术学院、广州华商学院、湛江科技学院、广州华立学院、河池学院、百色学院、北部湾大学、贺州学院、梧州学院、广西外国语学院、海南热带海洋学院、重庆文理学院、重庆三峡学院、重庆人文科技学院、重庆对外经贸学院、宜宾学院、成都学院、四川文理学院、四川民族学院、四川轻化工大学、成都文理学院、四川工业科技学院、西南财经大学天府学院、四川工商学院、成都大学、铜仁学院、安顺学院、贵州工程应用技术学院、凯里学院、贵阳学院、大理大学、昭通学院、普洱学院、保山学院、红河学院、云南民族大学、云南经济管理学院、昆明学院、文山学院、云南工商学院、西藏大学、陕西科技大学、陕西理工学院、宝鸡文理学院、榆林学院、西安文理学院、西安欧亚学院、西安翻译学院、安康学院、兰州城市学院、陇东学院、河西学院、兰州文理学院、宁夏大学、银川科技学院、昌吉学院

主要类型	教育学院所在高校
师范类教师人才培养导向型	天津职业技术师范大学、天津师范大学、河北民族师范学院、唐山师范学院、廊坊师范学院、邯郸学院、沧州师范学院、河北师范大学汇华学院、忻州师范学院、山西师范大学现代文理学院、集宁师范学院、辽宁师范大学、鞍山师范学院、北华大学、吉林师范大学、吉林工程技术师范学院、吉林师范大学博达学院、哈尔滨师范大学、牡丹江师范学院、大庆师范学院、江苏师范大学、淮阴师范学院、盐城师范学院、南京晓庄学院、南京特殊教育师范学院、江苏第二师范学院、阜阳师范学院、安庆师范大学、淮北师范大学、淮南师范学院、合肥师范学院、泉州师范学院、江西师范大学、上饶师范学院、赣南师范大学、江西科技师范大学、南昌应用技术师范学院、豫章师范学院、南昌师范学院、齐鲁师范学院、信阳师范学院、周口师范学院、安阳师范学院、南阳师范学院、洛阳师范学院、商丘师范学院、郑州师范学院、河南师范大学新联学院、湖北师范大学、黄冈师范学院、汉江师范学院、湖北师范大学文理学院、湖北第二师范学院、湖南师范大学、衡阳师范学院、湖南第一师范学院、湖南师范大学树达学院、衡阳师范学院南岳学院、长沙师范学院、韩山师范学院、岭南师范学院、广东技术师范学院、广东第二师范学院、广西师范学院、广西民族师范学院、玉林师范学院、广西科技师范学院、广西职业师范学院、广西师范学院师园学院、琼台师范学院、重庆师范大学、长江师范学院、重庆第二师范学院、西华师范大学、绵阳师范学院、内江师范学院、阿坝师范学院、乐山师范学院、成都师范学院、贵州师范大学、兴义民族师范学院、黔南民族师范学院、六盘水师范学院、贵州师范学院、曲靖师范学院、玉溪师范学院、楚雄师范学院、滇西科技师范学院、咸阳师范学院、渭南师范学院、陕西学前师范学院、西北师范大学、天水师范学院、甘肃民族师范学院、青海师范大学、宁夏师范学院、新疆师范大学、伊犁师范学院
院校特色学科混合教育学型	天津体育学院、天津音乐学院、沈阳音乐学院、辽宁科技学院、辽宁师范大学海华学院、齐齐哈尔大学、哈尔滨石油学院、黑龙江工业学院、福州外语外贸学院、福建技术师范学院、武夷学院、三明学院、仰恩大学、宁德师范学院、南昌大学、南昌工学院、江西师范大学科学技术学院、商丘工学院、商丘学院、河南开封科技传媒学院、中原科技学院、湖北民族学院、湖北民族大学、湖南人文科技学院、暨南大学、广东外语外贸大学、广西民族大学、桂林学院、四川外国语大学、四川美术学院、西藏民族大学、西北民族大学、青海民族大学

第四节　高校教育学院的发展现状

一、高校教育学院设置的主要特征

我国普通高等学校教育学院在长期发展过程中形成相对稳定的状态，在宏观布局和区域构成上具有自身特点。本书从宏观、中观、微观层面对我国普通高校教育学院的设置与构成现状进行了梳理，通过教育学院的全国布局、省域设置及学院办学等方面的描述与分析，总结出我国普通高等学校教育学院的主要类型及布局特点。

首先，数量不足。2017年，我国共有普通高等学校2631所，但具有教育学院的高校仅有380多所，占高校总数比不足15%。中国共产党第十七次全国代表大会提出，要优先发展我国的教育事业，建设人力资源的强国；国家的各种教育规划和政策文件中也进一步强调了教育事业对我国现代化建设的重要性。教育的发展不仅与国家发展紧密关联，同时也与每一个家庭、每一个个体息息相关。教育学院作为各级各类学校教师和教育研究人员的主要培养基地，对于我国教育事业的整体发展、全民思想文化素质的提升等具有关键性作用。教育学院数量不足势必会影响教育事业的长远发展。

其次，分布不均。从地域布局上来看，我国普通高等学校教育学院呈现分布广泛、集中明显的特点。从全国范围来看，具有教育学院的高校区域分布不均衡，华东地区和华中地区分别有89所、81所，而数量最少的东北地区仅有28所；从省域层面看，山东省、湖北省、河南省、四川省、广东省等省份的教育学院数量都在20所以上，西藏自治区、青海省、海南省等省份却只有2～3所，具有教育学院最多的山东省（30所）是数量最少的海南省（2所）的15倍；从省域内部看，也存在分布不均的现象，教育学院大多分布于省会城市，如湖北省的教育学院主要集中于武汉市。我国设置教育学院的高校无论在全国范围、省域层面还是省域内部都呈现出分布不均的特征。

最后，所在院校类型比较单一。我国设置教育学院的高等学校分为两类，一类是师范类院校，另一类是综合类高校。综合来看，这两类高校主要是公办本科学校，办学主体较为单一，具有培养高层次教育类人才的学校数量更少。就设置教育学院高校的办学性质来看，公立院校占绝对优势，90%以上有教育学院的高校都属于公立院校；其中，约73%为本科院校，专科院校相对较少。在这些公办本科院校中，有教育学硕博士点的院校不足三成，28.83%的高校教育学院有硕士点，仅有10.91%的高校有教育学及其相关专业的博士点。整体来看，我国设置教育学院的高校类型较为单一，而有高层次培养资格的高校较少，研究队伍的局限也进一步限制了教育学院的内涵构建和多样化发展。

二、高校教育学院发展的 SWOT 分析

我国普通高等学校教育学院发展过程中在"顾客""财务""内部流程""学习与成长"等不同的维度有着不同的发展现状。基于平衡计分卡（BSC）

的视角，对我国普通高校教育学院绩效评价指标体系的构建，首先应该建立在深入研究教育学院发展现状的基础上。为了更好地构建我国普通高校教育学院的绩效评价指标体系，本章主要分全国层面和各个省份层面来具体研究我国普通高等学校教育学院的设置现状，在现状研究的基础上，得出我国现有普通高校教育学院的主要类型与特点，并对其发展进行 SWOT 分析。

在基于平衡计分卡构建普通高校教育学院绩效评价体系之前，首先应该对教育学院发展过程中内部优劣势，外部机会与威胁进行深入分析。通过对被调查的教育学院师生访谈结果整理分析发现，教育学院发展过程中的内部优势有：教育学院在培养教育领域专业人才方面的优势、教育学院在教育领域科学研究方面的优势、教育学院社会服务职能对社会发展的重要性；内部劣势有：教育学院各学科发展的同质化倾向、部分教育学院发展模式缺乏特色、教育领域人才的培养周期较长；外部机会有：国家在教育领域的政策支持、区域教育发展的现实需求、高校客观的教育发展需求；外部威胁有：高校对教育学院的支持力度不够、高校其他学院与教育学院的竞争力度增大、高校其他优势学科对教育学科的竞争日益激烈。具体如表 2 - 4 所示。

表 2 - 4　　　　我国普通高校教育学院发展的 SWOT 分析框架

内部条件		外部条件	
内部优势（strengths）	内部劣势（weakness）	外部机会（opportunities）	外部威胁（threats）
1. 教育学院在培养教育领域专业人才方面的优势	1. 教育学院各学科发展的同质化倾向	1. 国家在教育领域的政策支持	1. 高校对教育学院的支持力度不够
2. 教育学院在教育领域科学研究方面的优势	2. 部分教育学院发展模式缺乏特色	2. 区域教育发展的现实需求	2. 高校其他学院与教育学院的竞争力度增大
3. 教育学院社会服务职能对社会发展的重要性	3. 教育领域人才的培养周期较长	3. 高校客观的教育发展需求	3. 高校其他优势学科对教育学科的竞争日益激烈

（一）内部优势（strengths）

1. 教育学院在培养教育领域专业人才方面的优势

我国教育领域的专业人才，大多是由我国普通高等学校教育学院培养的，例如，我国中小学教师、幼师等从事一线的基础教育工作的教师队伍大多是由我国师范类高校教育学院所培养。此外，教育领域专业的科研人员，大多也是由我国普通高校教育学院培养。因此，教育学院在培养教育领域专业人才方面扮演了重要角色，也有着其他组织无可比拟的优势。

2. 教育学院在教育领域科学研究方面的优势

教育领域科学问题的探讨、教育学学科建设等问题主要是由教育学院的学者、教授和研究生承担的。教育学院是教育领域的专家学者和教育类研究生汇集的地方，名师和思想活跃的青年学者为教育学院提供了良好的智力支持。因此，教育学院在承担我国教育领域科学研究工作方面有其独特的优势，如师资优势、设备优势、学术共同体优势和科研接班人优势等。

3. 教育学院社会服务职能对社会发展的重要性

人才培养、科学研究和社会服务是高等学校重要的社会职能，同时也是各二级学院需要承担的社会职能。教育事业对我国社会经济的发展有着重要的推动作用，国家经济、科技和文化的进步，离不开教育事业的不断发展。教育学院在解决国家教育领域的问题和培养专业的教育领域人才方面有其独特优势，教育学院社会服务职能的践行有利于助推我国教育事业的发展。

（二）内部劣势（weakness）

1. 教育学院各学科发展的同质化倾向

通过对现有普通高校教育学院的专业设置分析发现，现有教育类学科发展同质化倾向明显，比如，高等教育学和教育经济与管理两个学科，在部分高校几乎按照相同的方式去培养，将教育经济与管理专业办成了高等教育学专业。因此，学科专业发展同质化倾向明显是教育学院在发展过程中的劣势之一。

2. 部分教育学院发展模式缺乏特色

没有特色就没有生命力，世界上没有完全相同的两片树叶，其他学院的发展模式不能照搬照抄，更不能"邯郸学步"。教育学院在发展过程中，一定要有属于自身的独特发展模式与学院特色。通过对访谈结果和调查问卷的分析发现，现有教育学院在特色建设和特色维持方面所做的工作还是远远不够的。

3. 教育领域人才的培养周期较长

教育学由于其学科自身的特点，在人才培养周期方面，相对于以技能见长的专业来讲，教育领域人才培养周期较长。也正是由于教育领域的人才培养周期较长的特点，使得教育领域的毕业生在人才市场上处于劣势，在学校的就业率考评中很难获得优异的成绩。毕业生就业率偏低的状况是教育学院在发展过程中面临的较为严重的问题。

（三）外部机会（opportunities）

1. 国家在教育领域的政策支持

我国教育事业的发展需要国家不断地给予资金和政策支持，教育学院的发展，可以承担我国教育领域的科学研究，可以为我国教育事业的发展培养教育领域的专业研究人才和师资队伍。因此，国家对教育事业的发展需求，为我国教育学院的发展提供了重要的机遇，教育学院在教育领域问题研究和教育领域人才培养方面的专业性，使得学院在发展过程中可以不断获得国家的政策与资金支持。

2. 区域教育发展的现实需求

区域社会、经济、科技和文化等的发展，为地区教育事业提供了强烈的现实需求。地方普通高校教育学院的发展对地区教育事业的发展意义重大。教育学院的发展为地方教育事业发展过程中问题的解决提供了智力支持，为地方教育事业的发展提供了强有力的师资保障。因此，地区教育事业发展的客观需求为我国普通高校教育学院的发展提供了重要的外部机遇。

3. 高校客观的教育发展需求

教育学院在发展过程中，不仅仅会遇到国家层面和地区层面的各种外部机遇，在高校层面同样也会面临各种机遇。高校自身的发展需要解决一些专业的教育领域的问题，如人才培养方案制定、教育教学评估和课堂教学技能培训等方面都需要专业的教育机构提供对策与建议。高等学校的各种亟待解决的教育问题，也为教育学院的发展提供了重要的外部机遇。

（四）外部威胁（threats）

1. 高校对教育学院的支持力度不够

高等学校二级学院在发展过程中，在争取高校资源难度方面是不同的，非师范类高校的教育学院争取高校资源的难度远远大于高校优势学科所在的二级学院。在已经设立教育学院的普通高等学校中，部分高等学校甚至将教育学院视为学校发展过程中的"短板"，部分高校对教育学院支持力度不够的状况，是教育学院在发展过程中面临的外部威胁之一。

2. 高校其他学院与教育学院的竞争力度增大

一所高等学校在一定的时期的资源总量是有限的，在高校资源总量有限的情况下，每一所高校二级学院都为争取有限的高校资源展开了激烈的竞争。高校二级学院之间的竞争程度不断加剧，是我国普通高校二级学院在发展过程面临的外部威胁。

3. 高校其他优势学科对教育学科的竞争日益激烈

国务院于 2015 年 10 月出台了《统筹推进世界一流大学和一流学科建设总体方案》，这是我国高等领域继 "985" 工程、"211" 工程等重大工程之后的又一重大工程。自 "双一流" 方案颁布以来，2017 年 1 月，教育部、财政部、国家发改委又印发了《统筹推进世界一流大学和一流科学建设实施颁发（暂行)》，在 "双一流" 方案的指导下，高校开始了一流学科建设，教育学学科与其他学科的竞争日益激烈，尤其是以理工科见长的高校教育学院的教育学科更是处于劣势。因此，教育学科与其他学科日益激烈的外部竞争，也是教育学院在发展过程中面临的外部威胁之一。

第三章

高校教育学院的功能分析

　　在对教育学院现状展开调查后，本书将利用多案例法与质性分析方法对教育学院功能与优化展开研究。在案例选择上，本书秉持多类型、多层次、多地区的原则，选取了各教育学院类型中带有典型性的 15 所教育学院案例，并对其进行三级编码研究。在对 15 所高校教育学院案例样本进行逐字逐句阅读之后，一共得到 92 个初始编码，通过筛选、整合、调整以及剔除不相关编码，进行反复阅读以及比较，共形成 30 个概念化类属。在反复比较以及提问反思之后，本书将部分节点进行了合并，以体现二级编码的概括性以及二级编码之间的差异性，本书一共得到 16 个范畴化类属。在进一步分析与归纳所有案例文本后，依据结构功能主义的分析范式，共凝练出适应功能、目标达成功能、整合功能以及潜在模式维持功能 4 个核心类属。

　　同时本书对案例数据进行了饱和度检验，在分析与归纳暨南大学案例资料后，没有发现新的概念，在分析归纳天津音乐学院以及二次研究之前的案例资料后，也未发现新的概念与类属，至此本书达到理论饱和。因此，基于对 15 个案例院校的充分分析归纳，本书形成了教育学院适应功能、教育学院目标达成功能、教育学院整合功能以及教育学院潜在模式维持功能四个核心类属层次功能，十六个更细化，也具有独特性的范畴化类属层次功能。

第一节　高校教育学院的功能全景

一、典型案例选择

　　在前文厘清组织结构现状的基础上，本书依据院校类型、院校层次、培养层次、院校地域等在八大教育学院类型的基础上选择了 15 所高校教育学院作为案例编码研究的对象。同时，为了使调查研究结论更具有推广性，本书在努力实现样本案例多样化的同时，尽量选取各类型的典型案例，以典型性的分析而突出结论的普遍性。

本书共选取了 15 所高校教育学院作为重点研究案例（见表 3 - 1），其中包括 5 所华东地区的高校、3 所华北地区的高校、3 所西南地区的高校、2 所华中地区的高校、1 所华南地区的高校以及 1 所东北地区的高校，案例选择的跨地域性较为突出。与此同时，本书以兼顾多层次多地域的要求为指导，同时随机抽选了 40 所跨地区多层次的院校作为补充性研究对象，如西北地区的新疆师范大学等。重点研究案例的选取与补充案例的结合为研究提供了更为丰富的案例支撑以及更多元的研究视角与实证支持。

表 3 - 1　　　　　　　　　　　　典型案例分布情况

编码	学校名称	学院名称	地区	学校类型	学校层次	培养层次
S01	浙江大学	教育学院	华东地区	综合类	985	本硕博
S02	厦门大学	教育研究院	华东地区	综合类	985	硕博
S03	北京理工大学	教育研究院	华北地区	理工类	985	硕博
S04	西南大学	教育学部	西南地区	综合类	211	本硕博
S05	华东师范大学	教育学部	华东地区	师范类	985	硕博
S06	湖北大学	教育学院	华中地区	综合类	本科	本硕
S07	哈尔滨剑桥学院	教育学院	东北地区	综合类	本科	本
S08	河南大学	教育学院	华中地区	综合类	本科	本硕博
S09	上海交通大学	教育学院	华东地区	综合类	985	硕博
S10	天津大学	教育学院	华北地区	综合类	985	本硕博
S11	同济大学	职业技术教育学院	华东地区	综合类	985	硕
S12	成都师范学院	教育学院	西南地区	师范类	本科	本
S13	绵阳师范学院	教育科学学院	西南地区	师范类	本科	本
S14	暨南大学	华文学院	华南地区	综合类	211	本硕博
S15	天津音乐学院	音乐教育系	华北地区	艺术类	本科	本

二、案例资料编码

案例数据收集主要采用结构化观察法、半结构化访谈与文献收集，分为两个方面：第一个方面为利用互联网、报纸、媒体等现代信息载体收集相关高校教育学院的建设现状、学院概况、学术成果、课题合作、培养方案等文本资料；第二个方面为利用结构化观察法与半结构化访谈，通过实地观测以及与不同教育学院组织个体之间的访谈文本资料的收集进一步丰富案例资料。

同时，为保证本书的信效度，资料与数据的分析采取内容分析方式，在二手资料的收集过程中强调多种来源与多方分析进行相互佐证，对相关研究资料进行全方位考证，最终整理好15所高校教育学院的全部研究资料。

（一）开放性编码–open coding

开放性编码是对原始资料进行提炼整合和分析比较，从而明确原始访谈材料的主要维度和类属属性，以科学识别原始质性资料中的主要概念标签，进而实现对研究对象的概念类属化过程。在开放性编码阶段，要求研究者应该秉持开放性的研究态度收集各类资料，为后期深入分析研究问题提供良好的资料基础。在进行原始资料的分析时应对相关资料揉碎、打撒、分解，重新整合和编码具体内容。这一阶段最重要的任务就是定义和命名相关类属，并将概念在维度和属性两个方面进行延展。其中，维度层面要求对原始资料进行多视角的归纳提炼；属性层面要求研究者对原始资料描述的现象进行凝练和概括，以形成能够涵盖相关概念共同特质的概念标签。在概念化相关编码数据时，应将原始资料切分成可以操作的片段进行分析，在分析过程中应尽可能忠实于原始的访谈材料，避免掺杂过多个人的主观感受。在对本书收集到的15所院校的相关资料及20位访谈者的访谈资料进行开放性编码阶段的逐句编码后，总共识别相关概念标签92个，在对相关概念进一步存异去同整合后，最终得到更高一级的类属范畴。本书最终得到30个概念化类属，具体概念类属内容、频次和文本片段如表3–2所示。表3–2中的S05–D03–18代表的是第5所高校的访谈者的第18句表述。

表 3 - 2 　　　　　　　　　　　　　开放式编码文本分析举例

序号	概念化类属	频次	描述性文本举例
1	A01 学科基础补充	13	S03 - A05 - 25 人文社会科学学院正式成立……先后孕育和发展了教育学、经济学、哲学、理学、文学、法学、语言学等诸多学科……
2	A02 院校资源吸附	9	S03 - A04 - 10 因为我们在这里有研究中心，会有团队能给我们提供一些与校外老师交流的机会，所以我觉得资源还是比较丰富的……
3	A03 独立生产对接对象	20	S07 - D06 - 15 我所在的教育学院主要有学前教育（黑龙江省重点专业学科），小学教育（属师范类——就业直接对接旗下的剑桥幼儿园）……
4	A04 独立资源获取方式	18	S06 - A04 - 14 我所处的教育学院采取双导师制度：导师制，学业导师；教育实习，对口中小学，统一进行实习……
5	A05 集约式资源获取方式	3	S05 - D03 - 18 我觉得和上海本身地理资源是分不开的，还有一个就是上海本身有一个非常厉害的辐射带动作用……
6	A06 集约式资源获取基础	10	S05 - A02 - 14 华师大本身其实算是一个文科学校吧，网上能买到非常多的文科资源，各种数据库基本上都能用……
7	A07 协调资源开发表现	9	S11 - D02 - 07 聚焦职业教育人才培养、科学研究与社会服务，形成三者之间的良性互动，探索学院专业化、持续发展机制……
8	A08 协调资源开发基础	12	S02 - A08 - 20 在潘懋元先生的领导下，开创了中国高等教育学科发展的多个"第一"：第一个以高等教育学为研究对象的专门研究机构……
9	A09 资源延展转化表现	15	S14 - D01 - 06 华文学院……是暨南大学"面向海外，面向港澳台"开展华文教育、汉语国际教育及预科教育的专门学院……
10	A01 融合性教师培养功能	6	S08 - A04 - 04 为深入推进教师教育改革，学部还承担教育部卓越教师培养计划项目——本硕一体化卓越教师……
11	A02 独立性教师培养功能	8	S12 - D02 - 22 学院坚持面向基础教育，培养高素质、专业化、应用型教师的人才培养目标定位……
12	A03 复合性科研人才培养功能	10	S10 - A05 - 01 培养具有家国情怀、教育理想、品德高尚、国际视野、创新能力的高层次教育理论研究人才……
13	A04 生根式科研功能	9	S03 - A04 - 11 以深度学习为重点的科学研究，以核心素养为重点的课程发展研究，以学校变革为重点的中国经验研究……

序号	概念化类属	频次	描述性文本举例
14	A05 散页式科研功能	10	S06 – D02 – 19 承担研究新时代师范教育的政策、规律和实践的责任……
15	A06 资源建设式服务功能	12	S05 – D05 – 11 力图成为教育持续发展的咨询支持平台,教师专业发展的支持服务平台,教育与教学改革的实验创新平台……
16	A07 人才培养式服务功能	18	S08 – A01 – 14 在人才培养方面,从 80 年代恢复教育系以来,培养了大批的专家学者和一批管理干部……
17	A08 文化输出式交流功能	5	S11 – D05 – 13 围绕职教师资培养培训研究与实践工作,开展了向东南亚国家进行成果和经验辐射的"三国合作职教师资培养项目"……
18	A09 资源交互式交流功能	14	S03 – D09 – 10 已同英国剑桥大学、澳大利亚国立大学等 50 余所境外著名高校和 2 个境外机构组织达成学术科研及国际交流战略合作……
19	A01 外部封闭表现	10	S07 – A03 – 09 我所在的教育学院并不侧重提供科研理论服务……
20	A02 汲取对象	12	S15 – A04 – 18 音乐学系拥有专业图书资料室、多媒体教室和田野考察视听资料实验室,以供教学之需……
21	A03 交互整合表现	15	S02 – D07 – 19 积极组织国际学术交流活动,加强与国内外相关研究机构和同行间的学术合作与交流,服务研究院推进国际化进程……
22	A04 交互整合对象	13	S02 – D08 – 12 本院积极开拓境内外高等教育学术交流与合作,与联合国教科文组织、美国加州大学……建立了密切交流合作关系……
23	A05 内生整合基础	12	S05 – A02 – 01 在原有教育科学学院、学前教育与特殊教育学院……的基础上,组建了华东师范大学教育学部……
24	A06 外部扩散表现	13	S05 – A02 – 05 教育学部的社会服务从教育品牌塑造……高端专题培训研发等多个方面,全面服务各层次的在职教师教育……
25	A01 价值外向式辐射	9	S09 – D04 – 12 教育学院引导"世界一流大学研究"从一个研究主题发展成为一个世界范围内的热点研究方向,国内外影响力不断扩大……
26	A02 文化潜移式传播	8	S05 – A04 – 13 我觉得一个文化资源集聚效应是非常丰富的……文化本身是有一个潜在传承的……

序号	概念化类属	频次	描述性文本举例
27	A03 价值协调方式	9	S10 - D01 - 03 在人才培养体系上，学院秉持'家国情怀、全球视野、创新精神、实践能力'的人才培养理念和'教天下英才，育家国情怀'之院训，以'立德树人'筑牢学生社会主义核心价值观，将学术诚信贯穿学生培养全过程……
28	A04 内外交互目的	7	S10 - D02 - 15 在新工科、职业技术教育、研究生教育、学习科学等领域实现特色化发展……
29	A05 内部文化建设方式	6	S07 - D01 - 05 作为东北地区规模最大的本科学前教育、小学教育专业培养基地，此外，学前教育专业、小学教育专业分别完成了师范类专业二级认证及专家进校，近年来，我院特色小学教育专业人才培养广获社会好评，毕业生供不应求，就业前景十分乐观……
30	A06 内部文化建设目的	10	S08 - D08 - 01 我们通过内部深耕，实施特色立院、人才强院的"两大战略"和立体化人才队伍建设、科研创新、教学质量保障的"三大工程"，实现人才培养质量、科学研究水平、综合管理水平和社会服务能力的"四大提升"……

（二）主轴性编码 – axial coding

主轴性编码是在原始资料的概念化类属（开放性编码）的基础上，按照特定的脉络，建立起概念化类属间的各类联系，找出原始资料概念化类属的关联性。并对相关的概念进行串联，以更好地分析原始资料各个部分的关系，以发现不同理论模型与高校教育学院功能构建的 92 个概念标签之间的有机联系，形成更高层次的范畴化类属。在分析和提炼了 30 个概念化类属之后，本书根据概念化类属之间的联系，可以得出以下 16 个主轴类属，主要类属有补充式资源吸附功能、独立式资源生产功能、集约式资源辐射功能、协调式资源开发功能、延展式资源转化功能、人才培养功能、科学研究功能、社会服务功能、国际交流功能、封闭式内部整合功能、汲取式内部整合功能、交互式内外整合功能、内生式扩散整合功能、价值输出与文化浸润、内外交互与价值协调以及专注深耕与内生突围。主轴编码阶段范畴化与概念化类属对应关系如表 3 – 3 所示。

表 3 – 3　　　　　　　主轴编码阶段范畴化与概念化类属对应关系

编号	范畴化类属	概念化类属
1	FA01 补充式资源吸附功能	A01 学科基础补充、A02 院校资源吸附
2	FA02 独立式资源生产功能	A03 独立生产对接对象、A04 独立资源获取方式
3	FA03 集约式资源辐射功能	A05 集约式资源获取方式、A06 集约式资源获取基础
4	FA04 协调式资源开发功能	A07 协调资源开发表现、A08 协调资源开发基础
5	FA05 延展式资源转化功能	A09 资源延展转化表现
6	FA01 人才培养功能	A01 融合性教师培养功能、A02 独立性教师培养功能、A03 复合性科研人才培养功能
7	FA02 科学研究功能	A04 生根式科研功能、A05 散叶式科研功能
8	FA03 社会服务功能	A06 资源建设式服务功能、A07 人才培养式服务功能
9	FA04 国际交流功能	A08 文化输出式交流功能、A09 资源交互式交流功能
10	FA01 封闭式内部整合功能	A01 外部封闭表现
11	FA02 汲取式内部整合功能	A02 汲取对象
12	FA03 交互式内外整合功能	A03 交互整合表现、A04 交互整合对象
13	FA04 内生式扩散整合功能	A05 内生整合基础、A06 外部扩散表现
14	FA01 价值输出与文化浸润	A01 价值外向式辐射、A02 文化潜移式传播
15	FA02 内外交互与价值协调	A03 价值协调方式、A04 内外交互目的
16	FA03 专注深耕与内生突围	A05 内部文化建设方式、A06 内部文化建设目的

（三）选择性编码 – selective coding

选择性编码主要是为了在类属集中找出支援类属与核心类属，并进一步明确不同类属之间的具体关系，并用核心类属来整合与统领其他类属，在全面梳理和厘定核心类属与支援类属内在联系的基础上，建构能够阐释与说明二者关系的理论模型或理论概念。本书通过对 30 个概念化类属和 16 个范畴化类属之间关系的系统分析与整合，以建构教育学院组织结构和功能模型为出发点，凝练和遴选出关联性强和概括性强的核心范畴，形成本书严谨科学的教育学院组织结构和功能模型。

（四）饱和度检验

为保证研究所建构理论的科学性和原始资料编码的科学性，研究者应当在初始模型的基础上，再次使用预留的原始资料来验证初步构建的理论模型是否具有饱和度，其原始资料文本数据处理是否达到了高度理论饱和。概括起来说就是原始预留资料中再也没有新的概念和范畴出现，同时也不能够析出新的关联关系，在对本书收集到的 15 所高校教育学院的原始资料编码的过程中，当分析到第 14 个学校暨南大学的案例文本时，发现其析出的类属都可以归入已有的类属中，不能够再发现新的概念和类属。为进一步确保理论的饱和度，本书又进一步选择了天津音乐学院的案例资料以及先前研究过的案例资料进行分析，也没有发现相关新的概念和类属。综上所述，本书根据三级编码的程序和原则，不能够提取新的类属与概念，也不能够发现新的类属之间、概念之间的相关关系。因此，本书所建构的高校教育学院功能模型达到了理论饱和。达到理论饱和的理论模型具备较好的推广性、稳定性与适切性，能够为本书提供科学的理论指导。

三、教育学院功能全景图

在对本书调查研究所选样本进行三级编码以及理论饱和后，本书形成了适应功能、目标达成功能、整合功能以及潜在模式维持功能四大核心类属层次教育学院功能，并在此基础上根据不同教育学院组织类型呈现出的样态进一步细化为 15 个范畴化类属功能。同时，本书发现，在目标达成功能层面，由于高校教育学院本身职能定位的多元性，范畴化类属不能穷尽不同类型教育学院的目标达成功能，进而进一步细分为 9 个概念化类属功能，编码类属如表 3 - 4 所示。

表 3 - 4　　　　　　　　　　　功能编码类属

核心类属	范畴化类属	概念化类属	示例
F01 适应功能	FA01 补充式资源吸附功能	A01 学科基础补充	面向新时代高等教育发展的新需求和新趋势，依托北京理工大学的历史传统和优势资源，厚植高等教育的'国防'特色和'理工'特点（S03 - D01 - 23）
		A02 院校资源吸附	
	FA02 独立式资源生产功能	A03 独立生产对接对象	
		A04 独立资源获取方式	
	FA03 集约式资源辐射功能	A05 集约式资源获取方式	
		A06 集约式资源获取基础	
	FA04 协调式资源开发功能	A07 协调资源开发表现	
		A08 协调资源开发基础	
	FA05 延展式资源转化功能	A09 资源延展转化表现	

续表

核心类属	范畴化类属	概念化类属	示例
F02 目标达成功能	FA01 人才培养功能	A01 融合性教师培养功能	学院与教育学部紧密合作，依托外国语学院独特的学科资源优势的同时，利用教育学部开设的教育学课程推动师范生的发展，并且在学科教育发展的同时也会推动外语学科的发展（S04－D01－17）
		A02 独立性教师培养功能	
		A03 复合性科研人才培养功能	
	FA02 科学研究功能	A04 生根式科研功能	
		A05 散叶式科研功能	
	FA03 社会服务功能	A06 资源建设式服务功能	
		A07 人才培养式服务功能	
	FA04 国际交流功能	A08 文化输出式交流功能	
		A09 资源交互式交流功能	
F03 整合功能	FA01 封闭式内部整合功能	A01 外部封闭表现	统筹推进全校师范专业人才培养任务，统筹本科师范教育的共性事宜与环节，协调师范类本科生、教育类研究生一体化发展（SO6－D02－33）
	FA02 汲取式内部整合功能	A02 汲取对象	
	FA03 交互式内外整合功能	A03 交互整合表现	
		A04 交互整合对象	
	FA04 内生式扩散整合功能	A05 内生整合基础	
		A06 外部扩散表现	
F04 潜在模式维持功能	FA01 价值输出与文化浸润	A01 价值外向式辐射	学院秉持"家国情怀、全球视野、创新精神、实践能力"的人才培养理念和"教天下英才，育家国情怀"之院训，以"立德树人"筑牢学生社会主义核心价值观，将学术诚信贯穿学生培养全过程（S10－D01－03）
		A02 文化潜移式传播	
	FA02 内外交互与价值协调	A03 价值协调方式	
		A04 内外交互目的	
	FA03 专注深耕与内生突围	A05 内部文化建设方式	
		A06 内部文化建设目的	

第二节 高校教育学院的适应功能

结构功能主义中 A 功能模型关注资源问题，确保社会系统从环境中获得所需的资源进而加以分配。因此，适应功能主要关注两个方面：一方面是资源获取问题；另一方面是组织与环境的交互而产生的资源适应问题。基于此，本书从教育学院所处的高校系统特征、组织结构以及学院内外交互状况出发，依据高校教育学院资源获取方式、资源处理反馈方式、资源持续转化方式三方面，将我国高校教育学院的适应功能进一步细分为补充式资源吸附功能、独立式资源生产功能、集约式资源辐射功能、协调式资源开发功能以及延展式资源转化功能。

一、补充式资源吸附功能

该种教育学院功能产生于学科界限较为明显的理工类院校，以北京理工大学人文与社科学院教育研究院为例，是一种肩负补充学校学科设置、融合学校特色资源的适应功能。具有该种功能的教育学院其所处的院校组织系统学科设置较为缺失，因此，对于人文社科类的学科组织的发展较为上心，不过该类组织的生态位依旧较低，这也就造成了资源配比的错位以及教育学院资源获取能力的局限。在这样的情况下，由于生态位的靠后以及所发展学科的基础性，该类教育学院在院校组织中的交互作用较弱，存在感较低，资源竞争力较弱，带有明显的资源被分配特征。同时，由于高校现存资源过于强势，其资源溢出效应较强，教育学院组织在这样的资源溢出的境况下更加倾向于将这样的强势资源纳为己用，并且进行转化，以促进自身学科的发展，这也就是明显的资源吸附功能。如 S03 案例——北京理工大学："面向新时代高等教育发展的新需求和新趋势，依托北京理工大学的历史传统和优势资源，厚植高等教育的'国防'特色和'理工'特点，着力打造高等国防教育与科技创造教育、素质教育和智慧教育、高等工程教育、科技与工程伦理教育、高校教师发展、高校课程与教学创新、科技与人文融合教育等特色研究领域"（S03 - D01 - 23）即为将院校特色的理工科资源以及国防特色资源纳入自身学科发展，借以吸附高校本身强势资源以及资源平台而获取满足自身学科发展的资源，这既是其独特的资源获取方式，也是其在这种组织系统环境交互下形成的资源适应方式。除此之外，如前文所言，该类高校学科门类较为缺失，教育学院资源被分配的情况严重，但与综合类院校不同的是，该类教育学院不需要过于重视学科产出的校内组织协调辐射，更加倾向于关注自身学科体系的完善，因而在组织系统交互中以补充者的特征示人，其资源的获取与资源反馈也深受这样的特征影响，呈现依附院校资源的同时，以自身学科体系的完善而换取更多的资源获取机会。因此，补充式资源吸附功能适用于理工类科研服务型教育学院，更强调吸附高校强势资源，加强自身学科建设以达到资源获取、资源适应。

二、独立式资源生产功能

该种教育学院适应功能产生于与所处高校组织系统交互不明显的以学前教育、特殊教育等专业设置为主的非师范类教师培养导向型教育学院。本书发现，尤其是以学前教育、特殊教育为主的教育学院，其在所处的高校组织系统中几乎与其他学科组织少有交互，其获取资源在一定程度上不受其所处系统的结构影响，而是转而以高校作为平台对接校外资源，实现教师人才培养与教师需求方的对接，从而获取资源。但这并不意味着这类教育学院不需要在所处院校组织系统中获取资源，而是凸显了一种更加独立自主的资源模式——院校资源分配的基础上利用自身教师资源生产优势，对接多资源转化方，实现多渠道的资源获取，最终达到一定程度上的资源生产功能，转而削弱院校本身资源分配体系带来的影响。如 S07 案例——哈尔滨剑桥学院教育学院："学前教育跟渤海大学建立了研究生试点联合培养，给学生提供交流和合作的机会，跟很多企业（民办类的幼儿园）进行合作，侧重强调多方面的一个联合培养"（S07 - A02 - 11），其对于自身学前教育专业的发展即以学校平台为跳板，进行了多方资源对接，最终以促进自身学科的发展，推动学院资源的获取。除此之外，除去此类教育学科自身的弱学科交叉特性，正是由于这样强大的资源生产与对接功能，促使该类教育学院与校内组织系统结构的交互更加聚焦，并且也更加倾向于扮演一种独立的组织个体角色，在资源适应中展现出强大的独立性，是内部适应性最强的一种组织类型。因此，独立式资源生产功能适用于高校系统内组织交互较少，内部产出能力强，资源对接能力强的组织，更倾向于以自身资源生产完成资源对接以获取资源，体现出强大的组织系统内部资源适应能力。

三、集约式资源辐射功能

该种教育学院适应功能适用于教育学科强势的师范类院校，以华东师范大学为例，是一种充分利用学科优势吸纳高校资源、形成学科交互、资源辐射的功能。师范类院校因其职能以及发展历程，这类高校一般拥有较为完善的教育学科，并且通常形成了较为完备的组织体系，在师范类院校中发挥着举足轻重的作用。在这样的发展特征以及院校职能影响下，师范类院校教育学院一般能够获得较为充足的发展资源，获得超出其他同级院校的资源获取力与高校平台影响力，形成集约式特征。更有甚者产生"资源虹吸效应"，如 S05 案例——华东师范大学："华师大教育学地位很高，所以有的时候就会把一些资源都握在手里，并且其他相关学院老师都愿意来教育学部，因为教育学部资源多。"华东师范大学作为师范类全能型教育学院的典例，其本身具备完善的学科体系以及完备的组织体系，其教育学科在全国名列前茅。因此，基于院校职能，自身竞争力的强势，华东师范大学对资源获取的方式比普通师范类院校更直接，也更集约。与此同时，除去在院校职能与学科强势的因素，华东师范大学等一众师范类大学能够较为轻松地获取资源并且达成资源适应与所处高校发展史也有很大的关系。师范类院校大多数起源于师范学院，其高校架构从教育学科组织出发，在院校组织系统层面的架构本身就更加侧重教育学院的发展，教育学院的资源适应力缘起高校产生之初，盛于完备学科体系与强大学科影响力的形成。

集约式更强调师范类院校教育学院在其所处的高校组织系统中的强势资源获取与适应能力，而资源辐射就更加强调其置于这样的高校系统中的学科资源辐射功能。这样的资源辐射功能不是简单的资源分配问题，而是出于高级生态位之下的资源转化辐射作用，也就是教育学院在学科建设中与其他拥有相似学科背景的学院组织之间的资源辐射作用。如 S04 案例——西南大学："我们学院（外国语学院）的师范生会得到教育学部丰富的理论支持以及教学实践指导。"直接指出了西南大学教育学部的资源辐射功能。正因如此，师范类传统全能型教育学院在学科建设以及人才培养时更倾向于"分散+集中"的模式，在保证部分师范生专业学科素养学习的同时，为其提供极其完备的教育教学资源。

因此，集约式资源辐射功能更适用于师范类传统型教育学院以及师范类教师培养导向型教育学院，其以院校职能、学科建设、组织演变为基础，形成了较强的资源获取能力以及资源适应能力，更倾向于资源的多维转化以及转化后的资源辐射功能，强调高校职能的高效率实现。

四、协调式资源开发功能

协调式资源开发功能适用于综合类科研服务型教育学院以及基于理工背景特色办学型教育学院，其强调教育学院在整个高校组织系统中的协调作用，强调在这样的多学科组织交互下教育学院对于资源获取以及资源适应所采取的措施。具有该种适应功能的教育学院所处的多学科组织交互的组织系统往往具有多元化、复杂化的特征，其组织生态更加复杂，组织系统中多主体的交互也更加强烈。此种复杂组织系统具有充满差异性的生态位，就现状来说，具有较高效率的产出转化的学科组织，如理工类、管理科学、金融学、法学学科组织往往具有更高的生态位，在资源获取中也更能够获取更多的支持。因此，本书发现，综合类大学中学科组织的资源获取与其本身具备的资源产出以及功能服务密切相关，学科组织获取资源，达到资源适应的手段绝不止高校本身的初次分配，学科组织自身的资源反馈能力以及组织交互能力也至关重要。在这样的境况下，本书发现，教育学院在此环节中展示出了较为强大的资源适应与资源开发能力。高校究其职能而言以教育为载体，教育学科的转化应用面较为宽广，其对于自身资源的院校反馈能力较强。如 S10 案例——天津大学："我们学院（教育学院）会对天津大学新工科教育提供研究支持，也会为学校相关教育举措提供咨询辅助。"凸显了综合类大学研究式教育学院与高校组织系统的交互以及其自身具有的资源生产功能。本书认为，这种资源生产功能不仅仅是该类教育学院资源反馈的方式，更是该类教育学院能够在这种复杂交互的系统中完成资源适应，推动自身可持续资源获取的重要方式。除此之外，本书还关注到该类教育学院在进行资源反馈以及发挥功能时并未直接深入高校系统的核心，而是出于一种系统优化的思维，改善系统之中的要素，以达到期望收益的提升，如天津大学与浙江大学的访谈者均提到了所处教育学院对高校发展的积极反馈，但其所提供的具象服务更多集中于咨询与辅助。也就是说，该类教育学院即使存在积极的交互以及资源反馈，也并非担任决策者的角色，而是协调式完成系统优化。因此，协调式资源开发功能适用于处于复杂交互组织系统的具有科研基础的教育学院，其以资源开发为核心，以资源反馈为方式完成自身的资源适应以及资源获取的可持续，更倾向于强调学科组织在组织系统中的积极交互以完成资源的多元转化。

五、延展式资源转化功能

该种教育学院适应功能适用于院校特色学科混合教育学型教育学院，该类型教育学院往往以院校特色＋教育学科的形式发展自身，将院校的特色资源进行转化，如暨南大学将院校侨校特色资源进行转化，形成独具学科特色的华文教育。在此类院校中，学科组织系统与综合类大学存在一定的差异性，反倒与师范类大学存在一定的相似性，他们都强调高校历史变迁以及院校职能特色对学科组织架构的影响。这种影响体现在学科的生成并不以理工类科研服务型教育学院或综合类科研服务型教育学院那般发展教育学科基本架构，而是将本高校所拥有的特色资源直接进行转化，形成类似于暨南大学华文教育与天津音乐艺术教育等交叉学科。在此情形下，该类教育学院与院校其他学科组织的交互较少，反而与所处高校本身平台属性交互较多，成为高校特色资源的"衍生者""传承者"与"转化者"。因此，该类教育学院在资源获取以及资源适应上更强调自身学科组织与高校特色的结合，将自身的发展融入院校特色的延展面，积极推动高校资源的转化，以实现自身的发展。

第三节　高校教育学院的目标达成功能

结构功能主义中的 G 功能模型关注整体目标的实现问题，基于社会系统中各目标的制定与主次关系的确定，调动从满足 A 所得的相应资源，并引导社会系统中的各成员去实现最终的目标。因此，G 模型关注教育学院组织的目标以及如何实现资源调动去完成此类目标，是关注组织目标与组织运行的功能。本书从高校组织本身的四大功能出发，并且结合了资源调动的方式以及实现目标的组织运行模式，形成了四大范畴化目标达成功能——人才培养功能、科学研究功能、社会服务功能和国际交流功能，并在此基础上进一步细化为四大类别的九种概念化目标达成功能——融合性教师人才培养功能、独立性教师培养功能、复合性科研人才培养功能；生根式科研功能、散叶式科研功能；资源建设式服务功能、人才培养式服务功能；文化输出式交流功能、资源交互式交流功能。

一、人才培养功能

人才培养作为高校的一大职能，各级学科组织无论是出于自身科研的可持续性，还是教师人才培养的职能，抑或是应用型人才的培养都会兼顾人才培养职能。同时，在不同的学科组织与组织系统下，人才培养功能的表现形式以及支持手段也不尽相同。本书基于人才培养类型的导向以及人才培养的方式，将人才培养功能进一步细分为融合性教师人才培养功能、独立性教师培养功能、复合性科研人才培养功能。

（一）融合性教师人才培养功能

融合性教师人才培养功能指以教师人才培养为学院发展目标，同时以学科融合建设为抓手推动学院资源的调用，以帮助教师人才培养目标的完成。融合性教师人才培养功能多数适用于师范类高校教育学院，师范类高校教育学院以人才培养为主体，同时可能会出现一定的科研理论产出，但究其根本均为人才服务。在此种情形下，该组织系统中教育学科的成熟往往会以前文所讲的资源辐射的形式带动相关学科的发展，并且共同致力于教师人才的培养，如 S04 案例——西南大学："学院与教育学部紧密合作，依托外国语学院独特的学科资源优势的同时，利用教育学部开设的教育学课程推动师范生的发展，并且学科教育发展的同时也会推动外语学科的发展"（S04 - D01 - 17）。由此，本书发现，此类人才培养模式下，教师人才的培养绝对不仅仅是教育学院独特的职能，其实现教师人才培养目标的方式也不仅仅是教育学院一家"撸起袖子加油干"，而是与相关学科组织通力合作，在汲取专业学科知识的同时，积极反馈，共同促进教师人才的培养，推动学院的资源调动。同时，在此基础上，此类功能的出现势必与教育学科本身强大的领导力相关，在相对应的 A 模型——集约式资源辐射功能的基础上，强调"双向专业"——即达成教育教学专业化的同时需要积极实现学科知识的掌握。正因如此，在学科特征以及院校职能以及组织结构布局的影响下，发挥此类功能的教育学院更倾向于采取学科混合的手段以达到质量更高的教师人才的培养，以调动所掌握的资源实现自身目标。

（二）独立性教师培养功能

独立性教师培养功能与混合性教师培养功能均指向教师人才的培养，其功能指向相似，但所采取的资源调配方式大不相同。本书认为，这种差异的核心在于其所处高校组织系统中的组织交互状态以及学科特征。独立性教师培养功能更适应于以学前教育、特殊教育为主要学科布局的非师范类教师培养导向型教育学院，这样的学科组织体系与所处高校系统其他的学科组织交互并不明显，并且在推动教师培养目标达成的同时并不需要其他学科组织的参与，而是依靠对接校外师资转化基地，独立地获取资源、独立地处理教师培养问题，最终以实现目标。因此，独立性教师培养功能更加强调以独立的方式自主吸纳资源，推动自身资源点对点式地直接作用于师资培养，以达到目的。

（三）复合性科研人才培养功能

教育学科因其学科属性，其不仅具备学术科研的性质，同时也十分兼顾实践能力的转化，基于此，我国高校教育学院的人才培养功能也应与二者对应，在具备独特的教师培养功能的同时也具备科研人才培养的功能。复合性科研人才培养功能适应于开设以教育学为主的教育学院，如若有硕士点的设置，也应更加倾向于学硕人才的培养。此类型的教育学院以教育学专业的人才为培养主体，并且在教学中穿插着学术科研素养的培养。以天津大学教育学院为例，其不仅为教育学专业的学生提供丰富的科研素养培训课程，还发挥了本科生导师制的作用，积极推动本科生提前接触科研活动，掌握科研技能。与此同时，为完成科研人才的培养目标，此类教育学院所运用的人才培养手段却不是单一的理论灌输与科研指导，而是形成了结合"理论传授＋实践课程＋科研活动＋导师指导"的一整套培养体系，其对于科研人才培养的要求也更加多元化，除去科研素养的养成，还需要兼顾家国情怀、全球视野等，因此，具有显著的复合性特征。

二、科学研究功能

科学研究作为高校的重要职能之一，同样也影响着教育学科组织的目标定位。我国高校教育学院在一定程度上都对科研活动有一定的涉猎，但院校资源获取能力的不同以及组织定位的差异，不同高校系统的教育学院科学研究功能也存在差异性——研究型大学更侧重学科体系的完善以及学科理论的夯实，而师范类教师导向型教育学院更倾向于理论的快速应用与成果迅速转化。基于此，本书将这两种科学研究目标导向进行了区别，形成了以完善学科体系、促进理论发展为主的生根式科研功能与以理论快速转化、服务实践为主的散叶式科研功能。

（一）生根式科研功能

生根式科研功能适用于以教育学专业为主的学科组织体系，该类教育学院以教育学科研究为主要目标，其科研指向为学科体系的完善与学科理论的产出。因此，此类功能的发挥需要较为强大科研资源或者强大院校平台的支持，本书认为，综合类科研服务型、理工类科研服务型、综合类全能型、师范类传统全能型以及基于强大理工背景发展特色学科型教育学院。上述教育学院建设以教育学专业为主，其中包含我国大多数研究型大学，并且多数院校办学层次较高，资源获取能力较强，高校平台影响力较大，适合于理论产出。同时，由于科研基础相对较优，科研能力较强，其科学研究更倾向于推动教育学科体系的完善，其科研产出也更加倾向于学科理论构建，是一种侧重学科知识体系积累的科研功能。如天津大学、北京理工大学、浙江大学均突出自身基于学科理论产出的智库建设，其对于院校组织资源的调用以推动自身学科建设以及学术理论产出为目标，通常不讲求短期快速的成果转化，而是如树木扎根般牢牢筑基，不断深化教育学科理论体系的深度与广度。

（二）散叶式科研功能

散叶式科研功能更适用于教师培养导向型教育学院，该类教育学院侧重于应用型人才的培养，因此，理论指导与成果转化的需求较大，其有别于生根式科研功能，不再强调学科体系与学科理论的深化，而是将学科理论与教学实践相结合，积极推动自身科研产出的短周期转化与宽应用面实践，犹如大树的枝干汲取树木养料的同时，积极开枝散叶，推动自身科研成功的应用。以绵阳师范学院为例，其教育科学学院配备有一系列应用型实验室与育人基地，该学院在此类研究机构中积极推动学科理论的转化，高效作用于师范人才的培养。与此同时，该学院积极开展学术交流与经验分享交流会，以学科先进理论与优秀育人经验的吸纳为基础，积极推动该类知识的应用性转化，进一步提高自身教师培养能力。因此，散叶式科研功能更加强调已有学科理论的拓展或应用性转化，其学科研究一般以服务于实践、解决实践中面临的急切问题为导向，凸显出快速转化与有效适用的特征。

三、社会服务功能

社会服务作为高校建设中社会价值性的体现，该目标的实现往往呈现多层次、多主体的特征。基于此，本书发现，我国高校教育学院同样也受到该类办学目标的影响，并且成为推动我国教育教学改革的重要力量。不同高校组织系统的结构特征呈现显著的差异性，其教育学院的建设状况与服务辐射能力也深受院校组织系统的影响。本书以高校教育学院提供社会服务的方式为主要区分标准，将我国高校教育学院社会服务功能分为资源建设式服务功能与人才培养式服务功能。

（一） 资源建设式服务功能

具备资源建设式服务功能的教育学院往往以较强的科研实力为基础，通过学科资源的建设，利用院校平台的影响力完成社会服务功能。如西安交通大学教育学院以提供咨询服务为重要职能，华东师范大学以多方联合协同建设为主要方式推动社会服务的实现，二者均在教育学科资源建设的基础上辐射相应地区，为相关教育主体或政府机关提供咨询服务、培训服务等。基于此，本书发现，高校教育学院社会服务功能的实现与所处高校本身社会服务功能的实现方式具有协调性，研究型大学在促进自身学科资源建设的同时以提供理论指导、实践支持为手段推动自身社会服务功能的实现，处于此类型的高校组织系统的教育学院同样具备此类特征，其实现自身社会服务功能的手段也更倾向于以推动带有自身学科特色的资源建设的实现为核心而完成一系列社会服务功能。在对案例中的研究型高校教育学院与以科研服务为核心的高校教育学院进行分析归纳后，本书发现，此资源建设手段的实现一般是以学科理论产出、多方科研合作课题以及教育智库建设为主要途径，凸显出较为明显的社会科学学科特征。

（二） 人才培养式服务功能

人才培养作为高校教育学院的一大功能，其往往对社会服务功能的实现也有一定的影响。教育学科由于其本身人才培养职能，以及教育活动本身的特殊性，其学科人才所呈现的社会服务功能更加明显，也比其他社会科学学科更加普遍。人才培养是服务功能以科研人才产出与教师人才产出为主要表征的，二者分别在不同的社会实践中发挥价值。科研人才产出更倾向于为我国教育改革、教育理论完善等方面提供人才支持，是一种更符合"上层建筑"的社会服务实践支持。因教育系统的庞大，以及学校教育的突出社会功能，教师人才产出更加普遍与更具实践性，也更直接地为我国社会的发展提供推进的动力。因此，人才培养式服务功能与资源建设式服务功能差异的核心在于其实现社会服务的方式，后者更强调学科本身的性质，也更加强调适配于基层社会实践的服务形式，是我国高校教育学院实现社会服务功能的主要方式。

四、国际交流功能

教育学科本身具有较强的社会性与交互性，同理，作为教育学科组织载体的教育学院也具有较强的社会性与交互性。与此同时，由于中外教育学科发展的不均衡的格局，为推动自身学科建设的国际化发展，吸纳外国先进教育理论，开展国际交流对于高校教育学院至关重要。除此之外，在双向的学术经验交流的同时，教育学科作为中国文化的重要载体，高校教育学院同时也兼具单向的文化输出功能。因此，本书将高校教育学院的国际交流功能进一步细分为文化输出式交流功能与资源交互式交流功能。

（一）文化输出式交流功能

该类目标达成功能适用于院校特色学科混合教育学型教育学院，此类教育学院往往受到院校特色资源的辐射，并且积极发挥学科特色，以教育教学的形式推动该类院校特色资源向外辐射，以实现国际交流功能。以暨南大学华文学院为例，其学院下设的华文教育学科以传播中国文化以及华文为职责，是教育学与侨胞特色的结合产物，在这样的学院特色学科建设的基础上，暨南大学华文教育积极与国外组织开展交流，在培养自身华文教育专业国际生的基础上，积极促成其海外华文传播功能，有效地实现了文化输出，推动国际交流功能的完成。因此，文化输出式交流功能讲究资源调用的特色性与针对性，并且以教育学院为载体完成我国文化的单向输出，以达成该类教育学院的国际交流目标。

（二）资源交互式交流功能

资源交互式交流功能是国际化教育学院实现国际交流的基本手段，其主要体现为高校教育学院与境外教育学院的交互，具体表现为国际学术研讨会、国际学术交流会、国际访问、合作式学生培养以及学科资源库的交换。如 S02 案例——厦门大学："本院积极开拓境内外高等教育学术交流与合作，与联合国教科文组织（UNESCO）、美国加州大学、哥伦比亚大学、麻州大学波士顿分校、波士顿学院、英国伦敦大学学院、德国卡塞尔大学、日本东京大学、广岛大学、香港大学、香港浸会大学、香港岭南大学等建立了密切交流合作关系。"资源交互式交流功能以教育学科资源的跨国共享为核心，其代表着国内学术产出与国际教育教学前沿的协同发展，并且有助于推动相互的进一步发展。因此，资源交互式交流功能强调以跨国交流式的中介活动而完成学术资源的积极交互，以达到国际交流功能。

第四节　高校教育学院的整合功能

结构功能主义中 I 功能模型关注资源的再分配问题，强调通过不同组织在系统中的关系，促进系统整体资源的交互与再生，即：系统整体的协调统筹与系统内不同部分的资源整合。因此，为了使系统作为一个整体有效地发挥功能，整合功能更侧重于将系统的各个部分联系在一起，统筹安排各个部分，协调系统内部的关系，优化资源配置，以达到"整合"的功能。基于此，本书从教育学院自身（系统的部分）、教育学院所处的高校（系统整体）以及教育学院与其他学院的关系（系统内的关系）出发，以资源配置方式、资源来源、资源产出转化为划分依据，将我国高校教育学院的整合功能进一步细分为封闭式内部整合功能、交互式内外整合功能、汲取式内部整合功能、内生式扩散整合功能。

教育学院整合功能关注组织内部的整合以及相关的制度规范，强调在不同组织交互关系下，高校教育学院形成的自治式整合规范，并且这种规范在一定程度上能够促进系统整体资源的交互与再生，即：系统整体的协调统筹与系统内不同部分的整合规范。因此，为了使系统作为一个整体有效地发挥功能，整合功能更侧重于将系统的各个部分联系在一起，统筹安排各个部分，协调系统内部的关系，优化资源配置，以达到"整合"的功能。基于此，本书从教育学院自身（系统的部分）、教育学院所处的高校（系统整体）以及教育学院与其他学院的关系（系统内的关系）出发，以整合方式、整合规范来源、整合规范扩散方式为划分依据，将我国高校教育学院的整合功能进一步细分为封闭式内部整合功能、交互式内外整合功能、汲取式内部整合功能、内生式扩散整合功能。

一、封闭式内部整合功能

该种教育学院功能主要产生在相对独立的非师范类教师人才培养导向型院校，以湖北大学和哈尔滨剑桥学院为例，其院校本身学科建设较为完善，受到教育学院的影响较小，也无显著的资源可与教育学院产生置换，因而与教育学院发生的交互较少。同时，其教育学院自身具有较强的独立性，因而具有独立于其他院系之外的、较少与教育学院外的校内组织进行交互的、具有极强自主性的内部整合功能。在学校这一整体系统中，这类教育学院既不从学院外部汲取也不对外产生辐射，其资源获取与资源转化多是与学校系统外部直接产生对接，与社会上的企业基地建立联合培养关系，解决教育学院学生的实习就业问题，其实现内部整合的方式也更倾向于自身标准的建立，而少有因组织交互而形成的交互式整合规范，因而在学校这一整体系统中形成了具有较强独立性的、与学院外无资源交互的封闭性内部整合功能。如 S06 案例——湖北大学："把整个学校里的师范类专业纳入教育学院中，把教育学院更名成了师范学院"（SO6 - D02 - 35），即为教育学院内部整合规范建立的表现，其将师范类专业统一纳入教育学院，使得学科教育与其他院系专业区别开来，减少与学校系统中其他院系组织的交互，形成较为独立的教育学院内部资源整合规范。值得注意的是，具有封闭式内部整合功能的教育学院并非不借鉴外部的整合规范，而是在其本身学科设置以及资源获取模式下更加倾向于建立适用于自身发展的适配性整合规范，该种功能突出的是一种极其具有个性的整合规范体系。

二、交互式内外整合功能

该种功能多产生于教育学院类属综合类科研服务型、理工类科研服务型、综合类全能型的院校，以浙江大学、厦门大学、北京理工大学、河南大学、上海交通大学为例，该种院校大多专业设置齐全，组织建设完备，重视科学研究与社会服务，强调系统内多组织之间的交互关系，通过统筹安排系统内部的不同组织，最终实现组织系统的优化。该种院校内教育学院与其他院系均衡协调发展，非教育的院系通过学科交叉与教育学院进行整合规范的交互，教育学院的学科发展与研究对其他院系产生一定的辐射作用，指导其他院系、全校乃是全国的教育教学，在不同的范围内实现系统整体性的交互式内外整合功能。如 S02 案例——厦门大学："研究所将秉承'教、学、研'化原则，在教学中开展研究，以教学促进科研，又通过科研反哺教学，同频共振，打造教学科研高地。未来将聚焦高校课程教学与教育心理领域的重要课题，力图在人才培养、科学研究、社会服务等方面有所突破和创新"（S02 - D02 - 16），该类教育学院身兼数职，力求以理论研究推动学科发展、促进院校教育教学进步，其学术产出以及自身定位深受组织交互的影响，因而其对于如何实现自身的整合，推动自身更好统筹也受到这种交互过程中形成的整合规范的影响。S09 案例——

上海交通大学"教育学院长期秉承理论研究与实践研究相结合，并持续以专家建议、专题报告、个别咨询等多种形式，将研究成果服务于教育部、科技部、财政部、上海市等政府部门的教育改革与发展决策；以多种形式为包括上海交通大学在内的著名研究型大学提供发展战略报告和政策改革建议"（S09 - A01 - 43），其教育学院通过政府咨询、学校咨询、教育帮扶等方面实现科研学术产出的对外辐射，在发展社会服务的同时也发展了自身的学术科研，扩大了教育学院在全国范围内的影响力，体现出一种更加强大的学院与社会交互而形成的职能规范，是一种更宏观的责任感、更强的整合规范表征。

三、汲取式内部整合功能

该种功能多产生于教育学院类属依托理工科背景特色办学的教育学院组织类型、院校特色学科混合式教育学院组织类型的院校，以天津大学、同济大学、暨南大学、天津音乐学院为例，该种院校多以院校特色为依托发展特色学科，又或是具有雄厚的理工科优势，其系统内的各个组织都带有鲜明的院校特色，进而该类院校内的教育学院往往会与所在院校的特色学科深度结合，又或者是自院校特色中汲取精华与教育学科相结合，形成独具特色的教育学院组织形式。如S10案例——天津大学："天津大学教育学科立足于国家和区域教育重大发展战略，紧紧依托天津大学综合性大学的办学优势，始终坚持创新发展、特色发展、协同发展的思路，在新工科、职业技术教育、研究生教育、学习科学等领域实现特色化发展"（S10 - D01 - 46），即体现了此类教育学院对于所处高校整合规范的汲取。其将所处高校组织系统中的整合规范纳入自身的整合规范内，将自身特有的教育学院整合规范与高校整合规范相结合，积极地融入所处高校的整合规范体系中。

在汲取整合规范的同时，该类教育学院完成了对院校特色的凝练与升华，除作用到教育学院自身发展之外，也为院校的特色发展提供了全新机制与优化路径，延续了院校这一系统整体的历史传承性发展与创新性转化，为学校资源优化提供了全新的发展模式。再如S14案例——暨南大学："华文学院长期致力于华文教育和汉语国际教育，是暨南大学'面向海外，面向港澳台'开展华文教育、汉语国际教育及预科教育的专门学院，肩负着百年侨校为海外华侨华人和港澳台地区培养人才的历史使命，是学校大力实施'侨校＋名校'发展战略中的一张特色名片"（S14 - D03 - 12），结合华侨教育的院校特色发展教育学，将院校特色与学科建设深度结合，通过汲取学校侨胞特色发展华文教育，充分发挥教育学院对于资源的外化衍生作用，体现出在汲取高校整合规范的同时积极实现自身教育学院特征转化，成为院校整合规范共同体中带有强烈个性的一员，体现了该类教育学院汲取院校特色整合规范进行自我整合规范塑造的汲取式内部整合功能。

四、内生式扩散整合功能

该种功能多产生于教育学院类属师范类传统全能型、师范类教师人才培养导向型的院校，以西南大学、华东师范大学、成都师范学院、绵阳师范学院为例，该类师范院校以教育学科为核心专业，教育学院为核心组织，教育学院在此类学校整体系统中发挥着无可替代的主体性作用。正如 S05 案例——华东师范大学："为进一步统整华东师范大学教育学科的研究资源，提升教育学科在国内外的学术影响力，在原有教育科学学院、学前教育与特殊教育学院、公共管理学院教育管理系、教育部中学校长培训中心、开放教育学院的基础上，组建了华东师范大学教育学部"（S05 - D03 - 14）。"致力于打造富有中国特色的育人高地和科研高地，致力于建设国内一流的国家教育智库，为国家教育科学水平的整体提升，为国家教育事业的繁荣发展做出应有的贡献。以深度学习为重点的学习科学研究、以核心素养为重点的课程发展研究、以学校变革为重点的中国经验研究、以公平与创新为重点的宏观教育政策研究等重大前沿领域，致力于不断提升中国教育研究水平和中国教育品质，并为世界教育的健康发展带去中国经验"（S05 - D02 - 10）。再如 S12 案例——成都师范学院："以学校教育综合改革和本科建设为契机，以服务基础教育为己任，以教育科研引领教学改革，加强内涵式发展，大力提升教学质量，努力开创教师教育办学特色，为把学院建设成为省内一流、国内有影响的知名学院而努力奋斗"（S12 - D01 - 29）。该类教育学院的教育学科与教育学部在院校中享有半数以上的核心资源，并以此进行高效的资源置换，将获取的资源以教师人才、科研成果、理论产出等不同形式进行转化，因此，其自身的产出不同程度上影响着整个学校乃至是全国的教育教学，为全校乃至是全国的发展提供人才培养、决策辅助、应用示范等多方面的支持，这种强大的资源转化与资源辐射现象体现出其形成了较为完备的整合规范，能够促进自身组织体系的高效运转，推动自身职能的达成。与此同时，本书发现，此类教育学院由于与所处高校职能存在较强的契合度，其自身的整合规范也会在一定程度上渗入整个高校组织系统，推动自身整合规范的扩散，展示出较强的统领辐射作用，体现了该类教育学院极强的扩散资源整合功能。

第五节 高校教育学院的潜在性模式维持功能

结构功能主义中 L 功能模型主要关注价值观的问题。文化系统要维持价值观的基本模式，要以制度化的形式保持在社会系统内，从而消弭系统内存在的紧张和冲突。教育学院的潜在性模式维持功能的实现，其自身要通过特定的形式发展并形成稳定的学院文化和价值观。同时，还要通过特定的方式从文化层面上凝聚系统内各组成要素的力量，维持系统最优模式的均衡。基于此，本书基于我国高校教育学院维持潜在性模式的不同方式，将其文化功能划分为三类：专注深耕与内生突围、内外交互与系统协调、价值输出与文化传承。

一、"专注深耕与内生突围" 功能

该种教育学院功能专注于自身学院内部的文化建设，由于与其他学院的文化交互较少，其致力于将本学院的独特文化理念和发展模式做大做强，通过内部深耕的方式实现自我的突围发展。依据本书此前的分类模式，非师范类教师人才培养导向型所涵盖的高校教育学院具备这项功能特征，以哈尔滨剑桥学院的教育学院为例，哈尔滨剑桥学院是一所综合类的民办本科院校，教育学院是其下属的二级学院之一，设有学前教育系和小学教育系，主要是为适应基础教育改革发展需要培养教师人才，其立足本学院文化功能定位，在发展过程中始终坚守着自身的育人特色，朝着既定的培养目标持续发力，为黑龙江乃至全国输送优质的幼儿园和小学骨干教师，从而实现本学院的内生突围发展。具有此种功能的教育学院将有限的文化建设资源集中到本学院内部，在此基础上进行文化深耕，同时对其他学院的依赖度较低，文化资源层面彼此依存度不高，相对受外在不稳定因素较少，从而促使本学院在一定的时期内能更好地实现自身功能和获得平稳发展，从这一层面而言该教育学院实现了 "专注深耕与内生突围" 功能。如 S07 案例——哈尔滨剑桥学院的教育学院："作为东北地区规模最大的本科学前教育、小学教育专业培养基地，此外学前教育专业、小学教育专业分别完成了师范类专业二级认证及专家进校，近年来，我院特色小学教育专业人才培养广获社会好评，毕业生供不应求，就业前景十分乐观"（S07 - D01 - 05），表明其专注于自身发展特色，明确发展优势，与其他学院进行错位竞争，尽量避免大学系统内的紧张与冲突，突破资源有限的不利处境，凝聚本学院系统内各组成要素的力量将资源集中起来打造特色发展模式，彰显其在整个高校系统内的独特价值。因此，"专注深耕与内生突围"的功能在非师范类教师人才培养导向型的教育学院中表征更为明显，他们的发展模式较为独立，教师人才培养功能与其他学院功能平行发展且互不交叉，凭借自身稳定的定位和深耕式发展方式，着力于通过内部改革来激发活力，最终抢占发展制高点，提升竞争力，在不利处境中实现突围式发展。

二、"内外交互与系统协调" 功能

该种教育学院功能在兼顾本学院发展理念与定位的同时，结合高校、国家等外部文化理念，通过内外交互、协调统筹的方式维持整体系统的最优模式。"综合类科研服务型""综合类全能型""依托理工背景特色办学型"，此类教育学院在高校系统内充当"协调者"角色，通过教育学院内部系统与外部高校系统、社会系统的交互，实现整体的和谐运作。在国家层面上，国家给予教育学院的发展定位是培养具有家国情怀和国际视野的人才，承担世界责任和全球建设的使命，即注重培养"世界公民"；同时，希望教育学院能针对国家发展重大战略，围绕地区经济社会需求教育教学。如案例 S10——天津大学教育学院："在人才培养体系上，学院秉持'家国情怀、全球视野、创新精神、实践能力'的人才培养理念和'教天下英才，育家国情怀'之院训，以'立德树人'筑牢学生社会主义核心价值观，将学术诚信贯穿学生培养全过程，构建起本科—研究生—博士生的人才培养体系"（S10 - D01 - 03）。充分体现了教育学院育人理念与国家育才理念的耦合交互，通过与国家人才培养导向接壤，教育学院的整体发展战略与理念适应了社会环境系统，从而避免了发展主方向的矛盾和冲突。"天津大学教育学院立足于国家和区域教育重大发展战略，紧紧依托天津大学综合性大学的办学优势，始终坚持创新发展、特色发展、协同发展的思路，在新工科、职业技术教育、研究生教育、学习科学等领域实现特色化发展"（S10 - D02 - 15），进一步印证了教育学院与系统外部环境的交互，内部与外部系统的良性互动，从而促进了整体的最优发展。在高校层面上，教育学院要围绕教育教学、人才培养、学科布局、学校发展等实际问题，积极开展校本书，为学校管理决策提供建议导向和理论支持。如案例S9——上海交通大学教育学院：设置课程与教学研究中心、学生心理健康促进研究中心、教育领导力与政策研究中心，结合高校系统环境，通过与其他职能部门或科研部门交叉融合以提升自身服务的指向性和有效性。此种功能下的教育学院作为高校系统中的"弱势学院"，主动与其他学院交互并整合双方在实践探索和理论研究方面的优势，借助学校其他特色学科和丰富的门类布局，积极与其他学院展开合作，才能谋求共赢。因此，教育学院"内外交互与系统协调"功能是聚势共赢的另一种表征，通过内外部的良性交互，最终实现整个系统的协调发展。

三、"价值输出与文化传承"功能

该种教育学院功能主要将自己学院的文化向外辐射到高校系统内各个学院，通过向外文化输出的方式增强本学院文化的影响力。同时，在向外文化输出的过程中将本学院优秀文化理念传承下去，进而维持本学院价值观的稳定以及促使其自身稳中向强发展。本书所归类的"师范类传统全能型"教育学院具有典型的价值输出与文化传承功能，北京师范大学的教育学院和华东师范大学的教育学部尤为突出。与综合类院校的教育学院不同，具有此类功能的教育学院在高校组织系统内处于优势地位且竞争力强。基于此，此类教育学院通过向外扩散文化的方式增强其影响力。在访谈中，我们发展案例S05——华东师范大学教育学部："我觉得它的一个资源集聚效应是非常丰富的……它本身是有一个传承的"，作为强势学部占有资源优势，继而产生辐射整个高校的外溢效应。教育学科在此类高校中是支撑性学科，大学平台较高，教师队伍庞大，生源素质较高，人均拥有的资源比较丰富，因而整个教育学部有能力对外生产学术影响力，通过"集聚资源—释放影响力—资源更加集聚—影响力更强"的良性循环圈促使教育学院拥有更稳定的地位和学院文化、价值观。在文化和价值等其他资源输出的过程中，本学院的特色文化也得到传承，它的"合法化"地位更加稳固，文化功能也更加优化。因此，教育学院"价值输出与文化传承"功能是基于其强大文化影响力基础之上的，通过其不断向外辐射价值观，同时传承自身特有文化，对其学院的发展变迁作出积极的、适时的回应，最终促使教育学院系统形成一套新的、进化升级的价值系统。

第六节 高校教育学院功能的变迁

随着国务院《统筹推进世界一流大学和一流学科建设总体方案的通知》(2015)、《统筹推进世界一流大学和一流学科建设实施办法（暂行)》(2017)等"双一流"政策方案的相继发布，我国高校进入改革发展的新时期。在"双一流"建设的影响下，国内高校开始重新调整其组织结构与学科布局，教育学院与教育学科"首当其冲"，成为调整和裁撤的聚焦点。其中在综合性高水平大学中表现得最为明显，2015年4月至2016年7月仅一年多的时间，已有南开大学、山东大学、中山大学、兰州大学等一批综合性大学裁撤教育学院或教育类相关机构。与此同时，陕西科技大学却在国内教育学院"停办潮"愈演愈烈的背景下设置了新的教育学院，天津大学、广州大学等一批综合性大学获批2017年教育学一级博士点，教育学院与教育学科的发展在全国范围内呈现"东边日出西边雨"的景象。

相较于师范类院校教育学院在其发展过程中的"顺风顺水"，综合性大学教育学院在发展过程中却"荆棘载途"。实际上，综合性大学教育学院从诞生之日起，就埋下了与其所在高校系统内部各要素冲突的"隐患"。这种冲突从本质上来说，是来源于综合性大学教育学院在院校系统运行中的功能泛化与局限性。明确非师范院校教育学院的功能价值，尤其是超越功能特征的阶段稳态，探寻其变迁和进化逻辑，是消弭非师范高校教育学院功能冲突的关键解码器。从现实背景来看，非师范类院校教育学院没有对其功能作出详细规定及明确的制度安排，以至于实践过程中出现功能重叠或取向冲突。高校教育学院的功能在特定的时空背景下呈现出相应的变迁历程与进化机理。

一、教育学院的功能变迁历程

高校教育学院与其所处的高校教育系统，以及外部社会环境系统之间相互影响、相互作用，共同融入社会发展变迁之中。在不同的历史时期，高校教育学院有着不同的功能定位和发展目标。当其在系统中发生功能冲突直到矛盾激化，便会引起行动者的理念变革，进而促使其产生新的功能价值。20世纪60年代兴起的功能主义，能够提供社会各部分之间"相互关系的基本图景"与解

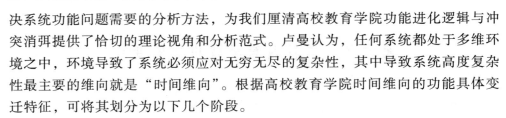

决系统功能问题需要的分析方法，为我们厘清高校教育学院功能进化逻辑与冲突消弭提供了恰切的理论视角和分析范式。卢曼认为，任何系统都处于多维环境之中，环境导致了系统必须应对无穷无尽的复杂性，其中导致系统高度复杂性最主要的维向就是"时间维向"。根据高校教育学院时间维向的功能具体变迁特征，可将其划分为以下几个阶段。

（一）功能模糊单一期（19 世纪末～1951 年）

清末洋务运动与兴学图强的热潮，推动了我国师范教育的发展，同时也带动了教育科学的引进与发展。从 19 世纪末开始，我国逐渐有了兴办师范教育的思想萌芽，教育学院的设置开始进入探索时期。从 1904 年《奏定学堂章程》对不同类型的师范学堂的规划，到 1915 年北京高等师范学校教育系科的设置，再到 1922 年《壬戌学制》规定"高等师范类学校或与普通大学合并，或与自我转型为综合性大学"，我国的师范教育逐步从法律上打破了师范院校单独开设的局面。1929 年颁布的《大学规程》规定大学有资格设立教育学院、教育系科，若大学中没有教育学院或教育科系者，则应将教育系设立于文科学院。到了 1938 年，国民政府又颁布了《师范学校规程》，规定师范类机构可以独立设置，亦可以设置于综合性大学。自此，在综合性大学中开始设置教育学院、教育系科。民国时期大学体系中的公立、私立以及教会大学都设有教育科、教育专攻科、教育学院、教育系等不同的教育类专业与机构。这些不同名称的教育类专业机构诞生于特定的社会背景之下，在相关政策的驱动下，以培养师资为主，部分教会大学致力于宗教人才和师范人才培养，是我国师范教育和教育科学研究发展的重要尝试。然而，这一时期的教育类机构囿于所依托高校的发展水平和 19 世纪末至 1952 年院系调整前后我国高等教育整体的发展水平，主要设置为综合性大学、国立省立师范学院，或独立设置为国立省立教育学院等不同的机构。总体来看，这一时期是我国综合性大学教育学院设置的一段较长的探索期，教育学院的功能定位较为模糊且在实践中发挥的功能较为单一。

（二）功能弱化缺失期（1952～1977 年）

1951 年，时任教育部部长马叙伦在政务院第 85 次政务会议上作了 1950 年的工作总结和 1951 年工作展望，也拉开了我国高等教育史上"院系调整"的序幕。苏联专家福民 1952 年在京津高等学校院系调整座谈会上的讲话，为我国的院系调整提供了苏联经验。在苏联办学经验的启发下，我国高等教育系统开始参照苏联的单科院校模式进行大规模的调整。在院系调整前夕，我国共有高等师范学校近 30 所，其中有 12 所附属于综合性大学，此外，综合性大学"文学院还设有 32 个教育系"。随着院系调整的开展，将综合性大学中开设的师范教育进行了分离，并入了相应的高等师范院校，例如，北京大学、南开大学的教育系并入了北京师范大学；津沽大学以师范学院为基础建立了天津师范学院，财经学院、工学院则分别并入南开大学、天津大学。此时的教育学院基本销声匿迹于综合性大学，取而代之的是专门的师范类院校，由师范类院校发挥"培养初高级中等学校师资、简师师资"的功能作用。至此，非师范类教育学院基本迁移到师范类院校，其功能被师范类院校所代替。在院系调整和十年"文化大革命"的影响下，这一阶段是我国综合性大学教育学院的逐渐萎缩和消亡期，也是综合性大学教育学院功能的弱化缺失期。

（三）功能分化整合期（1978～2014 年）

随着十年"文化大革命"的结束和 1977 年底高考的恢复，我国高等教育领域也开展了一系列的恢复重建工作。1978 年 1 月，教育部颁布《关于高等学校 1978 年研究生招生工作安排意见》拉开了我国研究生教育的序幕。从 1983 年 3 月国务院学位委员会公布的《高等学校和科研机构授予博士和硕士学位的学科专业目录（试行草案）》，到 1990 年颁布《授予博士、硕士学位和培养研究生的学科、专业目录》，到 1997 年颁布《授予博士、硕士学位和培养研究生的学科、专业目录》，再到 2011 年的《学位授予和人才培养学科目录》，无论学科门类和一级学科如何调整，"教育学"始终都是其中非常重要的学科门类之一。教育类研究生教育的开展，为以科研为导向的教育学院的设置提供了时代契机。20 世纪 80 年代，全国高校尤其是综合性大学开始纷纷成立高教所，全国有独立建制的高教所"曾一度发展到 700 多所"。高教所是非师范类院校后续发展进程中组建教育学院和发展教育科学的重要基础。20 世纪 90 年代，国家出台了一系列政策文件，鼓励综合性大学"试办教育院系，参与中小学师资的培养"，自此，综合性大学设置教育院系获得了法律保障，非师范类院校与教育学科亦再度携手发展。

经过 1978～1999 年的恢复与重建，综合性大学教育学院迎来了"扩招"背景下的快速发展期。教育部于 1999 年颁布《面向 21 世纪教育振兴行动计划》，明确提出我国高等教育要有较大的发展，并在"十五"规划中提出要使高等教育毛入学率在 2005 年达到 15%。自此，国家开始大幅度增加招生，全国的高校也开始了不同范围的合并、划转与升格。全国高校数在增加的同时，综合性大学的教育学院也逐步发展壮大。21世纪初，综合性大学在高等教育研究所、心理教研室、电教中心等机构的基础上开始组建或扩建教育学院，尤其在综合性大学中表现得更为突出。例如，北京大学、华中科技大学、中山大学于2000年在原来高教所或教研室的基础上组建了教育学院，兰州大学于2002年在高教所的基础上组建了教育学院。在高等教育扩招背景下，我国综合性大学教育学院获得了发展的黄金时期，不论是研究型大学，还是地方普通本专科院校，都开始设置教育类学院。根据对各高校官方网站的统计，截至2014年底，全国已有超过400所高校设置了教育类院系。此时，综合性大学的功能不仅仅局限于中小学师资队伍的培养，各院校也开始积极探索教育学院的发展之路，内部结构变革使其功能开始分化和泛化，一定程度上也引发了高校内部子系统间的功能矛盾和冲突。总之，这一阶段的教育学院，基于不同的发展理念开始分化与整合，无论是设置教育学院高校的类型、层次、数量，还是教育学院自身的功能、类型等，都得到了很大的发展，综合性大学教育学院进入了功能的分化整合期。

（四）功能多元明晰期（2015年～至今）

国务院于2015年印发《统筹推进世界一流大学和一流学科建设总体方案的通知》，我国高等教育领域拉开了"双一流"建设的序幕，教育部学位与研究生教育发展中心在2016年着手开展第四轮学科评估。在"双一流"建设和第四轮学科评估的背景下，国内的部分综合大学开始在综合性与专业性之间作出了新的抉择，一批综合性大学先后裁撤了其下设的教育类机构。例如，2015～2016年短短一年的时间里，已有山东大学、南开大学、中山大学、兰州大学等一批综合性大学裁撤教育学院或教育学科。与此同时，陕西科技大学却新成立了教育学院，天津大学、广州大学等一批综合性大学获批2017年教育学一级博士点。我国综合性大学教育学院的发展呈现"东边日出西边雨"的景象，这也标志着我国非师范类院校教育学院的设置进入了理性调整期。根据教育部2017年5月公布的最新高校名单统计发现，我国设置教育学院的390所高校中有58.72%的高校为综合性大学，这些高校主要分布在山东、河南、湖北、四川、云南等人口密度大、少数民族聚集的省份。它们在我国高等教育社会服务能力提升的过程中扮演着重要角色，在"双一流"建设的背景下，教育学院的设置更加理性，功能定位与目标战略进一步明晰化，"国际化"走向也逐渐得到重视。例如，研究大学的教育学院重点关注教育科学研究工作和专业教育科研人才的培养，而非师范类专科层次高校的教育学院则立足于学前、中小学、民族地区师资队伍的培养。部分非师范类专科院校还专门成立了初等教育学院、学前教育学院，从事小学教育、学前教育、特殊教育等方面专业人才的培养。总之，此阶段的综合性大学逐步抛却了盲目设置教育学院的冲动，已设置教育学院的高校着力于根据高校特色形成学院特色，综合性大学教育学院的功能更加多元与明晰。

二、教育学院的功能变迁逻辑

高校教育学院的功能变迁在时间维向上经历了模糊单一期、弱化缺失期、分化整合期、多元明晰期等不同的时期，每一阶段的变迁遵循了特定的进化逻辑。高等教育系统有相对的自主性，是一种自我再生性系统，能够按照自身的规律对环境中的复杂性和偶发性事件加以记录和加工处理，从而实现系统的"自我指涉"。高校教育学院根据其所处系统的特征，沿着不同的维向降低，由于环境系统导致的复杂性，以维持高教系统与环境系统的有序运作。在此过程中，高校教育学院沿着时间维向会展现出不同的功能分化特征与进化逻辑，厘清高校教育学院功能变迁背后的机理与进化逻辑，消弭其功能分化中的冲突，有利于优化高校教育学院的各项功能。结构功能主义认为，人类任何活动的发展都是一个不断进化的过程，此进化过程类似有机体的进化，是一个从低级到高级的演进过程。高校教育学院功能的发展变迁亦是如此，其进化的方向是适应性的增强。换言之，高校教育学院功能进化的主要目标是通过不断克服环境系统的阻力而使其各种目标的能力增强。高校教育学院在与多维社会环境系统相互影响、协同演进的历史进程中实现了其自身功能的进化。结构功能主义大师帕森斯从"社会系统的基本要素"角度出发解释社会的变迁问题，按照功能主义的分析范式，高校教育学院的功能进化过程主要体现出功能分化、适应力提高、包容与价值普遍化等具体的进化逻辑。

（一）功能分化逻辑

功能分化逻辑主要是指高校教育学院在组建初期是结构单一、功能泛化与定位模糊的单个系统或单元，此类单一的系统或单元将在市场需求和政策导向两大主要因素的驱动之下发生功能分化，分解为功能定位清晰、结构较为复杂的两个或者多个子系统或子单元。例如，综合性大学教育学院组建后，在后期的发展过程中逐渐分解为教育系、教育管理系、教育技术系、应用心理系等不同子系统，以更好地适应复杂的环境，使社会环境系统的复杂性转化成可操作的简单形式。教育学院系统是一种自我再生性系统，正如马歇尔（Marshall）所言："一个组织成长、壮大、停滞、衰朽的进程中，在其转折点上，总存在着衰朽力与生命力之间的均衡"。教育学院自身经历着组建、成长、壮大、停滞、消亡等不同的生命周期，每一阶段短暂的平衡与和谐，都是教育学院系统功能在市场因素和政策因素影响下自我变迁、自我功能分化的结果，也是高校教育学院功能进化过程中最强劲的内部动因。

（二）适应力提高逻辑

适应力提高逻辑是高校教育学院功能分化的必然结果与内在诉求。按照结构功能主义大师帕森斯的观点，功能分化必将导致系统或单位束缚减少、资源增加，从而提高其适应能力。适应力的提高既包含子系统或单元适应力的提高，亦包含系统或单元整体适应力的提高。在开设教育学院的综合性大学中，教育学院是其二级学院治理的重要一环，高校人才培养、科学研究和社会服务的职能最终要以"二级学院为载体"来完成。二级学院是事业和学科交汇形成的矩阵结构（matrix structure），是一种"鱼和熊掌兼得"的组织方式，也是行政权力与学术权力交汇形成的高校最基本的组成单元。大学的二级学院同时也是一个"底部沉重"的组织，在不同二级学院之间存在广泛的竞争与合作关系。同一高校特定时期的资源是一定的，教育学院在非师范类院校中并非以强势学科为基础的二级机构。因此，在与其他强势二级学院竞争的过程中将处于劣势地位。与此同时，由于教育学院在人才培养方案制定、师资培训、教学设计与评价等方面的突出优势，也使得教育学院与其他学院亦存在合作的可能性。在与强势学院竞争中的"夹缝"中积极开展合作，同时不断适应学校的整体发展战略是教育学院功能变迁的重要机理之一。综合性大学教育学院是以教育学科为基础、以具体活动为行动导向的矩阵组织，在其功能变迁的过程中，经过功能分化，分解出了基于市场逻辑和政策逻辑的诸多子系统或子单元。相较于结构简单、功能定位模糊的系统整体来讲，能够更加敏锐地调整组织的行为决策，从而更好地适应复杂多变的环境系统，进而助推教育学院整体功能更好地实现。

（三）包容与价值普遍化逻辑

高校教育学院功能分化和适应能力的提高将使教育学院内部产生新的整合问题，而包容新单位与新结构将成为解决整合问题的有效途径。教育学院如果能够整合与包容新的单位与结构，它的基础将会更加稳定、功能也将更加优化。非师范类教育学院组建之初的传统优势学科与特色学科，将挤占更多的学院资源，对经过功能分化后产生的新生二级组织与学科将产生排挤效应。因此，综合性大学教育学院的传统组织体系在分化与扩张后，应按照包容的进化逻辑，给予新生领域与单元更多的关注、提供更和谐的系统环境，使新生领域与子单元能够为教育学院整体系统在时间维向的功能变迁中注入生机与活力，开辟新的演进路向。同时，新分化出来的子系统或单元还应积极寻求学校层面的承认与"合法化"。教育学院的整体发展战略与理念必须随着社会环境系统的进化而变化，否则将导致矛盾与冲突。高校系统与其所处的社会环境系统相互影响、相互作用，形成特定维向上综合性大学教育学院的功能变迁。系统功能主义认为，任何系统都与环境密切相关，一切系统都存在于多维环境之中，"环境导致了系统必须应对的无穷无尽的复杂性"，环境系统的新陈代谢成为影响高校教育学院功能变迁与进化的动因之一。教育学院系统的整体进化与发展是否和谐与均衡，将依赖于教育学院系统能否形成一套新的价值系统，承认、容纳、鼓励新分化的子系统对社会环境系统的发展变迁作出积极适时的回应。

第四章

高校教育学院绩效评价指标
体系初建与遴选

平衡计分卡是1990年由哈佛大学教授卡普兰（Robert Kaplan）和诺朗顿研究院诺顿（David Norton）领导的研究小组，基于"传统的财务方法进行业绩衡量已经过时"的思想而提出，在"衡量未来的组织业绩"的研究课题中形成的一种新的企业绩效评价方法。平衡计分卡进行绩效评价的主要思路（见图4-1）是通过自上而下的战略分解，实现财务（financial）、顾客（customer）、内部流程（internal processes）、学习和成长（learning and growth）四个维度具体的目标，同时采取相应的行动。

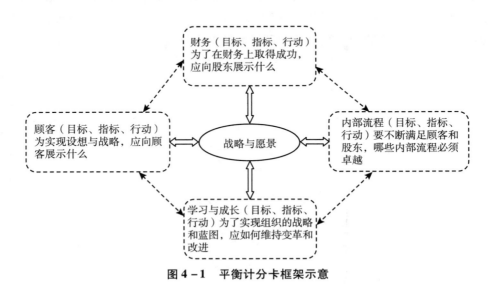

图4-1 平衡计分卡框架示意

第一节 高校教育学院绩效评价指标体系初建

基于平衡计分卡（BSC）的分析框架，从财务（financial）、顾客（customer）、内部流程（internal processes）、学习和成长（learning and growth）四个维度对我国普通高校教育学院的绩效评价指标体系进行初步构建。

一、财务维度指标的初步构建

平衡计分卡（BSC）财务维度关注的主要问题是："为了在财务上取得成功，应向股东展示什么？"从而利用投资报酬率、现金流量指标、主营业务增长率等财务指标对组织的发展进行评价。财务维度是一个营利性组织非常关注的维度，但高校的二级学院作为高校的一个组成部分，它的存在是不以营利为目的的。通过对多数高校二级学院的调查发现，作为高校二级机构的学院，由于国家对高校财务系统的管理较为严格，高校对二级学院的财务管理也比较严格。因此，二级学院的财务收支是较为单一和清晰的。根据对西北地区、西南地区、东北地区、华北地区、华东地区、华中地区和华南地区的 13 所教育学院的抽样调查发现，教育学院基于平衡计分卡财务维度的主要经费收入有学校下拨的本科教育经费、学校下拨的研究生培养费、学院创收经费、本院校友捐赠经费、学费收入、双学位学费收入、其他学院自筹资金等；经费支出主要有学院本科教育支出费用、学院研究生培养支出费用、科研支出费用、新增固定资产支出费用、学院行政办公支出费用、学院其他日常支出费用等。综上所述，可建立如表 4－1 所示的基于平衡计分卡财务维度普通高等学校教育学院初建的绩效评价指标体系。

表 4－1　　　　财务维度普通高校教育学院初建的绩效评价指标体系

财务	经费收入	学校下拨的本科教育经费
		学校下拨的研究生培养费
		学院创收经费
		本院校友捐赠经费
		学费收入
		双学位学费收入
		其他学院自筹资金

续表

财务	经费支出	学院本科教育支出费用
		学院研究生培养支出费用
		科研支出费用
		新增固定资产支出费用
		学院行政办公支出费用
		学院其他日常支出费用

二、顾客维度指标的初步构建

平衡计分卡（BSC）顾客维度关注的主要问题是："为实现设想与战略，应向顾客展示什么？"正如我们常听到的俗语"顾客是上帝"一样，顾客对企业生产产品的认可与消费对企业的生存与发展意义重大，一个消费者口碑好的企业在未来的发展中才可能取得长足的发展与进步。作为高校二级学院的教育学院，虽然不直接生产产品，但其培养人才的社会认可度，学院的各种声誉等对学院发展都有举足轻重的作用。因此，综合考虑对教育学院发展关系最为紧密的学生、家长和社会用人单位等群体，以上述群体的满意度和认可度的高低作为顾客维度教育学院绩效评价指标体系的重要来源。最终形成学生满意度、家长满意度和社会满意度三个方面的指标体系（见表4-2），学生满意度方面的具体指标有学生对学院硬件设施的满意度、学生对学院教师教学的满意度、新生报到率、学生退学率、学生抱怨率、学生对学院行政工作人员行政办公的满意度和学生对学院文化的满意度等；家长满意度方面有家长对学院与其日常沟通的满意度、家长对学院各专业培养方案的认可程度、家长对学院对学生非专业能力培养的满意度、家长对学院的抱怨率和家长对学生培养结果的满意度等；社会满意度方面主要有学院的学术声誉、学院的社会声誉、社会和地区知名度、用人单位的好评度等，具体指标如表4-2所示。

表4-2　　顾客维度普通高校教育学院初建的绩效评价指标体系

顾客	学生满意度	学生对学院硬件设施的满意度
		学生对学院教师教学的满意度
		新生报到率

续表

顾客	学生满意度	学生退学率
		学生抱怨率
		学生对学院行政工作人员行政办公的满意度
		学生对学院文化的满意度
	家长满意度	家长对学院与其日常沟通的满意度
		家长对学院各专业培养方案的认可程度
		家长对学院对学生非专业能力培养的满意度
		家长对学院的抱怨率
		家长对学生培养结果的满意度
	社会满意度	学院的学术声誉
		学院的社会声誉
		社会和地区知名度
		用人单位的好评度

三、内部流程维度指标的初步构建

平衡计分卡（BSC）内部流程维度关注的主要问题是："要不断满足顾客和股东，哪些内部流程必须卓越?"这一维度要求企业在发展过程中，清楚地了解自己擅长的领域，通过不断地优化整合自己的内部各业务流程，从而不断满足顾客的需求。高等教育的主要职能有人才培养、科学研究、社会服务和文化传承等。二级学院作为高校的组成部分，直接承担了高校的上述职能。因此，将平衡计分卡的内部流程维度对接于普通高校教育学院在人才培养、科学研究和社会服务等职能方面的指标。人才培养方面的具体指标有：人才培养目标是否明确、人才培养环节是否科学、人才培养结果是否突出、毕业生就业率的高低、毕业生深造率的高低等；科学研究方面的具体指标有：科研队伍构成，科研经费与项目，国家科技创新团队，国家重点实验室、研究中心、科研基地，SSCI/CSSCI收录文章数、高质量著作数，国家自然科学基金、国家社会科学基金项目数等，科研产出；社会服务方面的具体指标有：成果转换率、产学研结合程度、智库建设情况及服务决策能力、承担横向项目数等。最终的内部流程方面的指标体系如表4-3所示。

表4-3　　　　内部流程维度普通高校教育学院初建的绩效评价指标体系

内部流程	人才培养	人才培养目标是否明确
		人才培养环节是否科学
		人才培养结果是否突出
		毕业生就业率的高低
		毕业生深造率的高低
	科学研究	科研队伍构成
		科研经费与项目
		国家科技创新团队
		国家重点实验室、研究中心、科研基地
		SSCI/CSSCI收录文章数、高质量著作数
		国家自然科学基金、国家社会科学基金项目数
		科研产出
	社会服务	成果转换率
		产学研结合程度
		智库建设情况及服务决策能力
		承担横向项目数

四、学习和成长维度指标的初步构建

平衡计分卡（BSC）学习和成长维度关注的主要问题是："为了实现组织的战略和蓝图，应如何维持变革和改进？"组织或者企业从员工出发，通过不断地整合和创新人员、企业组织程序和信息系统三个方面的内容，实现顾客价值增长的关键环节的成长与发展。教育学院作为普通高校的一个组成部分，在其发展过程中要不断注重其自身的建设与发展，通过对长期从事学院管理的二级学院的院长访谈，初步得到了在平衡计分卡（BSC）学习和成长维度应该关注的几个重要方面。定位与发展思路方面具体的指标有：学院定位与发展愿景是否明确、学院改革与创新力度、对其他学院成功经验借鉴力度等；师资队伍建设方面具体的指标有：教师离职率、新教师引入力度、现有师资的再培训、师资队伍结构的合理性、学院对教师队伍的人文关怀情况等；专业建设方面的具体指标有：国家级重点学科数、省级重点学科数、博士点建设情况、硕士点建设情况、专业教材建设情况、专业特色建设等。最终的学习和成长维度的指标体系如表 4 - 4 所示。

表 4 - 4　　　　学习和成长维度普通高校教育学院初建的绩效评价指标体系

学习与成长	定位与发展思路	学院定位与发展愿景是否明确
		学院改革与创新力度
		对其他学院成功经验借鉴力度
	师资队伍建设	教师离职率
		新教师引入力度
		现有师资的再培训
		师资队伍结构的合理性
		学院对教师队伍的人文关怀情况
	专业建设	国家级重点学科数
		省级重点学科数
		博士点建设情况
		硕士点建设情况
		专业教材建设情况
		专业特色建设

第二节　高校教育学院绩效评价指标体系遴选

德尔菲法（Delphi method）又称专家规定程序调查法。在严格的程序下（见图 4 - 2），挑选出某一领域的权威专家，在专家不发生横向沟通交流的情况下，通过调查人员向专家发放调查问卷，在分析调查问卷的基础上，进行多轮的意见收集，最终找出专家意见的最大"交集"和共识，从而对决策提供依据。

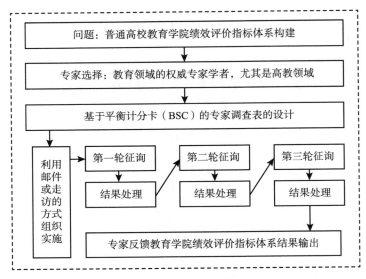

图4-2 德尔菲法具体操作流程

首先，明确研究的主要问题，即"普通高校教育学院绩效评价指标体系构建"问题，明确研究问题是此次专家规定程序调查法的前提和基础。其次，在明确研究问题的基础上，进行专家选择，本次研究主要选择长期从事高等教育管理实践和研究的专家学者、教育类学术团体的负责人等领域的专家。计划选取13位师范类高校的高等教育领域的专家学者，通过电子邮件联系或者导师电话沟通的方式，最终确定了11位参与本次专家调查的专家学者。最后，基于初步建立的普通高校教育学院绩效评价指标体系内容，编制和设计此次专家调查表。

将设计和编制好的专家调查表通过实地调研当面发放、发送电子邮件和寄送纸质版调查表等方式组织第一轮征询，在全部回收到专家的反馈意见后，通过分析发现，对于财务维度，有9位专家建议直接将经费收入指标下的"学费收入"予以取缔，因为学费收入更多是学校层面的经费收支情况；有7位专家认为，经费支出维度的"科研支出"应划归科学研究维度；对于顾客维度，有5位专家认为，学生满意度下的"学生抱怨率"是和对学院的各项满意度测量内容相同的指标，因此，可考虑只设置其中之一。

另外，家长满意度下的"家长对学院各专业培养方案的认可程度"这一衡量指标过于专业，可能会导致很多家长难以理解，因此，建议取消这一指标；

在内部流程维度方面，建议将科学研究指标下的"国家自然科学基金、国家社会科学基金项目数"这一指标直接作为"科研经费与项目"举例说明的内容；在学习和成长维度方面，在师资队伍建设指标下，加入"师德师风建设情况"。根据第一轮的所有征询意见，对专家调查表进行进一步完善，然后开始第二轮征询，在全部回收到第二轮的征询结果后，分析发现，对于根据第一次专家反馈意见完善后的专家调查表，在财务维度方面，有10位专家建议将经费收入指标下的"双学位学费收入"直接并入"学院创收经费"指标下，作为其中的一个子集。另外，将经费支出指标下的"新增固定资产支出费用"予以取缔，因为学院大规模的固定资产购入需通过学校的专门项目；在内部流程维度方面，专家建议将科学研究指标下的"SSCI/CSSCI收录文章数、高质量著作数"并入科研产出指标下。

　　根据第二轮的征询意见，对专家调查表进行再次完善，并开始第三轮征询，根据第三轮的反馈意见分析发现，有11位专家建议将内部流程维度下的"毕业生就业率和深造率高低"指标并入"人才培养结果是否突出"指标下；将学习与成长维度下"专业建设"中的"硕、博士点建设情况"两个指标合二为一，并加入"专业教学团队建设"指标，另外，在学习与成长维度下再加入"学院专业管理团队建设"维度，具体分为"现有管理人员的再培训"和"引进新的专业管理人员"两个方面。根据三轮征询的具体结果，得到基于德尔菲法的我国普通高校教育学院绩效评价指标体系，如表4-5所示。

表4-5　　　　　　　　**基于德尔菲法遴选完善后的指标体系**

一级指标	二级指标	主要观测点
财务	经费收入	学校下拨本科教育经费
		学校下拨研究生培养费
		学院创收经费，如双学位学费收入等
		本院校友捐赠经费
		其他学院自筹资金
	经费支出	学院本科教育支出费用
		学院研究生培养支出费用
		学院行政办公支出费用
		学院其他日常支出费用

续表

一级指标	二级指标	主要观测点
顾客	学生满意度	学生对学院硬件设施的满意度
		学生对学院教师教学的满意度
		学生对学院行政工作人员行政办公的满意度
		学生对学院文化的满意度
		学生退学率
	家长满意度	新生报到率
		家长对学院与其日常沟通的满意度
		家长对学院学生非专业能力培养的满意度
		家长对学院的抱怨率
		家长对学生培养结果的满意度
	社会满意度	学术声誉
		社会声誉
		全国和地区知名度
		用人单位的好评度
内部业务流程	人才培养	人才培养目标是否明确
		人才培养环节是否科学
		人才培养结果是否突出，如毕业生就业率、深造率的高低
	科学研究	科研队伍构成情况
		科研经费与项目，如国家自科、社科基金项目数等
		国家科技创新团队多少
		国家重点实验室、研究中心、科研基地多少
		科研产出，如 SSCI/CSSCI 收录文章数、高质量著作数
	社会服务	成果转换率
		产学研结合程度
		智库建设情况及服务决策能力
		承担横向项目数

续表

一级指标	二级指标	主要观测点
学习与成长	定位与发展思路	学院定位与发展愿景是否明确
		学院改革与创新力度
		对其他学院成功经验借鉴力度
	师资队伍建设	教师离职率
		新教师引入力度
		现有师资的再培训情况
		师资队伍结构的合理性
		师德师风建设情况
		学院对教师队伍的人文关怀情况
	专业建设	国家级重点学科数
		省级重点学科数
		硕博士点建设情况
		专业教材建设情况
		专业特色建设情况
		专业教学团队建设情况
	学院专业管理团队建设	现有管理人员的再培训情况
		引进新的专业管理人员情况

第五章

高校教育学院绩效评价指标体系优化与确立

在我国一流大学和一流学科建设的背景之下，教育学院该如何发展？教育学院的绩效该如何评价？成为了教育研究与院校治理过程中的重要课题。在本书中，首先对全国范围内我国普通高校教育学院的设置情况进行了研究，在深入研究我国普通高校教育学院设置现状的基础上，对我国普通高校教育学院发展过程中的内部优势与劣势、外部机会与威胁进行了SWOT分析，在SWOT分析后，根据平衡计分卡（BSC）提供的四个维度以及专家的访谈结果，得到财务、顾客、内部流程、学习和成长四个维度普通高校教育学院绩效评价的初建指标体系。在本章中，将利用探索性因子分析、结构方程模型和层次分析法等对初步构建的指标体系进行进一步优化，从而确立最终的绩效评价指标体系。

第一节　高校教育学院绩效评价问卷编制与测试

基于德尔菲法完善后的指标体系，将其进一步开发为与三级指标体系相关的五级量表，将指标体系的重要程度分为"非常不重要""不重要""一般""重要""非常重要"五个等级，将问卷发放给从事普通高校教育学院管理的实践者和从事高等教育研究的专家学者。在全国七大地区的每个地区随机发放50份问卷，总共发放问卷350份，其中回收有效问卷289份，回收率达82.57%，符合问卷调查回收率的要求。同时，笔者对有效回收的289份问卷进行了信度检验，主要利用Cronbach's α 系数来检验问卷的信度，根据SPSS22.0的输出结果发现，问卷各变量的Cronbach's α 系数值均在0.7~0.85之间，大于0.7，因此，问卷的信度是可以接受的。根据回收问卷的填写内容进行探索性因子分析，对基于德尔菲法设计的指标体系进行进一步完善。探索性因子分析主要将相关度较高的归为一类，成为一个因子，本书中主要分为财务维度、顾客维度、内部流程维度、学习和成长维度进行探索性因子分析。

一、财务维度

为了进一步优化财务维度的指标设置，根据回收到的有效问卷，利用SPSS22.0进行探索性因子分析，首先，将问卷中的 X1～X9 选入分析变量框中，对原始变量进行"KMO 和 Bartlett 的球形检验"，得到如表 5-1 所示的财务维度 KMO 和 Bartlett 的检验结果。根据输出结果可知，KMO 统计量为 0.683，大于最低标准 0.5，适合进行因子分析。Bartlett 球形检验，拒绝单位相关矩阵的原假设，P < 0.001，适合进行因子分析。

表 5-1　　　　　　　　　　财务维度 KMO 和 Bartlett 的检验

取样足够度的 Kaiser - Meyer - Olkin 度量		0.683
Bartlett 的球形检验	近似卡方	74.833
	df	36
	Sig.	0.000

为了确定财务维度主成分的个数，在"抽取"按钮中，选择输出"碎石图"，进一步结合碎石图和方差累计贡献率确定财务维度的主成分个数。在图 5-1 的碎石图中，结合特征根曲线的拐点即特征值，可以看出，前 2 个主成分的折现坡度较陡，而后面的曲线趋于平缓，图 5-1 从侧面说明了取前 2 个主成分为宜。此外，结合方差累计贡献率也可以得到前 2 个主成分的方差累计贡献率达到了 78.64%。因此，财务维度选取 2 个主成分。

将通过 KMO 和 Bartlett 的球形检验的数据，选择"主成分"的方法，选择"相关性矩阵"分析，选择"基于特征值"抽取，在"因子分析：旋转"中的方法按钮中选择"无"，在"得分"按钮中，将方法选择为"回归"，并勾选"显示因子得分系数矩阵"，最后通过 SPSS22.0 运行题项 X1～X9 的数据，得到如表 5-2 所示的财务维度探索性因子分析的结果。根据输出结果分析可知，学校下拨本科教育经费、学校下拨研究生培养费、学院创收经费、其他学院自筹资金在因子1上有较大的载荷，除了其他学院自筹资金的因子载荷较低为0.635之外，其他各项的因子载荷都达到了0.75以上。因此，将上述各项归为因子1，称为经费收入因子。学院本科教育支出费用、学院研究生培养支出费用、学院行政办公支出费用、学院其他日常支出费用在因子2上有较大的载荷，各项因子载荷基本上都达到了0.7以上。因此，将上述各项归为因子2，称为经费支出因子。从探索性因子分析的结果来看，除了其他学院自筹资金和学院其他日常支出费用的因子载荷较低外，其他各项的因子载荷都达到了0.7以上。由于探索性因子分析主要使用旋转方法为方差最大法，并且将因子载荷的截取点设为0.5，即如果题项的因子载荷小于0.5，就要对其进行删除。在财务维度，因子1中有4项小于0.5，因子2中有5项小于0.5，分别对其进行删除，对保留的题项将其各自归为"经费支出""经费收入"两个因子。

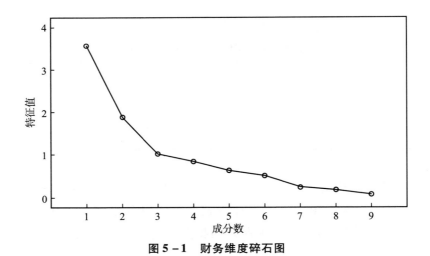

图 5 - 1　财务维度碎石图

表 5 - 2　　　　　　　　　　　　　财务维度探索性因子分析结果

主要观测点	因子 1	因子 2
学校下拨本科教育经费 Q1	0.824	- 0.034
学校下拨研究生培养费 Q2	0.802	- 0.025
学院创收经费，如双学位学费收入等 Q3	0.873	0.014
本院校友捐赠经费 Q4	0.758	0.239
其他学院自筹资金 Q5	0.635	0.042

续表

主要观测点	因子1	因子2
学院本科教育支出费用 Q6	− 0.295	0.759
学院研究生培养支出费用 Q7	− 0.103	0.804
学院行政办公支出费用 Q8	0.029	0.813
学院其他日常支出费用 Q9	− 0.217	0.601
累计方差（%）	40.203	78.638

二、顾客维度

为了进一步优化顾客维度的指标设置，根据回收到的有效问卷，利用 SPSS22.0 进行探索性因子分析。首先，将问卷中的 X10 ～ X23 选入分析变量框中，对原始变量进行"KMO 和 Bartlett 的球形检验"，得到如表 5 – 3 所示的顾客维度 KMO 和 Bartlett 的检验结果。根据输出结果可知，KMO 统计量为 0.702，大于最低标准 0.5，适合进行因子分析。Bartlett 球形检验，拒绝单位相关矩阵的原假设，P < 0.001，适合进行因子分析。

表 5 – 3　　　　　　　　　　顾客维度 KMO 和 Bartlett 的检验

取样足够度的 Kaiser – Meyer – Olkin 度量		0.702
Bartlett 的球形检验	近似卡方	143.061
	df	91
	Sig.	0.000

为了确定顾客维度主成分的个数，在"抽取"按钮中，选择输出"碎石图"，进一步结合碎石图和方差累计贡献率确定顾客维度的主成分个数。在图 5 – 2 的碎石图中，结合特征根曲线的拐点即特征值，可以看出，前 3 个主成分的折现坡度较陡，而后面的曲线趋于平缓，图 5 – 2 从侧面说明了取前 3 个主成分为宜。此外，结合方差累计贡献率也可以得到前 3 个主成分的方差累计贡献率，达到了 86.31%。因此，顾客维度选取 3 个主成分。

137

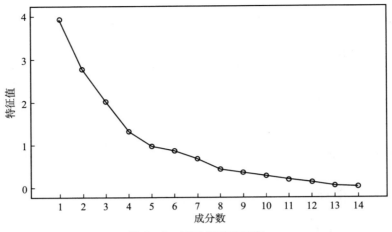

图 5 - 2　顾客维度碎石图

　　将通过 KMO 和 Bartlett 的球形检验的数据，选择"主成分"的方法，选择"相关性矩阵"分析，选择"基于特征值"抽取，在"因子分析：旋转"中的方法按钮中选择"无"，在"得分"按钮中，将方法选择为"回归"，并勾选"显示因子得分系数矩阵"，最后通过 SPSS22.0 运行题项 X10 ~ X23 的数据，得到如表 5 - 4 所示的顾客维度探索性因子分析的结果。根据输出结果分析可知，学生对学院硬件设施的满意度、学生对学院教师教学的满意度、学生对学院行政工作人员行政办公的满意度、学生对学院文化的满意度、学生退学率、新生报到率在因子 1 上有较大的载荷且各项的因子载荷基本都达到了 0.7 以上。因此，将上述各项归为因子 1，称为学生满意度因子。家长对学院与其日常沟通的满意度、家长对学院对学生非专业能力培养满意度、家长对学院的抱怨率、家长对学生培养结果的满意度在因子 2 上有较大的载荷，且各项因子载荷达到了 0.69 以上。因此，将上述各项归为因子 2，称为家长满意度因子。学术声誉、社会声誉、全国和地区知名度、用人单位的好评度在因子 3 上有较大的载荷且各项因子载荷达到了 0.72 以上。因此，将上述各项归为因子 3，称为社会满意度因子。从探索性因子分析的结果来看，三个主要因子对应的各项因子载荷都达到了 0.69 以上。由于探索性因子分析主要使用旋转方法为方差最大法，并且将因子载荷的截取点设为 0.5，即如果题项的因子载荷小于 0.5，就要对其进行删除。在顾客维度中，因子 1 中有 8 项小于 0.5，因子 2 中有 9 项小于 0.5，因子 3 中有 10 项小于 0.5，分别对其进行删除，对保留的题项将其各自归为"学生满意度""家长满意度""社会满意度"三个因子。

表 5 - 4　　　　　　　　顾客维度探索性因子分析结果

三级指标	因子 1	因子 2	因子 3
学生对学院硬件设施的满意度 Q10	0.725	0.004	0.126
学生对学院教师教学的满意度 Q11	0.801	0.209	0.294
学生对学院行政工作人员行政办公的满意度 Q12	0.729	- 0.023	0.081
学生对学院文化的满意度 Q13	0.731	0.025	0.126
学生退学率 Q14	0.828	0.506	0.002
新生报到率 Q15	0.674	0.216	0.241
家长对学院与其日常沟通的满意度 Q16	0.045	0.741	0.045
家长对学院对学生非专业能力培养的满意度 Q17	0.172	0.693	0.113
家长对学院的抱怨率 Q18	0.406	0.846	0.402
家长对学生培养结果的满意度 Q19	0.291	0.892	0.374
学术声誉 Q20	0.214	0.000	0.719
社会声誉 Q21	0.002	0.102	0.835
全国和地区知名度 Q22	0.053	0.459	0.859
用人单位的好评度 Q23	0.185	- 0.013	0.936
累计方差（%）	30.034	58.173	86.307

三、内部流程维度

为了进一步优化内部流程维度的指标设置，根据回收到的有效问卷，利用 SPSS22.0 进行探索性因子分析，首先，将问卷中的 X24 ~ X35 选入分析变量框中，对原始变量进行 "KMO 和 Bartlett 的球形检验"，得到如表 5 - 5 所示的内部流程维度 KMO 和 Bartlett 的检验结果。根据输出结果可知，KMO 统计量为 0.824，大于最低标准 0.5，适合进行因子分析。Bartlett 球形检验，拒绝单位相关矩阵的原假设，$P < 0.001$，适合进行因子分析。

表 5 - 5　　　　　　　内部流程维度 KMO 和 Bartlett 的检验

取样足够度的 Kaiser - Meyer - Olkin 度量		0.824
Bartlett 的球形检验	近似卡方	113.930
	df	66
	Sig.	0.000

为了确定内部流程维度主成分的个数，在"抽取"按钮中，选择输出"碎石图"，进一步结合碎石图和方差累计贡献率确定内部流程维度的主成分个数。在图 5 - 3 的碎石图中，结合特征根曲线的拐点即特征值，可以看出，前 3 个主成分的折现坡度较陡，而后面的曲线趋于平缓，图 5 - 3 从侧面说明了取前 3 个主成分为宜。此外，结合方差累计贡献率也可以得到前 3 个主成分的方差累计贡献率，达到了 88.37%。因此，内部流程维度选取 3 个主成分。

将通过 KMO 和 Bartlett 的球形检验的数据，选择"主成分"的方法，选择"相关性矩阵"分析，选择"基于特征值"抽取，在"因子分析：旋转"中的方法按钮中选择"无"，在"得分"按钮中，将方法选择为"回归"，并勾选"显示因子得分系数矩阵"，最后通过 SPSS22.0 运行题项 X24 ~ X35 的数据，得到如表 5 - 6 所示的内部流程维度探索性因子分析的结果。

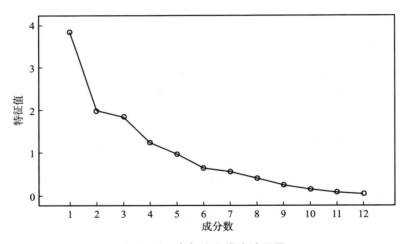

图 5 - 3　内部流程维度碎石图

　根据输出结果分析可知，人才培养目标是否明确、人才培养环节是否科学、人才培养结果是否突出在因子 1 上有较大的载荷且各项的因子载荷基本都达到了 0.745 以上。因此，将上述各项归为因子 1，称为人才培养因子。科研队伍构成、科研经费与项目、国家重点实验室、研究中心、科研基地、科研产出在因子 2 上有较大的载荷，除国家科技创新团队的因子载荷只有 0.274 以外，其余各项因子载荷均达到了 0.69 以上。因此，将上述各项归为因子 2，称为科学研究因子。成果转换率、智库建设情况及服务决策能力、承担横向项目数在因子 3 上有较大的载荷，除产学研结合程度较低之外，其余各项因子载荷均达到了 0.7 以上。因此，将上述各项归为因子 3，称为社会服务因子。从探索性因子分析的结果来看，三个主要因子对应的各项的因子载荷都达到了 0.69 以上。由于探索性因子分析主要使用旋转方法为方差最大法，并且将因子载荷的截取点设为 0.5，即如果题项的因子载荷小于 0.5，就要对其进行删除。在内部流程维度，因子 1 中有 9 项小于 0.5，因子 2 中有 8 项小于 0.5，因子 3 中有 9 项小于 0.5，分别对其进行删除，对保留的题项将其各自归为"人才培养""科学研究""社会服务"三个因子。

表 5 - 6　　　　　内部流程维度探索性因子分析结果

主要观测点	因子 1	因子 2	因子 3
人才培养目标是否明确 Q24	0.803	0.251	0.239
人才培养环节是否科学 Q25	0.745	0.009	0.024
人才培养结果是否突出，如毕业生就业率、深造率的高低 Q26	0.826	0.238	0.319
科研队伍构成 Q27	0.329	0.748	0.225
科研经费与项目，如国家自、社科基金项目数等 Q28	0.094	0.832	0.002
国家科技创新团队 Q29	0.016	0.274	0.342
国家重点实验室、研究中心、科研基地 Q30	0.092	0.697	0.114
科研产出，如 SSCI/CSSCI 收录文章数、高质量著作数 Q31	0.169	0.892	0.471
成果转换率 Q32	- 0.027	0.124	0.703
产学研结合程度 Q33	0.003	0.071	0.059
智库建设情况及服务决策能力 Q34	0.209	0.198	0.824
承担横向项目数 Q35	0.145	0.131	0.841
累计方差（%）	28.202	60.174	88.372

四、学习和成长维度

为了进一步优化学习和成长维度的指标设置，根据回收到的有效问卷，利用 SPSS22.0 进行探索性因子分析，首先，将问卷中的 X36～X52 选入分析变量框中，对原始变量进行"KMO 和 Bartlett 的球形检验"，得到如表 5-7 所示的学习和成长维度 KMO 和 Bartlett 的检验结果。根据输出结果可知，KMO 统计量为 0.742，大于最低标准 0.5，适合进行因子分析。Bartlett 球形检验，拒绝单位相关矩阵的原假设，P<0.001，适合进行因子分析。

表 5-7   学习和成长维度 **KMO** 和 **Bartlett** 的检验

取样足够度的 Kaiser – Meyer – Olkin 度量		0.742
Bartlett 的球形检验	近似卡方	192.105
	df	136
	Sig.	0.001

为了确定学习和成长维度主成分的个数，在"抽取"按钮中，选择输出"碎石图"，进一步结合碎石图和方差累计贡献率确定学习和成长维度的主成分个数。在图 5-4 的碎石图中，结合特征根曲线的拐点即特征值，可以看出，前 4 个主成分的折现坡度较陡，而后面的曲线趋于平缓，图 5-4 从侧面说明了取前 4 个主成分为宜。此外，结合方差累计贡献率也可以得到前 4 个主成分的方差累计贡献率，达到了 85.9%。因此，学习和成长维度选取 4 个主成分。

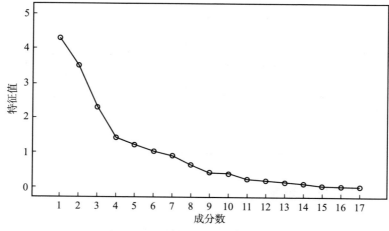

图 5-4   学习和成长维度碎石图

将通过 KMO 和 Bartlett 的球形检验的数据，选择"主成分"的方法，选择"相关性矩阵"分析，选择"基于特征值"抽取，在"因子分析：旋转"中的方法按钮中选择"无"，在"得分"按钮中，将方法选择为"回归"，并勾选"显示因子得分系数矩阵"，最后通过 SPSS22.0 运行题项 X36 ~ X52 的数据，得到如表 5 − 8 所示的学习和成长维度探索性因子分析的结果。根据输出结果分析可知，学院定位与发展愿景是否明确、学院改革与创新力度、对其他学院成功经验借鉴力度在因子 1 上有较大的载荷且各项的因子载荷基本都达到了 0.76 以上。因此，将上述各项归为因子 1，称为定位与发展思路因子。教师离职率、新教师引入力度、现有师资的再培训、师资队伍结构的合理性、师德师风建设情况、学院对教师队伍的人文关怀情况在因子 2 上有较大的载荷且各项因子载荷达到了 0.762 以上。因此，将上述各项归为因子 2，称为师资队伍建设因子。国家级重点学科数、省级重点学科数、硕博士点建设情况、专业教材建设情况、专业特色建设、专业教学团队建设在因子 3 上有较大的载荷且各项因子载荷达到了 0.709 以上。因此，将上述各项归为因子 3，称为专业建设因子。现有管理人员的再培训、引进新的专业管理人员在因子 4 上有较大的载荷且各项因子载荷都达到了 0.799 以上。因此，将上述两项归为因子 4，称为学院专业管理团队的建设。从探索性因子分析的结果来看，四个主要因子对应的各项的因子载荷都达到了 0.71 以上。由于探索性因子分析主要使用旋转方法为方差最大法，并且将因子载荷的截取点设为 0.5，即如果题项的因子载荷小于 0.5，就要对其进行删除。在学习和成长维度中，因子 1 中有 14 项小于 0.5，因子 2 中有 11 项小于 0.5，因子 3 中有 11 项小于 0.5，因子 4 中有 15 项小于 0.5，分别对其进行删除，对保留的题项将其各自归为"定位与发展思路""师资队伍建设""专业建设""学院专业管理团队建设"四个因子。

表 5 − 8　　　　　　　　　学习和成长维度探索性因子分析结果

主要观测点	因子 1	因子 2	因子 3	因子 4
学院定位与发展愿景是否明确 Q36	0.802	0.208	0.053	0.306
学院改革与创新力度 Q37	0.739	0.157	0.116	0.194
对其他学院成功经验借鉴力度 Q38	0.815	0.008	0.008	0.003
教师离职率 Q39	0.003	0.827	0.264	0.176
新教师引入力度 Q40	0.498	0.811	0.054	0.316

续表

主要观测点	因子 1	因子 2	因子 3	因子 4
现有师资的再培训 Q41	0.371	0.795	0.164	0.082
师资队伍结构的合理性 Q42	0.073	0.816	0.251	0.091
师德师风建设情况 Q43	0.156	0.762	0.363	0.205
学院对教师队伍的人文关怀情况 Q44	0.179	0.879	0.008	0.302
国家级重点学科数 Q45	0.003	0.073	0.721	0.117
省级重点学科数 Q46	0.196	0.527	0.805	0.323
硕博士点建设情况 Q47	0.251	0.001	0.864	0.206
专业教材建设情况 Q48	0.006	0.264	0.709	0.092
专业特色建设 Q49	0.117	0.151	0.803	0.087
专业教学团队建设 Q50	0.203	0.294	0.773	0.284
现有管理人员的再培训 Q51	0.119	0.437	0.371	0.814
引进新的专业管理人员 Q52	0.041	0.228	0.027	0.799
累计方差（%）	20.276	39.152	76.049	85.853

通过对我国高校教育学院绩效评价指标体系在财务维度、顾客维度、内部流程维度、学习与成长维度进行探索性因子分析，最后将问卷中在各因子上因子载荷低于 0.5 的"国家科技创新团队""产学研结合程度"两项进行删除，得到基于探索性因子分析的教育学院绩效评价指标体系，如表 5-9 所示。

表 5-9　　　　基于探索性因子分析的教育学院绩效评价指标体系

一级指标	二级指标	主要观测点
财务	经费收入	学校下拨本科教育经费
		学校下拨研究生培养费
		学院创收经费，如双学位学费收入等
		本院校友捐赠经费
		其他学院自筹资金
	经费支出	学院本科教育支出费用
		学院研究生培养支出费用
		学院行政办公支出费用
		学院其他日常支出费用

续表

一级指标	二级指标	主要观测点
顾客	学生满意度	学生对学院硬件设施的满意度
		学生对学院教师教学的满意度
		学生对学院行政工作人员行政办公的满意度
		学生对学院文化的满意度
		学生退学率
		新生报到率
	家长满意度	家长对学院与其日常沟通的满意度
		家长对学院对学生非专业能力培养的满意度
		家长对学院的抱怨率
		家长对学生培养结果的满意度
	社会满意度	学术声誉
		社会声誉
		全国和地区知名度
		用人单位的好评度
内部流程	人才培养	人才培养目标是否明确
		人才培养环节是否科学
		人才培养结果是否突出,如毕业生就业率、深造率的高低
	科学研究	科研队伍构成情况
		科研经费与项目,如国家自科、社科基金项目数等
		国家重点实验室、研究中心、科研基地多少
		科研产出,如SSCI/CSSCI收录文章数、高质量著作数
	社会服务	成果转换率
		智库建设情况及服务决策能力
		承担横向项目数

续表

一级指标	二级指标	主要观测点
学习与成长	定位与发展思路	学院定位与发展愿景是否明确
		学院改革与创新力度
		对其他学院成功经验借鉴力度
	师资队伍建设	教师离职率
		新教师引入力度
		现有师资的再培训情况
		师资队伍结构的合理性
		师德师风建设情况
		学院对教师队伍的人文关怀情况
	专业建设	国家级重点学科数
		省级重点学科数
		硕博士点建设情况
		专业教材建设情况
		专业特色建设情况
		专业教学团队建设情况
	学院专业管理团队建设	现有管理人员的再培训情况
		引进新的专业管理人员情况

第二节　高校教育学院绩效评价初建指标优化

　　根据探索性因子分析（EFA）的结构，剔除其中不合理的指标，将完善后的指标体系进一步开发为与主要观测点相关的五级量表，指标体系的重要程度分为"非常不重要""不重要""一般""重要""非常重要"五个等级，将问卷随机发放给从事普通高校教育学院管理的实践者和从事高等教育研究的专家学者。在全国七大地区的每个地区随机发放40份问卷，总共发放问卷280份，其中回收有效问卷269份，回收率达96.07%，符合问卷调查回收率的要求。为检验优化后的问卷的信度和效度，笔者根据有效回收的269份问卷，利用统计软件SPSS22.0和AMOS7.0对数据进行分析发现，"财务维度""顾客维度"

"内部流程维度""学习和成长维度"的 Cronbach's α 系数在 0.724 ~ 0.819 之间，基本符合信度要求。此外，"财务维度""顾客维度""内部流程维度""学习和成长维度"的组合信度（CR）均大于 0.71（见表 5－10），除"财务维度"外，其他各维度的平均萃取方差（AVE）基本都在 0.5 以上，说明问卷的效度可以得到保证。

表 5－10　　　　　　　　问卷信度和效度检验输出结果

维度	Cronbach's α	AVE	CR
财务	0.724	0.4912	0.7131
顾客	0.819	0.5834	0.8895
内部流程	0.807	0.5572	0.8423
学习和成长	0.791	0.5196	0.8237

在问卷的信度和效度得到检验之后，为进一步确保问卷各项指标的可靠性，根据荣泰生提出的结构方程模型的各项模型拟合度检验标准，利用 AMOS7.0 的输出结果发现，模型的各项指标基本通过了各项检验（见表 5－11），模型拟合良好。本书借助结构方程模型，将主要分财务维度、顾客维度、内部流程维度、学习和成长维度进行验证性因子分析。

表 5－11　　　　　　　　模型适配度各指标情况

	评价标准		实际数值	是否通过
绝对拟合度指标	X2/df	<3	2.371	YES
	GFI	0.9 < GFI < 1	0.916	YES
	RMR	<0.5	0.212	YES
	RMSEA	<0.1	0.278	YES
增值拟合指标	AGFI	0.9 < AGFI < 1	0.902	YES
	NFI	1	0.843	YES
	CFI	1	0.917	YES
	IFI	1	0.926	YES
精简拟合度指标	AIC	数值越小越简	273.124	YES
	ECVI	数值越小越简	1.203	YES

一、财务维度

为了验证在探索性因子分析（EFA）阶段得到的因素结构模型是否与实际数据相匹配，笔者利用 AMOS7.0 对收集到的 269 份有效问卷进行验证性因子分析，主要使用结构方程模型的具体方法。首先，利用平衡计分卡提供的理论基础提出假设模型，即财务维度的各具体指标能够反映该维度的具体情况。

根据财务维度的假设模型，将经费收入指标下的学校下拨本科教育经费的标签设为 Q1；学校下拨研究生培养费的标签设为 Q2；学院创收经费，如双学位学费收入等的标签设为 Q3；本院校友捐赠经费的标签设为 Q4；其他学院自筹资金的标签设为 Q5。将经费支出指标下的学院本科教育支出费用的标签设为 Q6；学院研究生培养支出费用的标签设为 Q7；学院行政办公支出费用的标签设为 Q8；学院其他日常支出费用的标签设为 Q9。依次在观测变量中拖入题项的具体数据，计算模型可得标准化估计值模型图，如图 5-5 所示。

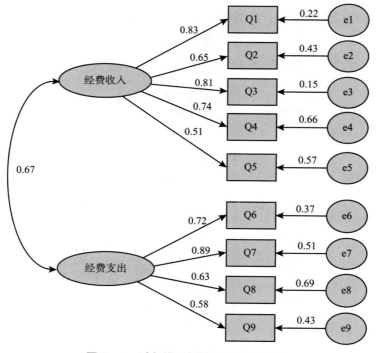

图 5-5 财务维度标准化估计值模型

分析图 5 - 5 的输出结果可知，在经费收入指标下，除"其他学院自筹资金"的因子载荷较低（但未小于 0.5）之外，其他各项的因子载荷均达到了 0.65 以上；在经费支出指标下，除"学院其他日常经费支出"的因子载荷为 0.58 之外，其他各项的因子载荷均在 0.63 ~ 0.89 之间。此外，"经费收入"和"经费支出"两个变量之间的相关系数也达到了 0.67。因此，财务维度的各项指标可以较好地反映教育学院财务方面的具体内容。

二、顾客维度

为了验证在探索性因子分析（EFA）阶段得到的因素结构模型是否与实际数据相匹配，笔者利用 AMOS7.0 对收集到的 269 份有效问卷进行验证性因子分析，主要使用结构方程模型的具体方法。首先，利用平衡计分卡提供的理论基础提出假设模型，即顾客维度的各具体指标能够反映该维度的具体情况。

根据顾客维度的假设模型，将学生满意度指标下的学生对学院硬件设施的满意度的标签设为 Q10；学生对学院教师教学满意度的标签设为 Q11；学生对学院行政工作人员行政办公的满意度的标签设为 Q12；学生对学院文化的满意度的标签设为 Q13；学生退学率的标签设为 Q14；新生报到率的标签设为 Q15。将家长满意度指标下的家长对学院与其日常沟通的满意度的标签设为 Q16；家长对学生非专业能力培养满意度的标签设为 Q17；家长对学院抱怨率的标签设为 Q18；家长对学生培养结果的满意度的标签设为 Q19。将社会满意度指标下的学术声誉的标签设为 Q20；社会声誉的标签设为 Q21；全国和地区知名度的标签设为 Q22；用人单位的好评度的标签设为 Q23。依次在观测变量中拖入题项的具体数据，计算模型可得标准化估计值模型，如图 5 - 6 所示。

分析图 5 - 6 的输出结果可知，在学生满意度指标下，除"新生报到率"的因子载荷较低（但未小于 0.5）之外，其他各项的因子载荷均达到了 0.73 以上；在家长满意度指标下各项的因子载荷均在 0.61 ~ 0.91 之间；在社会满意度指标下，除"学术声誉"的因子载荷较低（但未小于 0.5）之外，其他各项的因子载荷均在 0.68 ~ 0.83 之间。此外，"学生满意度"和"家长满意度"两个变量之间的相关系数达到了 0.85，"家长满意度"和"社会满意度"之间的相关系数达到了 0.77，"学生满意度"和"社会满意度"之间的相关系数达到了 0.64。因此，顾客维度的各项指标可以较好地反映教育学院顾客方面的具体内容。

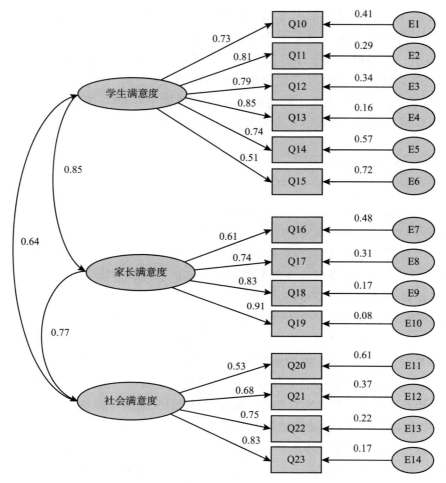

图 5 - 6　顾客维度标准化估计值模型

三、内部流程维度

为了验证在探索性因子分析（EFA）阶段得到的因素结构模型是否与实际数据相匹配，笔者利用 AMOS7.0 对收集到的 269 份有效问卷进行验证性因子分析，主要使用结构方程模型的具体方法。首先，利用平衡计分卡提供的理论基础提出假设模型，即内部流程维度的各具体指标能够反映该维度的具体情况。

根据内部流程维度的假设模型，将人才培养指标下的人才培养目标是否明确的标签设为 Q24；人才培养环节是否科学的标签设为 Q25；人才培养结果是否突出的标签设为 Q26。将科学研究指标下的科研队伍构成情况的标签设为 Q27；科研经费与项目的标签设为 Q28；国家重点实验室、研究中心、科研基地多少的标签设为 Q29；科研产出的标签设为 Q30。将社会服务指标下的成果转换率的标签设为 Q31；智库建设情况及服务决策能力的标签设为 Q32；承担横向项目数的标签设为 Q33。依次在观测变量中拖入题项的具体数据，计算模型可得标准化估计值模型，如图 5 - 7 所示。

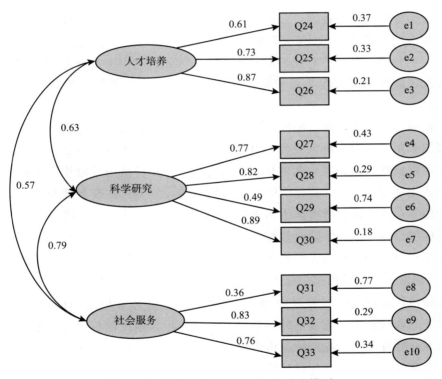

图 5 - 7　内部流程维度标准化估计值模型

分析图 5 - 7 的输出结果可知，在人才培养指标下，各项的因子载荷均在 0.61 ~ 0.87 之间；在科学研究指标下，除 "国家重点实验室、研究中心、科研基地多少" 的因子载荷较低（小于 0.5，应考虑剔除）之外，其他各项的因子载荷均在 0.77 ~ 0.89 之间；在社会服务指标下除 "成果转化率" 的因子载荷为 0.36（小于 0.5，应考虑剔除）之外，其他两项的因子载荷均为 0.83 和

0.76。此外，"人才培养"和"科学研究"两变量之间的相关系数达到了
0.63，"人才培养"和"社会服务"之间的相关系数达到了0.57，"科学研
究"和"社会服务"之间的相关系数达到了0.79。因此，内部流程维度除
"国家重点实验室、研究中心、科研基地"和"科研转化率"两项指标外，其
余各项指标可以较好地反映教育学院内部流程方面的具体内容。

四、学习和成长维度

为了验证在探索性因子分析（EFA）阶段得到的因素结构模型是否与实际
数据相匹配，笔者利用AMOS7.0对收集到的269份有效问卷进行验证性因子
分析，主要使用结构方程模型的具体方法。首先，利用平衡计分卡提供的理论
基础提出假设模型，即学习和成长维度的各具体指标能够反映该维度的具体
情况。

根据学习和成长维度的假设模型，将定位与发展思路指标下的学院定位与
发展愿景是否明确的标签设为Q34；学院改革与创新力度的标签设为Q35；对
其他学院成功经验借鉴力度的标签设为Q36。将师资队伍建设指标下的教师离
职率的标签设为Q37；新教师引入力度的标签设为Q38；现有师资的再培训情
况的标签设为Q39；师资队伍结构的合理性的标签设为Q40；师德师风建设情
况的标签设为Q41；学院对教师队伍的人文关怀情况的标签设为Q42。将专业
建设指标下的国家级重点学科数的标签设为Q43；省级重点学科数的标签设为
Q44；硕博士点建设情况的标签设为Q45；专业教材建设情况的标签设为Q46；
专业特色建设情况的标签设为Q47；专业教学团队建设情况的标签设为Q48。
将学院专业管理团队建设下的现有管理人员再培训情况的标签设为Q49；引进
新的专业管理人员情况的标签设为Q50。依次在观测变量中拖入题项的具体数
据，计算模型可得标准化估计值模型，如图5－8所示。

分析图5－8的输出结果可知，在定位与发展思路指标下，各项的因子载
荷均在0.73～0.91之间；在师资队伍建设指标下，除"学院对教师队伍的人
文关怀情况"的因子载荷较低（但未小于0.5）之外，其他各项的因子载荷均
在0.69～0.93之间；在专业建设指标下除"专业教材建设情况"的因子载荷
为0.48（小于0.5，应考虑剔除）之外，其他各项的因子载荷均在0.67～
0.81之间。

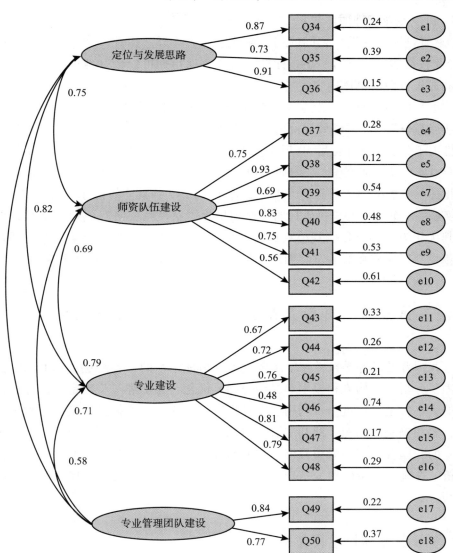

图 5 - 8 学习和成长维度标准化估计值模型

在学院专业管理团队建设指标下，两项的因子载荷分别为 0.77 和 0.84。此外，"定位与发展思路"和"师资队伍建设"两个变量之间的相关系数达到了 0.75 "定位与发展思路"和"专业建设"之间的相关系数达到了 0.82，"定位与发展思路"和"专业管理团队建设"之间的相关系数达到了 0.79，"师资队伍建设"和"专业建设"之间的相关系数达到了 0.69，"师资队伍建设"和"专业管理团队建设"之间的相关系数达到了0.71，"专业建设"和"专业管理团队建设"之间的相关系数达到了0.58。因此，学习和成长维度除"专业教材建设情况"一项指标外，其余各项指标可以较好地反映教育学院学习和成长方面的具体内容。

综上所述，通过结构方程模型（SEM）测量模型的分析，进一步验证了我国普通高校教育学院绩效评价指标体系中各指标的科学性与合理性，最终针对探索性因子分析指标优化后50项指标中，基于测量模型的分析，得出需剔除"国家重点实验室、研究中心、科研基地""成果转化率""专业教材建设情况"三项指标（三者的因子载荷小于0.5），保留其余47项具体的指标。但对"国家重点实验室、研究中心、科研基地"这项指标体系，经过向有关专家请教，建议将其优化为"国家科研基地数目的多少"，这主要是因为教育学院在发展过程很难设立国家重点实验室。因此，最终的指标体系中包含47项具体指标。

第三节　高校教育学院绩效评价指标体系确立

我国普通高等学校教育学院绩效评价指标体系的内容经过德尔菲法、探索性因子分析、结构方程模型等已经得到了优化，为了进一步确定各指标所占比例的大小，笔者将进一步利用层次分析法（AHP）对指标进行最后的确定。首先，要明确决策问题：即利用层次分析法（AHP）对基于平衡计分卡（BSC）建立的我国普通高等学校教育学院的绩效评价指标体系各指标的权重大小进行分析。在确定决策问题的基础上，下面将按照层次分析法（AHP）的具体步骤进行分析。

一、建立递阶层次结构

根据经过德尔菲法、探索性因子分析、结构方程模型等已经确立的指标体系的内容，我国普通高校教育学院绩效评价指标体系的层次结构主要由目标层、准则层和子准则层组成。目标层即我国普通高等学校教育学院绩效评价指标体系构建，准则层包括财务维度、顾客维度、内部流程维度、学习和成长维度4个一级绩效评价指标，子准则层包括12个二级绩效评价指标，如表5－12所示。

表 5-12   教育学院绩效评价递阶层次结构

目标层	准则层	子准则层
我国普通高等学校教育学院绩效评价指标体系构建 A	财务维度 B1	经费收入 C1
		经费支出 C2
	顾客维度 B2	学生满意度 C3
		家长满意度 C4
		社会满意度 C5
	内部流程 B3	人才培养 C6
		科学研究 C7
		社会服务 C8
	学习和成长 B4	定位与发展思路 C9
		师资队伍建设 C10
		专业建设 C11
		专业管理团队的建设 C12

二、构造判断矩阵

构造判断矩阵是进行层次分析非常重要的一个环节，为构造判断矩阵，笔者选取了长期从事教育学院管理的高等教育领域的专家，通过专家对各层次因素进行两两重要程度的比较，得到每一具体指标的成对判断比较矩阵，最后再求出各专家的判断矩阵 $A=(b_{ij})_{n \times n}$ 的平均值。其中，标度 b_{ij} 的具体含义为"1"代表"Bi 和 Bj 同样重要"，"3(1/3)"代表"Bi 比 Bj 稍微重要"，"5(1/5)"代表"Bi 比 Bj 明显重要"，"7(1/7)"代表"Bi 比 Bj 强烈重要"，"9(1/9)"代表"Bi 比 Bj 绝对重要"，"2，4，6，8"代表"相邻判断的中值"。根据专家的意见得到如表 5-13 所示的未正规化的判断矩阵。

表 5-13   未正规化的判断矩阵

维度	财务维度 B1	顾客维度 B2	内部流程 B3	学习和成长 B4
财务维度 B1	1	1/5	1/5	1/3
顾客维度 B2	5	1	2	5
内部流程 B3	5	1/2	1	3
学习和成长 B4	3	1/5	1/3	1

根据上述判断矩阵，利用 $\bar{b}_{ij} = \dfrac{b_{ij}}{\sum\limits_{k=1}^{n} b_{kj}}$，$i,\ j=1,\ 2,\ \cdots,\ n$，将判断矩阵每

一列正规化，得到正规化的判断矩阵为：

$$
\begin{pmatrix}
0.071 & 0.105 & 0.057 & 0.050 \\
0.357 & 0.526 & 0.567 & 0.751 \\
0.357 & 0.263 & 0.283 & 0.050 \\
0.214 & 0.105 & 0.093 & 0.150
\end{pmatrix}
\tag{5-1}
$$

将正规化的判断矩阵按行相加 $\overline{W_i} = \sum\limits_{j=1}^{n} \overline{b_{ij}}$，$j=1,\ 2,\ \cdots,\ n$，则有：

$$
\overline{W_1} = \sum_{j=1}^{n} \overline{b_{1j}} = 0.071 + 0.105 + 0.057 + 0.050 = 0.283 \tag{5-2}
$$

$$
\overline{W_2} = \sum_{j=1}^{n} \overline{b_{2j}} = 0.357 + 0.526 + 0.567 + 0.751 = 2.201 \tag{5-3}
$$

$$
\overline{W_3} = \sum_{j=1}^{n} \overline{b_{3j}} = 0.357 + 0.263 + 0.283 + 0.050 = 0.953 \tag{5-4}
$$

$$
\overline{W_4} = \sum_{j=1}^{n} \overline{b_{4j}} = 0.214 + 0.105 + 0.093 + 0.150 = 0.563 \tag{5-5}
$$

再将向量 $W_i = \begin{bmatrix} \overline{W_1}, & \overline{W_2}, & \cdots, & \overline{W_n} \end{bmatrix}^T$ 正规化，$W_i = \dfrac{\overline{W_i}}{\sum\limits_{j=1}^{n} \overline{W_j}}$ $i=1,\ 2,\ \cdots,$

n，则有：

$$
\sum_{j=1}^{n} \overline{W_j} = 0.283 + 2.201 + 0.953 + 0.563 = 4.000 \tag{5-6}
$$

$$
W_1 = \frac{\overline{W_i}}{\sum\limits_{j=1}^{n} \overline{W_j}} = 0.283/4 = 0.071 \tag{5-7}
$$

$$
W_2 = \frac{\overline{W_2}}{\sum\limits_{j=1}^{n} \overline{W_j}} = 2.201/4 = 0.550 \tag{5-8}
$$

$$
W_3 = \frac{\overline{W_3}}{\sum\limits_{j=1}^{n} \overline{W_j}} = 0.953/4 = 0.238 \tag{5-9}
$$

$$W_i = \frac{\overline{W_4}}{\sum\limits_{j=1}^{n} \overline{W_j}} = 0.150/4 = 0.141 \qquad (5-10)$$

则所求的特征向量为 $W = [0.071, 0.550, 0.238, 0.141]^T$，然后进一步计算判断矩阵的最大特征根 λ_{max}。$\lambda_{max} = \sum\limits_{i=1}^{n} \frac{(BW)i}{nW_i}$。

本书中：

$$BW = \begin{pmatrix} 1 & 1/5 & 1/5 & 1/3 \\ 5 & 1 & 2 & 5 \\ 5 & 1/2 & 1 & 3 \\ 3 & 1/5 & 1/3 & 1 \end{pmatrix} \begin{pmatrix} 0.071 \\ 0.550 \\ 0.238 \\ 0.141 \end{pmatrix} = \begin{pmatrix} (BW)_1 \\ (BW)_2 \\ (BW)_3 \\ (BW)_4 \end{pmatrix} \qquad (5-11)$$

$$(BW)_1 = 1 \times 0.071 + 1/5 \times 0.071 + 1/5 \times 0.071 + 1/3 \times 0.071 = 0.123$$
$$(5-12)$$

$$(BW)_2 = 5 \times 0.550 + 1 \times 0.550 + 2 \times 0.550 + 5 \times 0.550 = 7.15 \qquad (5-13)$$

$$(BW)_3 = 5 \times 0.238 + 1/2 \times 0.238 + 1 \times 0.238 + 3 \times 0.238 = 2.261 \qquad (5-14)$$

$$(BW)_4 = 3 \times 0.141 + 1/5 \times 0.141 + 1/3 \times 0.141 + 1 \times 0.141 = 0.639 \qquad (5-15)$$

$$\lambda_{max} = \sum\limits_{i=1}^{n} \frac{(BW)i}{nW_i}$$

$$= \left[\frac{(BW)_1}{W_1} + \frac{(BW)_2}{W_2} + \frac{(BW)_3}{W_3} + \frac{(BW)_4}{W_4} \right] \Big/ 3$$

$$= [0.071 \div 0.123 + 0.550 \div 7.15 + 0.238 \div 2.261 + 0.141 \div 0.639]/3$$

$$= 0.98 \div 3$$

$$= 0.327 \qquad (5-16)$$

根据所得的判断矩阵的最大特征根 λ_{max}，进行一致性检验，检验该指标是否具有满意一致性。

一致性指标 $CI = \dfrac{\lambda_{max-n}}{n-1} = \dfrac{0.327-4}{4-1} = -1.224$；

查表可得，四阶矩阵的平均随机一致性指标 $RI = 0.90$；

该矩阵的随机一致性比例：

$$CR = \frac{CI}{RI} = \frac{-1.224}{0.90} = -1.36 < 0.1$$

所以该矩阵具有满意的一致性。B_1，B_2，B_3，B_4 相对 A 的排序为（见

表 5 - 14）：

$$W = [0.071, 0.550, 0.238, 0.141]^T$$

表 5 - 14　　　　教育学院绩效评价指标体系准则层一致性检验及指标权重

维度	CR 值	总权重
普通高校教育学院绩效 A		1.000
财务维度 B1		0.071
顾客维度 B2	- 1.36	0.550
内部流程维度 B3		0.238
学习和成长维度 B4		0.141

三、指标体系权重确立

综上所述，基于德尔菲法、探索性因子分析、结构方程模型优化后的我国普通高校教育学院绩效评价指标体系，进一步运用层次分析法确定了财务维度、顾客维度、内部流程维度、学习和成长维度的权重，从而构建好最终的我国普通高校教育学院绩效评价指标体系，如表 5 - 15 所示。

表 5 - 15　　　　　　我国普通高校教育学院绩效评价指标体系

一级指标	二级指标	主要观测点
财务 （7.1%）	经费收入	学校下拨的本科教育经费
		学校下拨的研究生培养费
		学院创收经费，如双学位学费收入等
		本院校友捐赠经费
		其他学院自筹资金
	经费支出	学院本科教育支出费用
		学院研究生培养支出费用
		学院行政办公支出费用
		学院其他日常经费支出

续表

一级指标	二级指标	主要观测点
顾客 （55%）	学生满意度	学生对学院硬件设施的满意度
		学生对学院教师教学的满意度
		学生对学院行政工作人员行政办公的满意度
		学生对学院文化的满意度
		学生退学率
		新生报到率
	家长满意度	家长对学院与其日常沟通的满意度
		家长对学院学生非专业能力培养的满意度
		家长对学院的抱怨率
		家长对学生培养结果的满意度
	社会满意度	学术声誉
		社会声誉
		全国和地区知名度
		用人单位的好评度
内部流程 （23.8%）	人才培养	人才培养目标是否明确
		人才培养环节是否科学
		人才培养结果是否突出，如毕业生就业（深造）率高低
	科学研究	科研队伍构成情况
		科研经费与项目，如国家自科、社科基金项目数等
		科研产出，如 SSCI/CSSCI 收录文章数、高质量著作数
	社会服务	智库建设情况及服务决策能力
		承担横向项目数
学习与成长 （14.1%）	定位与发展 思路	学院定位与发展愿景是否明确
		学院改革与创新力度
		对其他学院成功经验借鉴力度
	师资队伍建设	教师离职率
		新教师引入力度
		现有师资的再培训情况
		师资队伍结构的合理性
		师德师风建设情况
		学院对教师队伍的人文关怀情况

续表

一级指标	二级指标	主要观测点
学习与成长 （14.1%）	专业建设	国家级重点学科数
		省级重点学科数
		硕博士点建设情况
		专业特色建设情况
		专业教学团队建设情况
	学院专业管理团队建设	现有管理人员的再培训情况
		引进新的专业管理人员情况

第六章

高校教育学院发展困境与优化方略

普通高校的教育学院和教育学科在国内呈现出"东边日出西边雨"的发展境况。在新的时代背景下，特别是在"双一流"建设和"国优计划"等推进的过程中，已设置的高校教育学院的功能也发生了一定的变化，甚至是"异化"。因此，针对我国高校教育学院发展过程中"冰火两重天"的现象，为明晰进一步我国高校教育学院的发展定位，厘清教育学院在所处高校系统组织中发挥了何种功能，并且推动其找到适合自身的发展方式。本书首先深入分析了高校教育学院的发展困境，并结合高校教育学院的发展现状与实践困境，从适应功能优化维度、目标达成功能优化维度、整合功能优化维度、潜在性模式维持功能优化维度等方面提出了相应的优化方略。

第一节　高校教育学院发展困境

教育学院作为高校系统中重要的组成部分，其发挥着多方面的功能。本书在厘清我国高校教育学院发展现状、结构类型以及功能后，意图通过对教育学院发展困境进行研究，以推动本书有针对性地提出功能优化对策，为我国高校教育学院的可持续化发展提供理论指导。基于本书对于我国教育学院设置和发展现状的研究，笔者对我国普通高校教育学院发展过程中存在的问题进行了分析，对我国教育学院发展定位存在的问题的研究主要基于由 AGIL 模型开发的调查问卷和访谈提纲进行研究。

一、高校教育学院发展困境调查分析

笔者对基于 AGIL 模型开发的调查问卷进行了前期的测试，通过 SPSS23.0

得出其内部信度克朗巴哈 α 系数为 0.79。因此，该问卷有较高的测量与参考价值。笔者选取了现有普通高校有教育学院中的非师范类研究型大学、部属师范大学、地方非师范高校、地方本科师范院校、高等师范专科学校五类高校。笔者向上述五类高校各发放问卷 300 份，共计 1500 份，其中回收到的有效问卷为 1376 份，回收率 91.53%。对我国普通高等学校教育学院的发展过程存在问题的研究，主要根据回收的 1376 份有效问卷的作答情况，以及实地访谈的情况进行分析。

（一）环境适应（A）维度的问题

根据塔尔科特·帕森斯（Talcott Parsons）的"一般行动理论"，教育学院作为高等教育系统的一个子系统，教育学院作出自己发展定位目标的过程，就是社会行动不断进行的过程。根据 AGIL 模型，一个组织在做出行动的过程中首先应该注意"环境适应"，我国普通高等学校在发展定位过程中也首先应该做好"环境适应"工作，笔者选取了与我国高校教育学院发展最为紧密的环境因素，即国家政策环境、高校内部环境和人才市场环境三个方面，对选取的五类调查研究对象进行问卷调查，得出我国普通高校教育学院在"环境适应"维度中存在的主要问题。

1. 适应国家政策环境

国家政策的政策导向是我国各项社会事业都必须关注和不断适应的，也只有我国的各项社会经济活动遵循和适应了国家的政策导向，才可能得到更好的发展，我国的各项社会经济活动也需要国家政策的支持。我国普通高校教育学院在发展定位过程中也必须不断适应国家的政策环境，一个良好的国家政策环境能够为我国普通高校教育学院的发展提供和谐的外部环境。基于国家政策环境的重要性，在研究教育学院发展过程中，在"环境适应"维度方面，首先应关注我国普通高校教育学院在适应国家政策环境的具体情况。

根据对普通高校中有教育学院中的非师范类研究型大学、部属师范大学、地方非师范高校、地方本科师范院校、高等师范专科学校五类高校的有效回收的 1376 份调查问卷的回答情况，在适应国家政策环境方面，教育学院的师生认为其所在的教育学院具体情况如表 6-1 所示，在接受调查且提交了有效问卷的 1376 名普通高校教育学院的师生中，有 838 人认为其所在教育学院在适应国家政策环境方面的状况一般，占受调查总人数的 60.90%；认为其所在教育学院适应国家政策环境不好的人数为 371 人，占总调查人数的 26.96%；认为其所在教育学院适应国家政策环境非常不好的人数为 87 人，占总调查人数的 6.32%。

表 6-1   适应国家政策环境方面的具体情况

项目	非常不好	不好	一般	好	非常好	总计
人数	87	371	838	67	13	1376
占比	6.32%	26.96%	60.90%	4.87%	0.95%	100%
均值	2.67					/

通过以上数据可知，在接受调查的 1376 名普通高校教育学院师生中，认为其所在的教育学院在适应国家政策环境方面的状况为"非常不好""不好""一般"的人数为 1296 人，占所有受调查人数的 94.18%；如果将回答为"非常不好"记为"1"，"不好"记为"2"，"一般"记为"3"，"好"记为"4"，"非常好"记为"5"，得到所有受调查者的均值为 2.67，介于"不好"与"一般"之间。因此，从上述数据我们可以推断出我国现有的普通高校教育学院在适应国家政策环境方面存在问题，未能很好地适应国家的政策环境，如果不能很好地适应国家的政策环境，也将进一步影响教育学院后续更好的发展。

2. 适应高校内部环境

高等学校内部环境的好坏，对我国高等学校二级学院的发展起着至关重要的作用，教育学院作为高等学校的一个二级学院，与校内其他学院之间存在着竞争关系，因为一所高校的各种资源的总量是一定的，要使现有有限的资源得到合理的分配，必然会引起高校二级学院为争取学校资源的激烈竞争。教育学院在自身的发展过程中，同样会遇到各种各样的竞争，如果教育学院不能很好地适应高校的内部环境，教育学院在后续的发展中也将会遇到诸多困难与挑战。为了更好地研究教育学院在发展定位过程中存在的问题，根据对普通高校中有教育学院中的非师范类研究型大学、部属师范大学、地方非师范高校、地方本科师范院校、高等师范专科学校五类高校的问卷调查可知：

在回收的 1376 份有效问卷中，有 946 名教育学院师生认为其所在的教育学院在适应高校内部环境方面的状况为"一般"，认为"一般"的人数占总人数的 68.75%；有 326 名教育学院师生认为其所在的教育学院在适应高校内部环境方面的状况是"不好"，认为"不好"的人数占总人数的23.69%；有12名教育学院师生认为其所在的教育学院在适应高校内部环境方面的状况为"非常不好"，认为"非常不好"的人数占总人数的0.87%。

由表6-2可知，在接受调查的教育学院的1376名师生中，认为其所在的教育学院在适应高校内部环境方面的具体状况为"非常不好""不好""一般"的总人数为1284人，占受调查总人数的93.31%；如果将回答为"非常不好"记为"1"，"不好"记为"2"，"一般"记为"3"，"好"记为"4"，"非常好"记为"5"，得到所有受调查者的均值为2.82，介于"不好"与"一般"之间。因此，通过上述数据可以得出，我国普通高校教育学院在发展过程未能很好地适应高校内部的环境。再结合笔者对已撤销教育学院的访谈结果，可以得出未能很好地适应高校内部的环境是教育学院在自身发展过程不断受挫的原因，因此，未能很好地适应高校的内部环境是我国普通高校教育学院在发展过程中存在的问题之一。

表6-2   适应高校内部环境方面的具体情况

项目	非常不好	不好	一般	好	非常好	总计
人数	12	326	946	83	9	1376
占比	0.87%	23.69%	68.75%	6.04%	0.65%	100%
均值	2.82					/

3. 适应人才市场环境方面

高等学校培养的各类人才最终要接受人才市场的检验，一所高等学校办学质量的好坏在很大程度上取决于其人才培养的质量。我国人才市场的环境随着国家政策方针和社会形势的变化，也在发生着变化，如何适应不断变化的人才市场的环境是摆在每一所高校面前的重要课题，当然也是每一所普通高校的二级学院在发展过程中必须解决好的问题。教育学院的大多专业由于其学科特点和人才培养的特点，使其在适应不断变化着的人才市场方面存在一定的劣势。为了更好地研究教育学院在适应人才市场过程中存在的问题，根据对普通高校中有教育学院中的非师范类研究型大学、部属师范大学、地方非师范高校、地方本科师范院校、高等师范专科学校五类高校的问卷调查可知：

在回收的1376份有效问卷中，有726名教育学院师生认为其所在的教育学院在适应人才市场环境方面的状况为"一般",认为"一般"的人数占总人数的52.76%;有464名教育学院师生认为其所在的教育学院在适应人才市场环境方面的状况是"不好",认为"不好"的人数占总人数的33.73%;有99名教育学院师生认为其所在教育学院在适应人才市场环境方面的状况为"非常不好",认为"非常不好"的人数占总人数的7.19%。

由表6-3可知,在接受调查的教育学院的1376名师生中,认为其所在的教育学院在适应人才市场环境方面的具体状况为"非常不好""不好""一般"的总人数为1289人,占接受调查总人数的93.67%,并且认为适应人才市场环境状况"不好"的人数要远多于适应国家政策环境和适应高校内部环境状况的人数;如果将回答为"非常不好"记为"1","不好"记为"2","一般"记为"3","好"记为"4","非常好"记为"5",得到所有受调查者的均值为2.58,介于"不好"与"一般"之间。因此,从上述数据可以得出,我国普通高校教育学院在适应人才市场环境方面存在着不可忽视的问题。

表6-3 适应人才市场环境方面的具体情况

项目	非常不好	不好	一般	好	非常好	总计
人数	99	464	726	84	3	1376
占比	7.19%	33.73%	52.76%	6.10%	0.22%	100%
均值	2.58					/

(二) 目标达成 (G) 维度的问题

任何组织都有其组织目标,并在成立后的历程中为实现组织目标而采取各种行动。作为高校二级组织的教育学院从成立之初起,也应该有自己明确的组织目标,并为实现学院的目标而采取各种行动。根据AGIL模型,一个组织在采取行动的过程中,不仅仅要注重"环境适应",也要注重组织的"目标达成"。根据AGIL模型提供的研究思路,笔者将通过问卷调查的方式,对我国现有各类教育学院在"目标达成"维度的现状和问题进行研究。对"目标达成"维度的研究,主要通过目标定位是否明确、目标设定是否科学和目标达成具体情况三个方面对我国普通高校教育学院在"目标达成"维度的具体现状与问题进行研究。

1. 目标定位是否明确

一个正规组织的组织目标是否明确，直接关系到其组织使命的实现，甚至直接关系到组织的存亡，一个没有明确的组织目标的组织，很难有长足的发展。我国普通高校教育学院是否有明确的发展目标与定位，对教育学院的发展有着非常重要的影响。一个明确清晰的发展与定位目标是我国普通高校教育学院发展的重要前提，为了更好地研究教育学院在目标定位方面是否明确，根据对普通高校中有教育学院中的非师范类研究型大学、部属师范大学、地方非师范高校、地方本科师范院校、高等师范专科学校五类高校的问卷调查可知：

在回收的 1376 份有效问卷中，有 652 名教育学院的师生认为其所在的教育学院在目标定位是否明确方面的状况为"一般"，认为"一般"的人数占总人数的 47.38%；有 634 名教育学院的师生认为其所在的教育学院在目标定位是否明确方面的状况是"不明确"，认为"不明确"的人数占总人数的 46.08%；有 7 名教育学院的师生认为其所在目标定位是否明确方面的状况为"非常不明确"，认为"非常不明确"的人数占总人数的 0.51%。

由表 6 - 4 可知，在接受调查的教育学院 1376 名师生中，认为其所的在教育学院在目标定位是否明确方面的具体状况为"非常不明确""不明确""一般"的总人数为 1293 人，占接受调查总人数的 93.97%，并且回答为"不明确"的人与"一般"的人基本相当，都占据了受访对象的绝大多数；如果将回答为"非常不明确"记为"1"，"不明确"记为"2"，"一般"记为"3"，"明确"记为"4"，"非常明确"记为"5"，得到所有受调查者的均值为 2.59，介于"不好"与"一般"之间。因此，我国普通高等学校教育学院在发展定位目标设定是否明确方面存在不明确的问题，这种教育学院师生对其所在教育学院发展定位不明确的状况，不利于教育学院的长远发展。

表 6 - 4 目标定位是否明确方面的具体情况

项目	非常不明确	不明确	一般	明确	非常明确	总计
人数	7	634	652	79	4	1376
占比	0.51%	46.08%	47.38%	5.74%	0.29%	100%
均值	2.59					/

2. 目标设定是否科学

组织的发展不仅与其是否确立了明确的发展目标有关，而且还与其发展目标设定是否科学有关。一个不科学的组织目标可能使得组织在发展的过程中误入歧途，根据现有的可以查询到的教育学院官方网站的发展定位信息可知，我国部分普通高校教育学院的发展定位目标存在过于宏观和不够科学的问题。为了更好地研究教育学院在目标定位方面是否明确，根据对普通高校中有教育学院中的非师范类研究型大学、部属师范大学、地方非师范高校、地方本科师范院校、高等师范专科学校五类高校的问卷调查可知：

在回收的 1376 份有效问卷中，有 429 名教育学院的师生认为其所在的教育学院在目标设定是否科学方面的状况为"一般"，认为"一般"的人数占总人数的 31.16%；有 806 名教育学院师生认为其所在的教育学院在目标设定是否科学方面的状况是"不科学"，认为"不科学"的人数占总人数的 58.58%；有 122 名教育学院师生认为其所在的教育学院在目标设定是否科学方面的状况为"非常不科学"，认为"非常不科学"的人数占总人数的 8.87%。

由表 6-5 可知，在接受调查的 1376 名师生中，认为其所在的教育学院在目标设定是否明确方面的具体状况为"非常不科学""不科学""一般"的总人数为 1357 人，占接受调查总人数的 98.63%，并且回答为"不科学"的人数最多，占被调查总人数的 58.58%；如果将回答为"非常不科学"记为"1"，"不科学"记为"2"，"一般"记为"3"，"科学"记为"4"，"非常科学"记为"5"，得到所有受调查者的均值为 2.25，介于"不科学"与"一般"之间且接近"不科学"。因此，我国普通高校教育学院在目标设定方面存在欠科学的问题，在不科学的发展目标的指引下，将会进一步阻碍教育学院的发展。

表 6-5　　　　　　　　　目标设定是否科学方面的具体情况

项目	非常不科学	不科学	一般	科学	非常科学	总计
人数	122	806	429	17	2	1376
占比	8.87%	58.58%	31.16%	1.24%	0.15%	100%
均值	2.25					/

3. 目标达成具体情况

制定目标是为了达成目标，实现组织的使命，满足组织成员的需求。一个组织的发展不仅应该有目标，而且应该有科学的目标，并将科学的目标付诸实践。通过查询我国普通高校教育学院的官方网站，我们可以看到部分学院制定的目标很难在其预定的时间内达成，如果制定的目标和计划不能够达成，那也就失去了制定计划与目标的意义，只能沦为墙上的风景。为了更好地研究教育学院在目标达成方面的现状与问题，根据对普通高校中有教育学院中的非师范类研究型大学、部属师范大学、地方非师范高校、地方本科师范院校、高等师范专科学校五类高校的问卷调查可知：

在回收的1376份有效问卷中，有326名教育学院师生认为其所在的教育学院在目标达成方面的状况为"一般"，认为"一般"的人数占总人数的23.69%；有892名教育学院师生认为其所在的教育学院目标达成方面的状况是"不好"，认为"不好"的人数占总人数的64.83%；有78名教育学院师生认为其所在的教育学院在目标达成方面的状况为"非常不好"，认为"非常不好"的人数占总人数的5.67%。

由表6-6可知，在接受调查的1376名师生中，认为其所在的教育学院在目标达成方面的具体状况为"非常不好""不好""一般"的总人数为1296人，占接受调查总人数的94.19%，并且认为目标达成状况"不好"的人数要远多于其他各个阶段的人数，占到总人数的64.83%；如果将回答为"非常不好"记为"1"，"不好"记为"2"，"一般"记为"3"，"好"记为"4"，"非常好"记为"5"，得到所有受调查者的均值为2.30，介于"不好"与"一般"之间且更靠近"不好"的取值。因此，我国普通高等学校教育学院在目标达成方面存在目标达成不佳的问题。

表6-6 目标达成方面具体情况

项目	非常不好	不好	一般	好	非常好	总计
人数	78	892	326	74	6	1376
占比	5.67%	64.83%	23.69%	5.37%	0.44%	100%
均值	2.30					/

（三）资源整合（I）维度的问题

资源的优化配置问题，无论是对于一个国家，还是对于一个组织都是一个至关重要的问题。教育学院作为普通高等学校二级学院的一个组成部分，如何去利用好学院周围的各种资源，是教育学院在发展过程中必须解决好的问题。教育学院在发展过程如何利用校外资源，如整合国家层面的资源和整合地区层面的资源，以及如何整合和利用学校内部的各种资源，是摆在教育学院发展过程中的一个重要的课题。根据 AGIL 模型，教育学院在采取各种行动，合理利用校内外资源方面，一定要做好"资源整合"的工作，为了更好地研究教育学院在资源整合方面的现状与问题，笔者将从整合国家资源方面、整合地区资源方面和整合本校资源三个方面进行具体的研究。

1. 整合国家资源方面

教育学院作为高校的二级学院，在其发展过程要不断整合校内外的各种资源，优化配置学院的各种资源，实现学院的长远发展。国家层面的资源是其在发展过程中首先要整合好的资源，国家对教育问题全国层面的研究需求为教育学院的发展提供了广阔的发展空间，教育学院在其发展过程中应该努力争取国家层面的政策和资金支持。为了更好地研究教育学院在整合国家资源方面的现状与问题，根据对普通高校中有教育学院中的非师范类研究型大学、部属师范大学、地方非师范高校、地方本科师范院校、高等师范专科学校五类高校的问卷调查可知：

在回收的 1376 份有效问卷中，有 761 名教育学院的师生认为其所在的教育学院在整合国家资源方面的状况为"一般"，认为"一般"的人数占总人数的 55.31%；有 502 名教育学院师生认为其所在的教育学院在整合国家资源方面的状况是"不好"，认为"不好"的人数占总人数的 36.48%；有 8 名教育学院的师生认为其所在的教育学院在整合国家资源方面的状况为"非常不好"，认为"非常不好"的人数占总人数的 0.58%。

由表 6-7 可知，在接受调查的 1376 名师生中，认为其所在的教育学院在整合国家资源方面的具体状况为"非常不好""不好""一般"的总人数为 1271 人，占接受调查总人数的 92.37%；如果将回答为"非常不好"记为"1"，"不好"记为"2"，"一般"记为"3"，"好"记为"4"，"非常好"记为"5"，得到所有受调查者的均值为 2.70，介于"不好"与"一般"之间。因此，我国普通高等学校教育学院在整合国家资源方面还是相对不足的，存在着很大的提升空间。

表 6-7　　　　　　　　　整合国家资源方面的具体情况

项目	非常不好	不好	一般	好	非常好	总计
人数	8	502	761	102	3	1376
占比	0.58%	36.48%	55.31%	7.41%	0.22%	100%
均值	2.70					/

2. 整合地区资源方面

教育学院在发展过程中不仅应该整合好国家层面的资源，还应该整合好地区层面的资源，因为我国的教育学院承担着其所在地区的教育事业发展的责任，也直接服务于其所在地区教育事业的发展需要，尤其是地方高校的教育学院。因此，教育学院在服务自身所在地区教育发展需要的过程中，也要不断整合好其所在地区可以利用的各种资源，从而促进教育学院的更好发展。为了更好地研究教育学院在整合地区资源方面的现状与问题，根据对普通高校中有教育学院中的非师范类研究型大学、部属师范大学、地方非师范高校、地方本科师范院校、高等师范专科学校五类高校的问卷调查可知：

在回收的1376份有效问卷中，有906名教育学院的师生认为其所在的教育学院在整合地区资源方面的状况为"一般"，认为"一般"的人数占总人数的65.84%；有357名教育学院师生认为其所在的教育学院在整合地区资源方面的状况是"不好"，认为"不好"的人数占总人数的25.94%；有3名教育学院师生认为其所在的教育学院在整合地区资源方面的状况为"非常不好"，认为"非常不好"的人数占总人数的0.22%。

由表6-8可知，在接受调查的1376名师生中，认为其所在的教育学院在整合地区资源方面的具体状况为"非常不好""不好""一般"的总人数为1266人，占接受调查总人数的92.00%；如果将回答为"非常不好"记为"1"，"不好"记为"2"，"一般"记为"3"，"好"记为"4"，"非常好"记为"5"，得到所有受调查者的均值为2.82，介于"不好"与"一般"之间。因此，教育学院的师生认为其所在的教育学院在整合地区资源方面的状况比在整合国家层面资源的状况方面好，但总体上来说教育学院在整合地区资源方面还存在很大的改进空间。

表6-8　　　　　　　　　　整合地区资源方面的具体情况

项目	非常不好	不好	一般	好	非常好	总计
人数	3	357	906	107	3	1376
占比	0.22%	25.94%	65.84%	7.78%	0.22%	100%
均值	2.82					/

3. 整合本校资源方面

教育学院在自身的发展过程中，不仅要合理利用和整合校外资源，如国家层面的资源和地区层面的资源，还应不断整合本校的各种校内资源，为教育学院的发展提供良好的校内环境。教育学院在发展过程中与本校其他二级学院竞争的过程中，要处理好各种关系，不断利用和整合各种一切可能的校内资源。为了更好地研究教育学院在整合本校资源方面的现状与问题，根据对普通高校中有教育学院中的非师范类研究型大学、部属师范大学、地方非师范高校、地方本科师范院校、高等师范专科学校五类高校的问卷调查可知：

在回收的 1376 份有效问卷中，有 1018 名教育学院的师生认为其所在的教育学院在整合本校资源方面的状况为"一般"，认为"一般"的人数占总人数的 73.98%；有 118 名教育学院的师生认为其所在的教育学院在整合本校资源方面的状况是"不好"，认为"不好"的人数占总人数的 8.58%；有 2 名教育学院的师生认为其所在的教育学院在整合国家资源方面的状况为"非常不好"，认为"非常不好"的人数占总人数的 0.15%。

由表 6-9 可知，在接受调查的 1376 名师生中，认为其所在的教育学院在整合国家资源方面的具体状况为"非常不好""不好""一般"的总人数为 1138 人，占接受调查总人数的 82.71%，其中认为教育学院在整合本校资源方面的状况为"一般"的人数最多，占被调查者总数的 73.98%。如果将回答为"非常不好"记为"1"，"不好"记为"2"，"一般"记为"3"，"好"记为"4"，"非常好"记为"5"，得到所有受调查者的均值为 3.09，介于"一般"与"好"之间。因此，在资源整合维度，我国普通高等学校教育学院在整合本校资源的状况好于整合地区和国家的资源状况，但教育学院在整合本校资源方面整合得还不够，还存在着较大的提升空间。

表 6-9　　　　　　　　整合本校资源方面的具体情况

项目	非常不好	不好	一般	好	非常好	总计
人数	2	118	1018	232	6	1376
占比	0.15%	8.58%	73.98%	16.85%	0.44%	100%
均值	3.09					/

（四）模式维持（L）维度的问题

基于 AGIL 模型，教育学院在发展定位过程中不断地"适应环境"和"整合资源"，从而实现其"目标达成"。教育学院的发展不仅要达成新的目标，也要注重其现有发展成果的维持。对于教育学院发展的成功经验与模式，我们要不断地维持其成功模式与经验，使其在现有发展成果的基础上获得更好的发展。基于 AGIL 模型，对于教育学院在"模式维持"维度的研究，将从学院文化建设、特色维持和经验借鉴三个方面进行具体的研究。

1. 学院文化建设方面

一个组织的发展离不开其自身的文化建设，文化的引领作用，对于一个企业、一所高校以及一所高校的二级学院的发展都起着非常重要的作用，独特的学院文化能够为学院的发展提供不竭的发展动力，而一个丧失学院文化或者没有学院文化的教育学院，在未来也很难获得长久的发展。为了更好地研究教育学院在学院文化建设方面的现状与问题，根据对普通高校中有教育学院中的非师范类研究型大学、部属师范大学、地方非师范高校、地方本科师范院校、高等师范专科学校五类高校的问卷调查可知：

在回收的 1376 份有效问卷中，有 904 名教育学院师生认为其所在的教育学院在学院文化建设方面的状况为"一般"，认为"一般"的人数占总人数的65.70%；有 347 名教育学院师生认为其所在的教育学院在学院文化建设方面的状况是"不好"，认为"不好"的人数占总人数的 25.22%；有 23 名教育学院师生认为其所在的教育学院在学院文化建设方面的状况为"非常不好"，认为"非常不好"的人数占总人数的 1.67%。

由表 6-10 可知，在接受调查的教育学院 1376 名师生中，认为其所在的教育学院在学院文化建设方面的具体状况为"非常不好""不好""一般"的总人数为 1274 人，占接受调查总人数的 92.59%。如果将回答为"非常不好"记为"1"，"不好"记为"2"，"一般"记为"3"，"好"记为"4"，"非常好"记为"5"，得到所有受调查者的均值为 2.79，介于"不好"与"一般"之间。因此，我国现有普通高校教育学院在学院文化建设方面还存在较大的不足，很多学院还没有形成自己独特的学院文化。

表 6-10　　　　　　　　　　学院文化建设方面的具体情况

项目	非常不好	不好	一般	好	非常好	总计
人数	23	347	904	98	4	1376
占比	1.67%	25.22%	65.70%	7.12%	0.29%	100%
均值	2.79					/

2. 特色维持方面

有特色才有生命，特色建设是教育学院在发展过程中必须不断努力的一个重要的方向，现有的普通高等学校教育学院在发展过程中学科和专业建设"同质化"倾向明显，致使部分学院在后来的发展中难以形成自己学院的"特色"。此外，现有普通高校教育学院已经形成的特色在未来的发展中也要不断的维持。为了更好地研究教育学院在特色维持方面的现状与问题，根据对普通高校中有教育学院中的非师范类研究型大学、部属师范大学、地方非师范高校、地方本科师范院校、高等师范专科学校五类高校的问卷调查可知：

在回收的 1376 份有效问卷中，有 1135 名教育学院师生认为其所在的教育学院在特色维持方面的状况为"一般"，认为"一般"的人数占总人数的82.47%；有 138 名教育学院师生认为其所在的教育学院在特色维持方面的状况是"不好"，认为"不好"的人数占总人数的 10.03%；有 20 名教育学院师生认为其所在的教育学院在特色维持方面的状况为"非常不好"，认为"非常不好"的人数占总人数的 1.45%。

由表 6 – 11 可知，在接受调查的 1376 名师生中，认为其所在的教育学院在学院特色维持方面的具体状况为"非常不好""不好""一般"的总人数为1293 人，占接受调查总人数的 93.95%。如果将回答为"非常不好"记为"1"，"不好"记为"2"，"一般"记为"3"，"好"记为"4"，"非常好"记为"5"，得到所有受调查者的均值为 2.93，介于"不好"与"一般"之间。因此，现有普通高等学校教育学院在特色建设方面与已经形成的特色维持方面还存在诸多问题，这种状况的存在不利于教育学院的长远发展。

表 6 – 11　　　　　　　　　　特色维持方面的具体情况

项目	非常不好	不好	一般	好	非常好	总计
人数	20	138	1135	78	5	1376
占比	1.45%	10.03%	82.47%	5.69%	0.36%	100%
均值	2.93					/

3. 经验借鉴方面

"以史为鉴，可以知兴替"，教育学院在自身的发展过程不仅要增强自生特色，走出一条自己独特的发展道路，同时要注重借鉴其他教育学院成功的经验，以及部分教育学院失败的教训，让其他学院成功的发展经验与失败的发展教训成为其在以后发展道路上的"镜子"，不断汲取新的发展思路和对策。为了更好地研究教育学院在经验借鉴方面的现状与问题，根据对普通高校中有教育学院中的非师范类研究型大学、部属师范大学、地方非师范高校、地方本科师范院校、高等师范专科学校五类高校的问卷调查可知：

在回收的 1376 份有效问卷中，有 948 名教育学院的师生认为其所在的教育学院在经验借鉴方面的状况为"一般"，认为"一般"的人数占总人数的68.90%；有 218 名教育学院的师生认为其所在的教育学院在经验借鉴方面的状况是"不好"，认为"不好"的人数占总人数的 15.84%；有 11 名教育学院的师生认为其所在的教育学院在经验借鉴方面的状况为"非常不好"，认为"非常不好"的人数占总人数的 0.80%。

表 6 – 12   经验借鉴方面的具体情况

项目	非常不好	不好	一般	好	非常好	总计
人数	11	218	948	191	8	1376
占比	0.80%	15.84%	68.90%	13.88%	0.58%	100%
均值	2.98					/

由表 6 – 12 可知，在接受调查的 1376 名师生中，认为其所在的教育学院在学院经验借鉴方面的具体状况为"非常不好""不好""一般"的总人数为1177 人，占接受调查总人数的 85.54%，认为"一般"的人数最多，占到被调查人数的 68.90%。如果将回答为"非常不好"记为"1"，"不好"记为"2"，"一般"记为"3"，"好"记为"4"，"非常好"记为"5"，得到所有接受调查者的均值为 2.98，介于"不好"与"一般"之间。因此，我国普通高校教育学院在经验借鉴方面还存在诸多不足的地方，如果忽视其他学院成功的发展经验和失败的发展教训，长此以往将阻碍教育学院的不断发展。

综上所述，基于 AGIL 一般行动模型的我国教育学院在"环境适应（A）""目标达成（G）""资源整合（I）""模式维持（L）"四个维度存在不同的问题。"环境适应（A）"维度存在的主要问题是对国家政策环境适应状况不好、对高校内部环境适应状况不好以及对人才市场的适应状况不好等问题；在"目标达成（G）"维度存在的问题主要有发展目标设定不明确、目标设定不科学

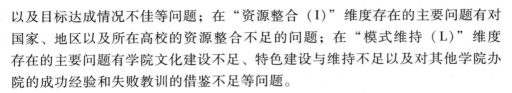

以及目标达成情况不佳等问题；在"资源整合（I）"维度存在的主要问题有对国家、地区以及所在高校的资源整合不足的问题；在"模式维持（L）"维度存在的主要问题有学院文化建设不足、特色建设与维持不足以及对其他学院办院的成功经验和失败教训的借鉴不足等问题。

二、高校教育学院发展困境梳理归纳

在前一阶段的数据收集以及案例分析以及调查分析的基础上，本书将我国高校教育学院发展困境总结归纳为低生态位型边缘化、内外部低竞争力与品牌建设缺失、学科建设单一化、价值体系淡化等不同方面。

（一）低生态位型边缘化

本书在研究过程中发现教育学科的应用性以及价值性并不比同类型社科学科差，并且师范教育作为高考热门报考专业也多次霸榜大数据专业报考榜，但我国高校教育学院的发展处境却与教育学科的发展状况或者说受关注热度存在巨大落差。在学生访谈中，有同学提到："本学院得不到学校的太大重视，甚至很多人不知晓本学院的存在。"在与教育学院教师的访谈中也存在类似的问题，有教师提出："科研资源更多以学校平台实现。"这二者都不同程度地反映了教育学院边缘化的特征。本书在对重点研究案例以及补充案例展开研究后，认为我国高校教育学院此类边缘化特征以低生态位的组织属性为核心，我国高校教育学院面临低重视程度、低存在感、低资源获取能力的发展困境。

边缘化是我国高校教育学院发展过程中组织地位困境的主要表现，其体现在我国高校教育学院的存在较低、重视程度较低。如 S08 案例——河南大学的访谈同学提到："学院的受重视程度较低，学院在学校中的知名度很低，同时由于学科属性，学校的重大活动或者竞赛一般不会给学院分配名额"（S08 - D01 - 24）。综合类大学与师范类大学的发展模式不同，前者更加强调学科门类的齐全以及学科的协同发展，同时综合类大学的学科布局明显以院校优势学科为积聚，如天津大学由于化工专业的强势，学科发展集中于理工科专业，人文社科专业的发展就相对较弱。同时我国理工科学科组织的发展向来强势与迅速，在这种高校学科组织发展的现状下，教育学院作为好就业、好转化的理工科的对立面学科组织，大概率会成为高校系统中的边缘化个体，同时以低存在感的样态完成自身的资源获取以及资源适应。

本书认为，造成非师范类高校教育学院边缘化的首要原因是其低生态位的特征，但这种低生态位并非仅仅由教育学院组织本身特性决定的，而是同时兼顾了同一高校系统下多方学科组织交互的结果。以天津大学为例，以未来技术学院与智算学部为参考对象，其"互联网＋"创新创业大赛成果产出以及项目完善度都远超文津书院（教育学院、法学院、马克思主义学院等）总和。理工科学院与我国经济社会发展需求结合的可能性更大，其成果转化率明显高于人文社科学院，其资源产出量较大。同时，理工科作为天津大学的优势学科，站在高校发展统筹的角度上，也应给予较大的支持。因此，在教育学科本身的特性以及教育学院与所处高校系统其他学科组织的交互影响下，教育学院低生态位的特征似乎成了其发展面临的必然困境。

（二）内外部低竞争力与品牌建设缺失

现阶段，综合类大学教育学院已然成为高校教育学院的主体，但本书发现，具有完备教育学科体系以及拥有重大学术成果的教育学院仍然集中在师范类教育学院，非师范类大学教育学院发展面临的学科建设困境以及学术产出困境较为突出，也更加严峻。在访谈华东师范大学同学时，本书发现，其指出华东师范大学教育学部奖学金设置情况为不分级，全覆盖，而天津大学等一种综合类高校教育学院却分级且不完全覆盖。在此情况下，我们追问了相关访谈人员该情况产生的原因，华东师范大学受访谈者指出："学部科研氛围好，学部并不需要利用奖学金奖励机制实现科研的进一步产出，这样的产出是师生们自然而然的。"天津大学受访谈者表示："奖学金作为重要的激励手段，其对学术产出具有极强的引导作用。"由此可见，不同高校系统中的教育学院学科建设与学术产出的状况差距较大，但归根到底还是由于我国非师范类高校教育学院的学科建设不完备，学术产出影响力较低而导致的内外竞争力弱，学科品牌建设缺失。

内外竞争力弱主要指向学科建设体系较薄弱，学术科研能力较弱的教育学院组织。其由于学科建设体系的薄弱以及未拥有特色教育学科，这类教育学院的内生动力较为不足，其组织架构一般较为简单，学院的组织形式受所处高校系统的统筹安排影响较大。除此之外，由于学科建设体系的薄弱，学术科研能力一般也会受到影响，弱科研带来的少产出与学院课题合作受阻、学术交流主导性差直接相关，此类教育学院的外部竞争力也较弱。与此同时，由于低内外部竞争力的事实存在，我国大部分高校教育学院并未形成有明显特色的院校品牌，其学术影响力较弱，学术成果辐射区域较为有限。

（三）学科建设单一化

学科建设单一化指以单一化的教育学科作为专业设置重点，该类教育学院专业设置缺乏多元化特征。由于教育学专业的科研属性，我国大部分教育学院并未开设教育学专业，而是以小学教育、学前教育作为主要的建设对象，并且此类学科建设状况在普通本科院校更为突出。高校教育学院学科的单一化建设直接对教育学院资源整合能力的提升起到了较为明显的阻碍作用，由于学科单一化，教育学院的外部交互能力下降，内部更高效的学科互动式资源整合能力也难以得到显著提升，教育学院的资源整合能力以单一且简单的形式持续作用。

本书认为，学科单一化建设是近年来我国高校教育学院设置数量迅速增长的直接体现，同时也是制约着我国高校教育学院可持续发展的一大困境。以湖北大学为例，受访者表示："学院开设专业以学前教育、小学教育为主，学科的发展以及学院的资源都集中于这两个方面，教育学科的理论建设较为缺失，科研重视程度也较低，学院的学科多样性较差。"由此可见，单一化的学科建设既是我国高校教育学院发展的阶段性结果，也是我国高校教育学院完善自身建设、提高自身内生动力的一大困境。

（四）价值体系淡化

除去师范类高校教育学院能够很好地与院校文化系统形成交互之外，我国非师范类高校教育学院文化价值体系以协调式与独立式为主要的建构方式，尤其是综合类科研服务型教育学院与理工类科研服务型教育学院，对所处高校系统的文化价值体系的协调式作用对其自身独特文化价值体系建构，以及文化输出产生了较大的消极作用。这种消极作用产生机制为此类教育学院过于强调自身的组织系统个体属性，其自身文化价值体系建设与所处高校系统的文化价值体系形成了较深层次的融合，并且自身文化价值体系的建设目标也更倾向于实现组织系统的协调。一方面，此类文化价值体系是其实现组织系统适应的重要手段，并且其在实现整体性文化价值塑造上起到了一定效用；另一方面，此类协调式文化价值体系建设势必会导致此类高校教育学院的自身独特文化体系建设缺失，进而更倾向于充当所处高校文化价值的践行者与外显者，展示出较强的价值体系同质化特征，造成自身价值体系建设淡化的不良后果。

第二节　高校教育学院功能优化对策

在"双一流"建设和"国优计划"等推进的过程中，重新审视高校教育学院功能，对高校教育学院的发展绩效做出科学的评价是教育学院在新的时代背景下实现功能优化和可持续发展必须要解决好的时代命题。

高校教育学院的功能在时间维向上经历了不同时期的分化与变迁，每一阶段的功能分化都是市场与政策因素的博弈结果，都是社会环境系统通过高校系统作用于教育学院系统的必然产物。当社会环境系统的组成要素发生变化时，意味新一轮的高校系统组织变革的开始。新的组织变革对高校二级学院而言意味着新的机遇与挑战，教育学院作为非师范院校的非传统与弱势学院，在高校新一轮的组织变革中将面临更多的"冲突与紧张"。结构功能主义大师帕森斯认为，当任何系统内部失调时，系统各要素将面临"紧张"处境，紧张是那些影响到两个或者两个以上互动单位的非正常状况。换言之，任何影响系统整合的因素都是紧张的。紧张与冲突的结果往往会产生行为的偏差，这种偏差的存在需要系统有效地进化校正。冲突、紧张、偏差行为、进化结果将构成整个系统的变迁。高校教育学院在功能变迁的进程中，会分化出一系列新的功能，从而满足高校系统的新诉求。与此同时，教育学院在适应高校系统的发展诉求并分化新功能的过程中也存在一系列的冲突与紧张，这些冲突和紧张的存在，使高校教育学院这类原本处于劣势地位的子系统，面临着更严峻的挑战，有时甚至是生存的危机。例如，随着"双一流"建设和学科评估的开展，我国部分综合性大学开始大范围裁撤教育学院和教育学科，综合性大学的教育学院面临着生存危机。因此，高校教育学院要想获得可持续发展，必须积极适应高校系统和社会环境系统的变迁，消弭其功能进化过程中存在的冲突与紧张。

结构功能主义大师帕森斯的一般行动理论，为消除非师范类教育学院功能进化过程中的冲突与紧张提供了有益的借鉴。一般行动理论认为："任何一种活动都会直接或间接地受到行为有机体系统、人格系统、社会系统和文化系统的影响"。即任何一个行动系统都是由有机体系统、人格系统、社会系统和文化系统构成的，行动系统的上述四个子系统相互作用，分别承担着"适应（adaptation）、目标获取（goal attainment）、整合（integration）和潜在性模式维持（latent pattern maintenance）"等功能。综合性大学教育学院功能进化过程中产生的冲突与紧张，亦可以按照 AGIL 的行动逻辑去消弭。综合性大学教育学院在消弭冲突、适应紧张的过程中，应努力优化与提升"适应、目标获取、整合、潜在性模式维持"等功能（见图 6-1）。为此，本书结合高校教育学院的发展现状与实践困境，从教育学院适应功能优化维度、教育学院目标达成功能优化维度、教育学院整合功能优化维度、教育学院潜在性模式维持功能优化维度等方面提出了相应的优化方略。

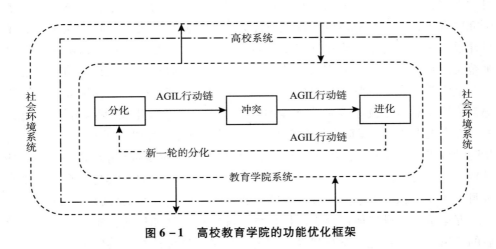

图 6-1　高校教育学院的功能优化框架

一、教育学院适应功能优化维度

教育学院的适应（adaptation）功能主要是指教育学院系统应该具有适应外部环境和从环境中获取自身发展的需资源的功能，教育学院系统在获取资源的同时，也向其他系统提供由外部资源加工而成的产品。综合性大学教育学院作为高校系统的有机组成部分，既要积极适应与承担其所在高校系统的战略任务，也要在与社会环境系统协同变迁的过程中，时刻保持忧患与创新意识，积极适应发展变化的外部环境。在适应外部环境的基础上，不断从外部环境系统中汲取自身发展的资源，同时向社会系统不断输出高质量的科研成果与人才队伍。例如，在"双一流"建设背景下，综合性大学教育学院的发展面临诸多挑战，为使其获得可持续发展，教育学院系统应不断提高适应能力，明确发展定位，谋划学科布局，形成不可替代性功能。

资源问题作为我国高校教育学院适应问题的核心，与前文所提到的观点类似，为实现我国高校教育学院适应功能的增强，本书在探究组织交互的基础上，从资源获取以及资源适应两个方面出发，提出相应优化策略更加具有可行性，也更加聚焦。

（一）整合学科布局，增加内生竞争力

教育学院究其根本属性，仍为教育学科组织载体。因此，推动教育学科自身的发展，整合学科资源与学科布局，提高内生竞争力至关重要。本书在功能研究中发现，能够具有较强资源获取能力以及学院影响力的教育学院都具备学科建设较为完善与学科理论知名度较高的特征，此类教育学院一般集中于老牌师范类院校，并且学科品牌与院校平台产生了深度融合。如北京师范大学、华东师范大学教育学部学科建设的完备、学部制的良好运作以及学科竞争力的强势都表明了教育学院本身适应功能的实现是需要以学科建设为基础的。除此之外，综合类大学教育学院中的北京大学教育学院也存在类似特征，北京大学教育学院学科建设成果突出，并且拥有教育质性研究领域的知名专家学者——陈向明教授。基于此，北京大学教育学院形成了自身的学院品牌，其与北京大学平台本身产生了积极交互，二者交互发挥着更强大的作用，其学科影响力巨大。

究竟学科建设如何作用于高校教育学院的适应功能优化？本书认为，其背后的逻辑在于：首先，学科建设的完善会带来学科理论与学科实践的丰富，在此过程中，学院内部结构分布也会产生一定的变化，推动组织结构更加符合学科发展趋势与学科发展特征，以完成内部结构的调整而提高其在院校系统内的资源适应力。其次，教育学科的建设会直接推动教育学院与所处高校组织系统产生交互，其学科理论的转化活动会增多，教育学院在院校统筹布局层面的影响力会增大，其生态位在一定程度上会上升，院校内部资源被分配问题将被缓解，资源获取能力将得到优化。最后，教育学科的建设会间接性提高高校教育学院的学科影响力，推动教育学院在适应于所处高校系统的同时，积极与市场人才培养需求对接，积极参与政府决策辅助，实现内外部系统的协调，进一步提高开放程度，提高学院的外部适应力，拓宽学院的资源获取渠道。

（二）积极开展合作，提高外部竞争力

本书在对以学前教育、特殊教育以及小学教育为主的非师范类教师人才培养导向型教育学院进行系统研究时，注意到其独特的学科组织发展模式，以及其较强独立性而带来的结果。本书认为，这样的发展模式虽受高校组织系统的

影响较小，但其边缘化以及被重视程度同样较低。基于此，思考此类教育学院究竟是如何实现有效存续，并且能够获取一定的资源，达到自洽状态的资源适应是本书的关注点。通过对该类型教育学院的研究，我们认为其实现适应功能的核心在于加强与外部组织的交互，以资源转化为核心，提高自身资源获取与适应能力。因此，此类特色功能是否也能够为其他类型教育学院所转化呢？本书认为，其可行性较大，也是推动我国教育学院适应功能优化的重要策略之一。就一些研究型高校的教育学院而言，凭借其院校平台的影响力，其合作课题的开设较多，实现合作的机会较多，但本书发现，此类合作对其外部竞争力的提升的正向推动作用较弱。究竟是什么造成的呢？我们对比北京师范大学与华东师范大学教育学部的合作发展后分析得出，其原因在于我国研究型高校教育学院的合作课题多以地区辐射的形式开展，其外部竞争力的塑造有赖于其所处地区的资源吸附能力以及地区辐射能力。因此，跨地域、多领域的合作对我国高校教育学院外部竞争力的提高来说较为重要。此跨地域并不是一种简单的多地合作，而是要让高校教育学院与非本地区的组织形成较为稳定的合作，二者共同推动成果产出，实现二者的共同发展，是一种将突出自身所处地区的限制，转而将自身优秀的学科资源向全国范围内辐射，这既有利于促进高校教育学院外部竞争力的提升，也间接地符合我国"共建共享"的发展要求。

总之，在环境适应（A）维度，根据塔尔科特·帕森斯（Talcott Parsons）的一般行动理论，即 AGIL 模型指出，环境适应（adaptation）功能主要指"系统应该具有从环境中汲取自身发展所需资源的能力，并且要不断地适应环境，以便在后来的发展中将自己汲取的资源进行加工，分配给系统内各部分使用并将其自己的产品提供给其他的系统"。教育学院作为高等教育系统的一个子系统，在其发展过程中，需要不断地从自己内外部环境中获取资源，并不断地适应环境，从而将其汲取的资源进一步加工，以更好地服务于教育科学研究和教育领域的专业人才的培养。

首先，适应国家政策环境方面。教育学院作为高等教育系统的一个子系统，承担着发展我国教育事业的重要职能，国家的政策导向是教育学院在自身的发展过程中，必须时刻关注的话题，吸取对国家的政策导向保持足够的敏感性。在适应国家政策环境方面，教育学院主要应该做出如下的努力：第一，教育学院要适应国家政策环境，学院的发展目标要同国家大政方针和当下的社会背景紧密结合起来，做到"因时制宜""因政策制宜"，使得学院的发展不断满足国家对教育事业的发展需求，在推动国家教育事业发展的同时不断促进自身的发展。第二，教育学院要不断提高自身适应国家政策环境的能力，"打铁还需自身硬"，不断提高学院的人才培养质量、师资队伍水平、学科特色建设和社会服务等各项任务，只有在自身的建设水平不断提高的前提下，教育学院在后续的发展中才有足够的能力去适应国家宏观政策环境，因此，教育学院在适应国家政策环境的同时，也要十分重视自身建设，不断提高适应复杂环境的能力。第三，教育学院在对国家政策保持高度敏感性、不断提高自身适应环境能力的同时，也要不断地汲取国家层面的各种资源，以更好地服务本院的教育科学研究和教育领域专业人才的培养。

其次，适应高校内部环境方面。一所高等学校是由诸多的二级学院组成的，教育学院作为高校诸多二级学院中的一员，一个良好的高校内部环境对教育学院的发展有着至关重要的作用。教育学院与高校的其他二级学院在很多时候存在激烈的竞争关系，在学校资源总量有限的前提下，学校的资源在不同的二级学院之间进行配置，各个二级学院都会为了自身的发展不断争取学校层面的资源，从而进一步加剧各个二级学院之间的竞争。在我国现有教育学院的普通高校中，除了师范类的高校，其他非师范类高校的教育学院在与学校的其他二级学院竞争的过程中存在一定的劣势。因此，很好地适应高校内部环境对教育学院的发展至关重要，为了更好地适应高校内部环境，可以采取以下措施：第一，高校要认识到教育学院的发展对国家教育事业和高校自身发展的重要性，在高校层面为教育学院的发展积极营造良好的高校内部环境。第二，教育学院自身在适应学校内部环境的过程中，要积极创造对自身发展有利的内部环境，不断提高学院对高校发展的重要性，如学院可以积极与教务处展开合作，根据教育规律为学校的发展规划、人才培养、教学评估与督导等方面建言献策，进一步提高高校在解决上述问题的专业性和科学性。此外，教育学院在与其他二级学院竞争的过程中，要积极与其他二级学院展开合作，实现学院与学院之间的"双赢"，如教育学院可以利用自己在教育方面的专业性，根据教育学和心理学方面的知识，为其他学院的人才培养计划、课堂教学技能和学生心理工作等方面提供专业的咨询与服务。第三，教育学院与其他二级学院是一所高等学校的有机组成部分，所有的二级学院要立足高校这个有机整体，实现学院与学院之间的良性竞争，高校在作出决策的过程中，也要立足高校这个整体，在高校层面统一规划，优化配置学校的各种资源，从而实现高校有机体的良性发展。

最后，适应人才市场环境方面。人才培养是高等学校的主要职能之一，高等学校人才培养质量的高低在很大程度上能够反映一所高校发展水平的高低。

因此，能否适应人才市场的发展要求对于一所高校的发展有着至关重要的影响。教育学院作为高校人才培养的二级单位，承担着高校人才培养的任务，教育学院在发展过程中能否适应人才市场环境的变化，对教育学院的发展成败有着举足轻重的影响。为了更好地适应人才市场环境，教育学院应该采取以下措施：第一，教育学院要对人才市场的变化保持高度的敏感性，只有时刻关注人才市场变化，才可以知道人才市场的需求；第二，教育学院要制定科学合理的人才培养目标，尊重人才培养规律，同时积极关注人才市场的需求，由于教育领域专业人才培养的周期较长，在制定学院人才培养计划的过程中一定要考虑到本专业人才培养的特殊性，尊重人才培养客观规律，关注人才市场具体要求，兼顾具体专业人才培养的特殊性，不断提高教育学院在适应人才市场环境方面的能力，为国家教育事业的发展培养出更多优秀的人才，不断推动教育学院更好的发展。

二、教育学院目标达成功能优化维度

教育学院的目标获取（goal attainment）功能主要指教育学院系统必须利用自身获取的各种资源为系统目标的实现做努力。综合性大学设置的教育学院如果不能制定科学合理的目标定位，而仅仅是在社会大环境中"随波逐流"，其将面临着"被边缘化"的风险，有时甚至将会面临生存危机。为强化教育学院的目标获取功能，教育学院系统应充分论证自身发展过程中的内部优劣势、外部机会与挑战，制定明晰的战略目标，对目标的大小、长远等进行科学设置，同时进行优先次序的排序，以确保各级各类目标能顺利达成。在科学合理的目标指引下，注重学院的特色凝练与建设，树立国际视野，不断拓展学院的功能范畴、促进办学形式多样化、提升学科建设的深度与广度，从而在未来的发展中获得持久的比较优势。

目标达成功能意味系统有其既定的目标导向，需要按照目标顺序，调动系统内部的一切资源集中达成系统目标，在教育学院功能实现中其发挥的主要作用便是人才培养、科学研究、社会服务、国际交流与文化传承，多主体多层次协同促进教育学院的全面发展。

（一）明确发展方向，确立核心目标

任何行动系统都具有目标导向，系统必须有能力确定自己的目标次序和调

动系统内部的能量以集中实现系统目标。因此，教育学院如想更好地实现功能优化，则需首先明确自身发展重点，通过自身院校类型、院校发展历史传统与现有优势等多方面为指标，估测自身发展潜力，明确最优发展方向。其次再以未来发展方向为依据确定适合自身发展的核心目标，明确学院的核心功能，以教育教学、科研等方向为核心目标促进教育学院功能的进一步实现。

（二）集中系统资源，促进目标达成

教育学院的系统组织结构具有双重性，向内看教育学院可作为一个独立的系统组织，向外看教育学院是学校这一整体系统的一部分。因此，教育学院应展开内外联动建设，优化院校两级的资源配置，在保证学校整体系统资源在不同院系内均得到有效配置的同时，集中组织一切可利用的教育教学资源来促进教育学院自身的发展。通过院校两级对资源的有效分配使资源得到一定的集中，促进教育学院实现资源利用率最大化，达成资源配置最优解，以资源集聚效应的达成促使教育学院形成具有学科特色的独特竞争优势，以聚合效应的实现促使教育学院长期保持较强的资源竞争力，以恰当的资源竞争策略促使自身达到相对高阶的生态位，确保教育学院核心目标的最终达成。

（三）细化发展目标，促进全面发展

"双一流"建设与第五轮学科评估的时代背景对高校教育学院的发展提出了新的要求，教育学院随之确立了以"人才培养、科学研究、社会服务、国际交流与文化传承"为核心的全面发展目标。为达成发展目标，教育学院理应结合自身组织结构的多层级式特征，以泰勒的目标达成模式为理论依据，对整体的发展目标进行分解与细化，通过明确组织内部不同层级不同主体间的详细发展目标与具体实施措施、以权责划分与功能优化为实现路径推动教育学院组织发展目标的落细落实，以教育学院自身多层次多主体发展目标的确立与达成促进教育学科的建设与教育学院的全面发展。为进一步融入"双一流"建设、提高学科核心竞争力、促进教育学科与教育学院的发展建设，各教育学院应坚持目标导向原则，细化发展目标，将宏观发展愿景转化为具有较强可操作性的详细发展规划，明确落实多层级多主体的发展目标与发展战略，使得教育学院核心目标的达成、教育学院自身全面的发展成为可能。

总之，在目标达成（G）维度，根据塔尔科特·帕森斯的一般行动理论，即 AGIL 模型我们可以得出，目标实现功能（achieving）主要是指"社会系统

必须要能够调动系统内外部资源去不断地帮助实现系统的目标，系统的目标不是由一个单一的目标组成的，而是由一系列的目标组成的一个目标群，在这些目标群中要确定其优先顺序"。教育学院作为高等教育系统的一个子系统，在其发展过程中必须要不断利用其内外部资源去实现学院的各种目标。因此，教育学院的发展定位是否明确、发展定位目标是否科学和已制定目标的达成情况将直接影响学院的后续发展，因为只有目标制定明确、科学之后，才能对教育学院现有的各种目标进行重要性排序，确定其优先顺序，从而进一步按照上述顺序达成学院目标。但通过调查问卷和访谈结果的分析，我们可以看到，教育学院在"目标达成"维度存在着目标定位不太明确、目标定位不太科学和已制定目标达成情况不佳等问题，为此，首先，在目标定位明确程度方面。如果一个组织没有了明确的发展目标，也就很难有明确的发展方向，没有了发展方向的组织，就如在雾天航海而没有了灯塔，很难将组织内外部的资源合理利用起来，没有方向的资源配置，只可能造成资源的无必要浪费。作为高校二级行政组织的教育学院，其目标定位是否明确对学院的发展意义重大。为了使教育学院的发展定位目标更加明确，可以采取以下对策措施：第一，教育学院要在深刻领会国家政策方针、不断熟悉社会经济对人才发展需求的基础上，进一步提出明确的学院发展目标，目标的制定要层次清楚，不能将目标设置得过于宏观或者过于狭窄，学院的发展目标一定是由一系列的发展目标组成的目标体系，而不是由单一的目标组成。例如，要在教育学院发展战略的指导下，进一步制定明确的人才培养目标、学科发展目标和人才引进目标等；从时间的长短上，要制定明确学院长期发展目标、中期发展目标和短期发展目标，使得长期、中期、短期目标制定明确，衔接科学。第二，教育学院在其发展过程中，要进一步将其制定的目标体系进行量化、数字化，并将已制定的目标体系按照重要程度进行优先顺序排序，为后期的目标达成打下良好的基础。第三，教育学院在目标体系制定明确的基础上，不能将其发展目标体系变成为白纸黑字的"政策文本"，要让学院的师生进一步明确学院的发展目标体系，这样教育学院的师生在工作和学习中才能按照学院的发展目标的要求做出各自的努力，从而更好地实现学院的发展目标。总之，教育学院必须制定明确的发展目标体系，这是学院在后续发展过程中进一步提高其发展目标科学性和很好达成其目标前提和基础。

其次，在目标定位科学性方面。一个组织在其发展过程中，有目标不等于有了科学的目标。根据对现有的普通高等学校的发展目标的分析发现，部分学院即使在其官网中提到了自己的发展目标，但更多是一些"口号类"的表述，缺乏科学性，这种"口号类"的发展目标在后续的发展过程中也很难进一步达成。因此，目标的科学性对目标的达成有着至关重要的影响，为了进一步提高目标的科学性，教育学院可以采取以下对策措施：第一，尊重规律，无论是制定目标，还是进行其他社会实践活动，尊重规律，按规律办事，是我们一切活动的前提和基础。教育学院在制定其发展的政策目标的过程中，一定要遵循社会经济的发展规律、人才培养规律、学科建设规律等一系列目标制定过程中必须遵循的规律，违背上述规律的假大空和"口号类"发展目标难以具有科学性，目标达成也就无从谈起。第二，在尊重规律的前提下，将初步确立的目标进一步量化，数字化的目标有利于目标达成的考核和评价，也会进一步激发不同的目标执行者的干劲，从而促使发展目标更好的达成。第三，在条件允许的情况下，可以通过第三方政策咨询机构对学院初步制定的目标进行评估，进一步了解目标实现可行性和科学性，从而为后续目标体系的达成打下良好的基础。

最后，在目标达成方面。在一个组织制定了明确的目标，并且确保目标体系科学性的前提下，就要不断地致力于目标体系的具体达成工作，而不是将目标体系变成"墙上的风景"，如果制定了目标，而不去执行，这也就失去了目标制定的意义。因为任何一项组织目标制定的初衷都是为了达成已经制定的一系列目标。为了使教育学院达成已制定的科学合理的目标体系，可以采取以下的对策措施：第一，教育学院要按照制定的目标坚决执行目标中的各项指标，确保每一项目标在其规划的时间内顺利达成。前期的目标制定、目标科学性的提升都是为了最后目标的达成，如果学院花费了很大气力制定的目标难以达成，那也就失去了目标制定的意义。第二，在学院制定的目标体系中，要按照重要性对所有的目标进行优先次序的排序，在学院后期目标达成的过程中按照目标体系中各个目标的优先次序，逐一达成每一目标，要避免在学院的各项目标执行和达成过程中，不分主次，"眉毛胡子一把抓"。按照目标的重要程度，充分利用校内外的各种资源，不断达成各项目标。第三，根据每项目标的达成情况，对每一项目标进行具体的考核与评价，对相关目标的执行者根据目标的达成情况进行奖励，进一步激发目标具体执行者的工作动力。总之，在目标达成维度方面，教育学院首先要制定明确的发展目标，在有目标的基础上，进一步提高目标的科学性，在科学的目标体系的指引下，充分调动目标执行者的积极性，充分利用校内外的各种资源，不断促进目标的达成。

三、教育学院整合功能优化维度

教育学院的整合（integration）功能是指教育学院系统必须能够协调内部各子系统之间的关系，以避免出现冲突，从而维持系统的均衡稳定。综合性大学教育学院在时间维向上的功能分化与变迁，会在教育学院内部产生新的子系统或单元，这些新分化的子系统或单元将挤占学院的一部分资源，与教育学院已有的子系统或单元形成竞争与冲突。例如，在非师范高校教育学院内部可能存在以教育学组建的教育系、以信息技术学科组建的教育技术系、以管理学组建的教育管理系、挂靠在教育学院的报刊编辑部以及各类研究所等不同组成要素。上述各要素的存在为学院功能的拓展、学科的交叉、科学研究的开展提供了平台支持，但各子系统之间也会存在紧张与冲突。因此，为避免由于系统内部各组成要素之间的冲突而产生"内部损耗"，教育学院系统应从整体出发，改善整合功能，整合系统内部各组成要素，实现教育学院系统的整体稳定与均衡。

整合功能意味着需要在系统内部的各部分之间调整关系以保持系统的功能，为此需要建立"学校—学院"协同整合机制，从教育学院内外部两个方面及其之间的关系入手，建立健全院校资源配置的体制机制，通过整合协调学校这一整体系统的内部关系，优化资源配置，以此达到最大的效能。

（一）发挥内生动力，建立制度保障

首先，教育学院作为一个可独立运行的组织形式，需要注重自身建设，充分发挥教育学院的内生动力，以自身学科建设与科研成果作为产出进行资源置换，以此获取更多的资源，最终形成"获得资源—转化资源（成果产出）—资源置换（获得新资源）"的良性循环。同时，除了获取资源外，教育学院在资源配置上也应形成完备的资源配置体系，建立健全组织内资源运行流转机制，保证资源流转全过程的公开化透明化，为教育学院内部资源的配置建立完善的制度保障，优化资源配置，保证资源运转的高效性。

（二）内外联动，优化资源配置

其次，教育学院作为学校的一部分，与学校的其他组织必然会产生交互，教育学院应与其他学院（研究院）一起建立健全资源分配体制，内外联动优化

资源配置，促进各院系的协同发展。其中，教育学院可以汲取其他院系发展的精华之处，与教育学科相结合，形成独具教育特色的资源配置模式；同时，教育学院也可以通过科研产出、理论建立、社会实践等方面为其他院校的教育教学提供改进建议，为前沿的教育教学改革贡献力量，解读教育发展的新方向。在体现教育学院的专业性的同时促进自身资源的置换，在优化全校教育教学模式的同时为自身资源获得拓宽途径，以此实现教育学院与其他院系的内外联动，协调发展、优化全校范围内的资源配置模式。

（三）贯通"学校—学院"，优化整合院校资源

教育学院作为学校这一整体系统的重要组成部分，在促进整体院校发展中起到了不可替代的作用，但就教育学院与学校之间这一垂直方向上的资源配置有待得到进一步优化。因此，贯通"学校—学院"两个层级的资源配置系统，提高垂直方向上资源配置的效率；同时，水平方向上需要建设独立运行的院校资源配置委员会，协调多主体之间的关系，优化院校双层级的资源配置势在必行。教育学院应充分发挥其专业性，纵观本校教育教学的历史传统与未来趋势，为打破"学校—学院"双层级之间资源配置的信息壁垒、促进院校资源配置优化建言献策，在保证院校发展稳定性的同时，协调统筹学校这一整体系统内的各部分，实现全校范围内的资源的优化配置与整合。

总之，在资源整合（I）维度。根据塔尔科特·帕森斯的一般行动理论，即 AGIL 模型指出，系统的资源整合功能（integration）主要是指"社会系统必须要能够协调好系统内不同单位之间的相互关系，不能使得系统各单位之间存在不协调的状况，要不断地保持系统的均衡稳定，在协调系统内不同单位关系的过程中，要不断地整合系统内外的资源，不断地促进系统目标的达成"。教育学院作为普通高等学校的二级学院，在其发展过程中，也要不断处理好与其他二级学院的关系，合理利用学院内外部的各种资源，从而促进高校均衡稳定的发展。为了使教育学院在资源整合维度更加科学合理，首先，在整合国家资源方面。国家的政策和资金支持，对高等学校的发展起着十分重要的作用，无论是"985"工程、"211"工程，还是当前正在进行的"双一流"建设，都为高等教育的发展提供重要的机遇，这一系列的机遇后面是潜在的政策和资金的支持，因此，高等学校都在不断地争取国家各项政策和资金的支持。作为高等学校二级学院的教育学院在其发展过程中也要牢牢抓住国家层面的机遇，利用好国家层面的各种资源。为了更好地利用国家层面的各种资源，教育学院可以

采取以下措施：第一，把握好国家在高等教育领域的各项政策方针，尤其是目前重大的项目与工程，结合学院和所在高校的特色，把握好高等教育领域的政策方针与重大机遇，不断获取国家层面的政策与资金支持。第二，教育学院在进行科学研究和人才培养的过程中，要以国家在教育领域的问题需求为导向，不断地为国家教育领域相关问题的解决提供对策建议，同时不断为国家教育事业的发展培养更多更专业的教育领域的人才。教育学院在自己的发展过程中只有不断地解决国家教育领域的问题，培养更多的教育领域专业人才，才会不断彰显自身在教育领域的独特价值，才会有更多的机会去争取更多的国家层面额资源。总之，要对国家的政策方针，尤其是教育领域的政策导向，保持足够的敏感性，同时不断解决国家在教育领域的各种问题，为国家教育事业的发展培养出更多教育领域的专业人才，这样教育学院才会被社会发展所需要，才能在解决教育领域的问题上有独特的价值，才有机会争取更多国家层面的政策与资金支持，从而进一步整合好国家层面的资源。

其次，在整合地区资源方面。我国现有的 2000 多所高校，分布于不同的省份和地区，每一所高校都有自己所处的地区，也会承担相应的地区建设任务。我国庞大的高校群中大多数高校都属于地方高校，地方高校是地方科技文化发展重镇，是人才培养和输出的主要场所。能否利用好高校自身所在地区的各种资源，对高校的发展至关重要。教育学院作为高校二级学院的组成部分，利用好其所在地区的各种资源，对于教育学院的发展同样至关重要。为了更好地整合地区层面的资源，教育学院可以从以下几个方面采取对策：第一，时刻关注所在省市的政策方针，尤其是教育领域的政策导向，在明确政策要求的基础上，结合自身特色把握好一次次政策机遇，为学院的发展争取更多地区层面的资金和政策支持。第二，教育学院的科学研究和人才培养要以解决地区急需解决的教育问题为导向，为地区教育领域问题的解决提供具体的对策建议，使得教育学院在地区教育问题的解决方面扮演重要的角色。只有当教育学院在地区教育问题的解决上的作用不可被替代时，教育学院才有更多的机会争取更多地区层面的政策和资金支持。第三，教育学院的教师和科研团队要积极申报省级各种项目，争取获得更多的资金来支持学院的教育科学研究，同时通过项目的研究，进一步增强学院在相关领域的影响，增加学院的对外交流，从而进一步整合好地区层面的各种资源。

最后，在整合本校资源方面。一个组织在发展过程中，不仅要整合和利用好各种外部资源，同时也要整合和利用好组织内部的各种资源。同理，作为高校二级行政组织的教育学院，不仅要整合和利用好外部的国家层面和地区层面的资源，同样也要整合和利用好本校的资源。为了更好地整合本校的各种资源，教育学院可以从以下几个方面去努力：第一，教育学院要与学校的各行政部门，尤其是教务处等和教学工作息息相关的部门展开广泛的合作，利用教育学院在教育教学方面的专业性，为高校的发展规划、人才培养、教学评估和心理咨询等方面提供专业的帮助。同时，也要时刻关注所在高校急需解决的教育教学类问题，不断协助高校解决好上述问题，不断彰显教育学院在上述问题解决过程中的价值，从而为自己争取更多的高校层面的资源。第二，教育学院应与其他二级学院展开合作，为其他二级学院的人才培养、学生心理咨询和教师教学技能培训等方面提供专业的支持与帮助。这种广泛的合作可以使得教育学院与其他二级学院在竞争中实现"双赢"，而不是为了争取有限的高校资源而一味地激烈竞争。第三，要有整体意识，教育学院是一所高校的有机组成部分，作为部分的教育学院如果发展得好，同样可以促进一所高校更好的发展。因此，教育学院在自身的发展过程中，要加强自身建设，不断争取更多的国家层面和地区层面的资源，促进学院更好发展，进而促进高校更好的发展，要避免成为高校发展过程中的"短板"。

四、教育学院潜在性模式维持功能优化维度

教育学院的潜在性模式维持（latent pattern maintenance）功能是指教育学院系统必须拥有自己稳定的学院文化与价值观，并将其上升为学院的各项规章制度，以确保系统内部的成员按照一定的秩序和规范行动。同时，教育学院系统还应缓解系统成员情感上和关系上的紧张，以及协调内部成员之间的冲突与矛盾，维持系统最优模式的均衡与稳定。综合性大学教育学院作为综合性大学系统中的"弱势学院"，在与其他强势学院竞争的过程中，将处于"夹缝中求生存"的处境，有其难以避免的紧张与冲突。为此，综合性大学教育学院应打造自己独特的学院文化，优化潜在性模式维持功能，凝聚系统内各组成要素的力量，凝练学院特色，彰显教育学院在整个综合性大学系统中的价值，使教育学院系统与高校系统、教育学院系统内部实现和谐运转与均衡。

根据帕森斯的观点，文化系统关注意义系统或者说文化价值观。文化系统具有潜在性模式维持功能，即系统的过程必须按一定规范连续的进行，并且能够缓和其内部的紧张。教育学院潜在性模式维持功能的优化路径就是要拥有自

身稳定的学院文化与价值观，通过内部深耕、内外交互、向外辐射以及文化传承等方式确保系统的最优发展，缓解系统各组成要素的矛盾冲突，维持整体的均衡与稳定。

（一）找准发展模式，培育生存空间

我国一些大学的教育学院面临着被边缘化的问题，在这种情况下，教育学院应该在国际化战略推动下，实现错位发展、优势发展与科学发展，从内部进行改革，激发发展活力。所谓错位发展就是教育学院应根据所在区域、高校实际情况，实现差异发展。如在非师范类院校坚持人才培养导向型发展模式的高校要积极探索如何发挥内部优势打造自身教师教育特色，"坚持教育性，突出师范特色"，与高校内其他学院形成错位竞争，从而提升本学院的竞争力。所谓优势发展就是教育学院结合母体大学的优势，使自身发展根植于深厚的大学文化土壤当中，形成自己的优势。如综合性大学教育学院要积极探索如何将学科综合化、学术水平高、教育资源丰富的综合优势转化为教师教育的培养优势，实现学术性与师范性的有机融合，促进学科专业与教育专业一体化发展，形成有别于师范院校的教育学科特色。所谓科学发展就是教育学院在科学发展观的指导下，按照现代大学二级学院的运行规律，以教师与学生的发展为本，做到人力、物力资源的合理配置，发挥人的主体性，向着既定的目标奋斗。对于我国教育学院建设，高校应结合本校教育学科的历史传统、资源条件和现阶段发展水平合理选择学科建设模式，同时结合学校的发展定位和资源供给能力，实现系统整体的优化发展。

（二）优化内外交互，发挥服务特色

教育学院在支持优势特色学科专业发展的同时，要促进跨学科研究，提升学科交叉融合程度，构建良好的学科生态融合性发展趋势，即积极推进教育学院向其他学院领域拓展延伸，进行跨学院合作研究。同时，应注重横向发展，打破学院之间的壁垒限制，重视进行跨学院的交叉融合研究，通过借助其他学院力量构建起利于自身发展的生态群。

服务是教育学院维持生存发展的重要影响因素，没有服务精神的学院建设与科学研究缺乏客观意义。尽管我国各类大学教育学院在学科建制、发展思路及资源配置上存在差异，但学院发展过程中都应坚持服务理念，遵循"双一流"建设方案中服务经济社会发展为导向的指导思想，扎根中国本土特色，加

强社会服务和科研服务。在社会服务方面，教育学院应针对国家重大战略，围绕社会和经济根本需求，紧贴我国教育发展的现实状况，进行人才培养。教育学院应服务相关国家战略，建设一流师资队伍，培育一流创新人才，提高学术研究水平，以提高我国教育的国际地位和话语权。在科研服务方面，我国教育的发展为教育学提供了更多的研究内容，教育学院应基于自身优势，围绕教育中出现的问题展开理论研究，推动学校管理与决策。在此过程中，教育学院可依托学校资源和优势促进自身发展，同时使得学校决策领导层深刻认识教育研究的价值，关注教育学院的发展，以使得其在高校系统内稳住阵脚。

（三）立足自身特色，优化办学环境

特色的形成需要教育学院在办院过程中进行长期的积淀，它是本院特有的且是优于其他同类学院的独特的风格与风貌。特色的形成是在教育学院办院过程中、在历史积淀下自然形成的，而不是国内外其他教育学院的舶来品。办院目标特色的形成，既可以是"顺其自然"的产物，也可以在传统优势学科、优势资源的基础上"人为培育""人为创建"。总之，其应遵循独特性、长期性、差异性的原则。非师范研究型大学在制定人才培养目标时，应结合本校的办学传统、办院背景和特点，重点厘清"培养的人才应该具有何种特质""为什么培养该特质的人才""如何培养具有该种特质的人才"等关键性的问题。而全能型传统师范类应该充分利用其资源优势，扩大办院规模，实现规模效益，继续向外辐射本院文化影响力，增强专业自信，同时促进本院文化的传承和创新性发展、创造性转化。同时，优化办学环境也是促使教育学院功能发挥的重要路径。办院环境既包括了教育学院与政府、市场、社会之间的关系，也包括了教育学院内部的机构设置、文化氛围、组织特性、权利结构等因子之间的隶属关系及权责划分。只有转变思想观念、完善规章制度、弘扬学院正向文化，才能实现教育学院的合理定位、有序发展。

总之，在模式维持（L）维度，根据塔尔科特·帕森斯的一般行动理论，即 AGIL 模型可以得出系统的模式维持（latent pattern maintenance）功能主要是指："社会系统应该使其系统的价值观在社会中制度化，进一步确保社会系统的成员在行动上保持连续性，以及每一个系统成员的行为都按照一定的秩序和规范进行，从而保持系统价值观的稳定。此外，社会系统还应该能够控制其成员在日常交往中产生的情感上的紧张和成员关系上的紧张状态"。教育学院作为高等教育系统的一个子系统，在其发展过程中同样面临着模式维持的问题，

教育学院在自身的发展过程中，不仅要创新发展策略，拓宽发展思路，也主要注重已有成果的维持，要避免"顾此失彼"的现象。

首先，在学院文化建设方面。社会实践一次次证明注重组织文化建设的重要性，是文化建设柔性管理的一种重要手段，在组织发展的过程中扮演着越来越重要的角色。根据高平平教授的观点，学院文化有广义和狭义之分，广义的学院文化主要是一个二级学院自身所创造的独特的精神文化与物质文化的总和；而狭义的学院文化主要是指一所学院所具有的"价值观念、管理特色、人际关系、行为规范、传统习俗、精神风貌以及与此相对应的各种教学、科研和文体活动"。学院文化建设是一种以全院师生为中心，以文化诱导为手段，以激发教职工自觉行为为目的，不断促进学院各项事业发展的管理理念与方法。为了更好地建设学院文化，可以从以下几个方面进行建设：第一，教育学院要形成学院的共同价值观，在科研方面，鼓励学院师生积极进取，吃苦耐劳，不断钻研出更多更有用的科研成果；在人才培养上因材施教，针对学生的兴趣和发展规划对其提供更好的支持。此外，还要注重和谐友爱的学院"家文化"建设，让教育学院的每一位师生在学院都能够感受到家的温暖，从而为学院师生的工作和学习提供良好的环境。第二，不断优化学院面临的组织环境，现代管理理论高度重视环境对组织发展的影响，并认为环境对组织的影响主要表现在一般环境和任务环境两个方面，一般环境主要有政治、经济和社会文化等，在进行学院文化建设的过程中，一定要注重与当下的政治、经济和社会文化的主流相适应。任务环境主要和学院的职能有关，如学科建设、人才培养和教学科研等方面要注重自己独特的学院文化的形成。第三，加强文化的讲解和输出，通过院训、院徽和院歌等载体传达学院的独特文化，并在学院的开学典礼和各种学院大型会议上，对学院文化进行不同程度的输出和诠释。总之，教育学院在自身的发展过程中，要在不同的维度努力创造属于自身的学院文化，在独特文化的引领下取得更大的进步。

其次，在学院特色维持方面。不论是企业的发展，还是高校的发展，如果没有自身的特色，则很难在未来的发展中取得长足的进步与发展。因此，在某种程度上可以说，如果没有了特色，也就没有了发展的生命力。通过对教育学院师生问卷调查和访谈的结果可知，教育学院在自身的特色维持和建设方面还存在着很大的改进空间。为了进一步加强学院的特色建设和维持，学院可以从以下两个大的方面采取措施：第一，在学院还没有特色的情况下，要创造新的特色。通过调查研究我们可以发现，由于学科专业发展的同质化倾向，使得大部分现有的普通高等学校教育学院在后期的发展过程中很难有其自身的特色，这种特色的缺失，使得部分教育学院在发展后期面临着诸多的发展瓶颈。因此，教育学院在后期的发展过程中必须高度重视自己的特色建设，教育学院要结合自己所在高校、所在地区的特色，在学科建设、人才培养和发展模式等方面发展出属于自己的特色。例如，天津大学教育学院利用天津大学突出的工科优势，发展了职业技术教育学，成为国内职业技术教育学的领跑者。所以，现有的普通高等学校教育学院在没有鲜明特色的情况下，要结合自身所在高校的特色和优势，不断创造新的学科建设特色、人才培养特色和发展模式特色等。第二，在学院有特色的情况下，加强现有特色的维持与建设，使自身的特色更"特"，避免自身的特色被其他学院所替代。在知识经济飞速发展的今天，不仅企业之间存在着激烈的竞争，高校之间、不同高校的同类二级学院之间也存在着广泛而又激烈的竞争，现有特色随时都可能被同类学院的发展所替代。因此，教育学院在发展过程中，要树立强烈的忧患意识，使自身已有的发展特色更"特"，做好特色维持工作，竭力避免被其他学院的发展所替代。总之，在教育学院的特色维持与建设方面，要把握两种思路：一种是从无到有；另一种是让学院的特色更"特"。

最后，在经验教训借鉴方面。正如唐太宗李世民所云："以铜为鉴，可以正衣冠；以人为鉴，可以明得失；以史为鉴，可以知兴替"。不论是一个企业的发展，还是一所高校的发展，乃至一个个体的发展，都要不断借鉴其他组织和个体发展的成功经验，吸取其发展失败的经验教训。因此，教育学院在发展过程中不断借鉴其他教育学院成功和吸取其发展过程中失败教训的重要性就不言而喻了。但通过第四章对教育学院师生的问卷调查和访谈结果的分析发现，教育学院在发展过程中的经验教育的借鉴方面做得是不够的，部分学院甚至存在故步自封的心态，对其他教育学院成功的经验和失败的教训学习借鉴不足。为了更好地学习借鉴其他教育学院成功的经验和失败的教训，教育学院可以从以下几个方面采取对策措施：第一，结合学院的发展现状，在现有的教育学院中遴选较为适合自身的案例，如要可以选取和自身类型较为相似的学院，选取案例学院时必须深入了解现有学院的发展现状和各自的发展特色，使选择的案例学院值得深入学习和借鉴。第二，在选好案例学院、有了明确的学习目标之后，要对选定的学院进行深入的考察学习，经验的学习借鉴不能停留在表层，要以"扎根理论"为指导，选派专人，对要学习的学院进行深入的蹲点考察，只有长期深入地学习和考察之后，才可能对其成功的发展模式与经验之精髓有深入了解，也才能为以后的学习和借鉴打下坚实的基础。第三，"因院制宜"，将学习到的经验进一步"本土化"，不能"食古不化"，更不能"邯郸学步"。教育学院要将深入考察和学习到的宝贵经验与教训进一步与学院自身的发展状况相结合，进一步将学到的经验本土化，使其他学院的成功经验在与自身学院现状相结合的情况下，不断促进学院更好的发展。总之，选好学习借鉴的目标院校，然后对目标院校进行深入考察学习，最后将学习到的宝贵经验与学院自身的特点结合，将其进一步"本土化"。

综上所述，高校教育学院 AGIL 行动模型上述四种功能中，"适应（adaptation）"和"目标获取（goal attainment）"功能是为了适应高校系统与外部社会环境系统而优化的功能，适应是教育学院系统适应外部环境的一种手段，适应外部社会环境是为了实现学院的各项目标。"整合（integration）"和"潜在性模式维持（latent pattern maintenance）"功能是教育学院系统为了解决系统内部的矛盾、问题和紧张而具备的功能，模式维持是为了更好地整合社会资源，从而更好地实现教育学院系统的目标。每一次功能分化、冲突消弭、功能进化的背后都是一个个 AGIL 行动链。高校教育学院应以 AGIL 行动逻辑为指引，优化各项功能，逐步实现教育学院与高校系统、社会环境系统的良性互动，最终实现高校教育学院的可持续发展。

结　　语

　　"双一流"建设与第五轮学科评估的展开使我国教育学院的组织形式发生变化，本书立足于全国高校教育学院与教育学科"东边日出西边雨"的发展现状，利用多元化的研究方法对教育学院在高校组织系统中所发挥的功能展开了具体研究，较完整地揭示了研究问题的本质和教育学院组织系统内在运行机制，并在此基础上提出了各大类型高校发展教育学院、优化院校核心功能的对策建议，建构了高校教育学院的绩效评价指标体系，为我国各类教育学院的可持续发展提供了理论参考。

　　普通高等学校教育学院作为我国普通高等学校的有机组成部分，在促进国家教育事业不断发展的过程中扮演着重要角色，教育学院是进行教育科学研究和教育领域类专业人才培养的主要场所，在近些年的发展过程中，我国普通高等学校教育学院面临着诸多发展问题，尤其是在"双一流"建设的大背景下，部分高校开始不断地裁撤教育学院。在上述背景之下，去探讨高校教育学院的核心功能、绩效评价与院校治理问题意义重大，本书深入分析了高校教育学院的发展现状、核心功能，基于平衡计分卡（BSC）的视角，在财务维度、顾客维度、内部流程维度、学习和成长维度通过德尔菲法初步构建了一套我国普通高等学校教育学院的绩效评价指标体系，在初步构建指标体系的基础上，利用探索性因子分析（EFA）和结构方程模型（SEM）对初步构建的指标体系进行了再优化，最后对优化后的绩效评价指标体系，通过层次分析法（AHP）确定了绩效评价指标体系中财务维度、顾客维度、内部流程维度、学习和成长维度指标的权重，从而形成最终的我国普通高等学校教育学院绩效评价指标体系。即基于平衡计分卡（BSC）财务维度（7.1%）、顾客维度（55%）、内部流程维度（23.8%）、学习和成长维度（14.1%）的4个一级指标，12个二级指标和47个具体的主要观测点。

　　但与此同时，本书中也存在着一定的不足，例如，在样本选择上存在着一定的问题。首先，在全国高校教育学院的样本统计中，由于时间限制，本书仅统计了办学层次在本科及其以上的教育学院组织，而未对专科院校展开研究。未来研究者将进一步扩大样本选择范围，对全国范围内不同办学层次的教育学院进行全覆盖、无遗漏的研究，丰富教育学院类型，拓展教育学院功能，推动研究深入化全面化展开。同时，本书在具体研究案例的内容补充上存在一定问题。本书在完成教育学院的分类后选择了 15 所院校作为重点研究案例，其院校选择虽具有一定的典型性，但在院校访谈人员选择上仍存在访谈对象数量不足、代表性无法保证等问题。由于研究人员不足、研究精力有限，在研究过程中仅访谈调查了 20 位不同院校的教育学院师生，包含 15 名各院校教育学院在读生、3 名各院校教育学院毕业生、1 名教育学院授课教师、1 名教育学院行政老师，即 20 名不同教育学院身处学院组织结构不同层次的人员，其人员选择具有一定的代表性和广泛性，但仍存在"该访谈对象能够代表该学校的教育学院？""该访谈对象是否了解该校教育学院的发展现状与功能实施？"等问题，因而相关重点研究案例内容仍有不足之处，案例资料的完善性仍需进一步加强。虽访谈对象与样本选择存在着些许问题，但本书所搜集的教育学院总体样本数量充足，样本选择结构清晰，重点研究案例的院校选择具有较强的代表性，因而也在一定程度上弥补了上述问题所带来的缺憾。在未来有关教育学院组织功能的研究中，研究者可以选择采取扩大样本规模、丰富样本层次、增加访谈者数量、优化访谈者构成结构、确保访谈对象的代表性等行为措施，以此进一步提高研究结论的可靠性和有效性。希望届时的研究能弥补本书在研究对象上的不足与缺漏，解决研究对象与样本选择上存在的诸多问题，推动相关理论的进一步完善，促进教育学院的可持续发展。

此外，本书主要是基于平衡计分卡（BSC）理论，对我国普通高校教育学院绩效评价指标体系进行了构建，由于平衡计分卡主要应用于企业管理领域，高校教育学院作为一种较为特殊的组织，在利用平衡计分卡进行绩效评价时有其区别于企业的特殊性。由于笔者没有具体从事过教育学院等二级学院的管理工作，因此，在利用平衡计分卡进行指标体系的构建过程对其中某些特殊的管理情境可能考虑得不够全面，在以后的研究中，应更多考虑实践方面的因素，对各教育学院的管理班子进行尽可能多的深度访谈；由于受时间和空间等客观条件的限制，问卷样本量还不够充足，这些都是以后研究过程中需要进一步加强和改进的地方。此外，由于受主客观条件限制，很难有时间收集到全国 390 所高校教育学院在 47 项主要观测点上的数据，因此，很难对指标体系进行全面和充分的应用，在以后的研究中应充分收集 390 所教育学院的各项指标数据，对教育学院的整体绩效情况进行排名，充分应用和完善本书所构建的指标体系。

指标体系的可操作性与局限性：本书所构建的教育学院绩效评价指标体系是基于在实践中使用较为成熟的平衡计分卡（BSC）理论，结合教育学院发展客观实际而构建的评价教育学院绩效表现的指标体系。通过对我国高校教育学院的实地走访和调研，整理收集了教育学院设置和发展方面丰富的第一手资料；通过对高等教育领域专家学者的深度访谈，初步构建了平衡计分卡提供的财务、顾客、内部流程、学习与成长四个维度下的具体指标体系和主要观测点，对初步构建的指标体系运用德尔菲法、探索性因子分析、验证性因子分析优化了指标体系，最后经过 AHP 分析法确定的指标体系有较高的权威性、科学性和可操作性。指标体系的不足主要体现在指标体系"通用性"和"特殊性"的把握方面，"通用性"和"特殊性"就像矛盾对立统一的两个方面，过分强调"通用性"，则可能丧失特色，使得指标体系很难保持"教育学院的特色"；过分强调"特殊性"，则可能使得指标体系只能去评估特定类型的教育学院，由于教育学院内部类型的多样性，过度强调"特殊性"的指标体系会导致其很难兼顾类型多样的教育学院的不同考评特征。由于缺少丰富的教育学院管理实践经验，使得在拿捏指标体系"通用性"与"特殊性"的过程中，对二者的"多少程度"把握还存在不足，这也是以后研究中需要加强和改进的地方。

通过对我国普通高校教育学院发展现状、主要功能和绩效评价指标体系的构建，得出了基于平衡计分卡的我国普通高校教育学院绩效评价指标体系，仅以此作为对我国普通高校教育学院绩效客观评价的第三方工具。本书对关于我国普通高等教育学院相关主题的继续研究提出以下展望，并就其中的几个重要问题，在此进行进一步的讨论，希望后续关于我国普通高等学校教育学院的研究可以进一步关注以下问题。

1. 综合性大学是否应该设置专门的教育学院

自 2015 年 4 月以来，南开大学、山东大学、中山大学、兰州大学等国内多所综合性高校对教育学科或相关机构进行撤销或调整。与此同时，陕西科技大学于 2017 年新设立教育学院，天津大学、广州大学等高校获得 2017 年教育学一级学科博士授予权，普通高校的教育学院和教育学科在国内呈现出"冰火两重天"的发展境况。面对上述境况，我们不得不反思这样一个问题：我国的综合性大学是否应该设立教育学院？

对于"我国的综合性大学是否应该设立教育学院"这一问题，本书的观点是：综合性大学应该设立教育学院。主要的理由有：首先，何为"综合"？何为"综合性大学"？一个容纳不了一所教育学院的综合性大学，是真正的综合性大学吗？是一流的综合性大学吗？本书对后两个问题的回答是否定的。没有了教育学院的综合大学，从二级学院的构成上来讲是不综合的。其次，大多数撤销教育学院和教育学科的高校，对外宣称的理由是为了集中学校的资源，发展优势学科，针对这一理由我们进行类比思考，难道因为树叶和细枝末梢对于一棵大树来说没有树根和躯干那么重要，我们就一定要砍掉这些细枝末梢和树叶吗？砍掉这些细枝末梢和树叶的一棵树，还是完整意义上的一棵树吗？本书可以肯定，此问题的答案一定是否定的。我们的高校难道真的要裁撤到只剩下一些"光秃秃"的优势学科，去冲击所谓的更加靠前的高校排名吗？如果答案是"是"，那我们非常有必要进一步反思高等教育的初衷和本质，甚至有必要找找高等教育和职业教育的主要区别。最后，本书认为，综合性大学应该设立教育学院，并不是让一所高校平均分配学校的资源去发展教育学院，"绝对的平均主义"没有出路，可取之策是在综合的基础上根据二级学院的学科和专业特点、人才培养规格等具体的特点，进行学校资源的优化配置。

综上所述，本书认为，我国的综合性大学应该设立教育学院，这是高等教育的本质和内涵使然，是综合性大学的特点使然，是人才培养的规律使然，也是教育发展的规律使然。

2. 不同类型的高校应如何办教育学院

人才是推动社会发展和综合国力提升的基础力量，具有创新能力的多样化人才是多元社会所必需的。教育学院作为培养教育人才的摇篮，需要构建多样化的发展路径，各学校依据自身特色，强化内涵和个性化发展。但是，就我国目前被裁撤的教育学院来看，缺乏合理定位、缺乏自身特色是其发展过程中存在的主要困境。实际上，我国现有的教育学院已经有明显的类型化表现，从师范院校的层次来看，分为本科类和专科类；从学校类型来看，分为师范类和非师范类；从办学主体来看，分为公立类和民办类，不同的属性之间又有交叠组合形成多样的教育学院种类，共同构成了我国教育学院的整体结构。不同类型的教育学院发展路径和定位是不相同的，各个学校应该根据地域特点、学校文化、学院办学主旨等，充分挖掘自身特点，既能立足于本校整体特色，又能独具学院特色，制定科学合理的学院发展战略，提升教育学院的内涵价值。

对于师范类高校的教育学院来说，应当拓宽教育专业类型，突出特色和优势专业。目前，我国教育学院的大部分队伍根植于师范类学校，这类型的教育学院具有明显的学科特征和优势。从学科发展角度，师范院校是我国教师队伍和教育研究人才的核心基地，对于整个教育领域的理论和实践发展都具有不可撼动的作用；从教育学院发展角度，师范类高校的教育学院是全国师范学院构成的主要部分，其学科和专业也在教育学专业大类发展中具有举足轻重的作用；从师范类高校内在视角，师范类高校也分为不同层级，部属师范、省属师范、师范大学、高等师范专科学校等，层级不同、定位和特色也有差异。一般来说，师范学院或者教育学部都是一所师范类学校的"命脉"，是师范类学校的最大院系，教育学类专业和学科也是师范类学校的优势学科专业。因此，一定程度上来说，教育学院的强弱成败关系着整个学校的成败，教育学院的定位与发展是师范类高校必须重视的问题。具体来说，教育学院的发展既不能排斥其他学科的发展，也不能平均分配忽略重点，而应该突出强化教育学院的内涵，突出其特色，以教育学院为主体和优势，同时促进其他学院的多样化发展。

对于综合类高校设置教育学院，应当结合所依托高校文化和自身发展特色，增强内涵式建设，凸显其发展特色。综合类高校本身具有的自身学科特色和文化氛围，教育学院立足并发展于不同类型的高校学院队伍中，既要注重学校整体的学科发展文化，同时也要创造教育学科独特性和学科特色，才能在非师范类高校的学科发展队伍中占有自己的"一席之地"。比如，天津大学教育学院就具有独特的学科发展特色，2006 年成功设立我国第一个职业教育学专业博士点，此后，教育学院教师以职业教育为核心研究领域，采用多样化研究方法开展相关研究，取得了丰硕的成果；与此同时也注重教育学原理、教育技术学、比较教育等教育学其他专业的并进发展，广泛开展国际交流、学术论坛、学生实践和社会活动等，不但在天津大学，在整个教育学领域都具有突出的特色。2017 年又成功申请教育学一级博士点，天津大学教育学院为非师范类高校教育学院发展路径的探寻提供了一定的启示。

总而言之，强化内涵、突出特色是各级各类教育学院在发展过程中必须强化和关注的。教育学院应当在立足于本校整体学科文化的基础上，结合地域、学院、学科特征，挖掘并强化自身特色，注重内涵式发展，走出一条特色鲜明的发展道路。只有创生特色内涵、激发内生力量，才能促进学院和学科的可持续发展，并具有更强的生命力。

附 录

附录 A 全国各省份教育学院名单

A1. 2017 年全国各省份普通高校教育学院设置名单

表 A1 – 1　　　　　　　　　北京市普通高校教育学院概况

学校名称	主管部门	所在地	办学层次	学院名称	是否是师范类	是否是"211"或"985"	是否有硕士点	是否有博士点
北京大学	教育部	北京市	本科	教育学院	否	是	是	是
中国人民大学	教育部	北京市	本科	教育学院	否	是	是	是
清华大学	教育部	北京市	本科	教育研究院	否	是	是	是
北京理工大学	工信部	北京市	本科	教育研究院	否	是	是	是
北京师范大学	教育部	北京市	本科	教育学部	是	是	是	是
首都师范大学	北京市	北京市	本科	教育学院	是	否	是	是
北京体育大学	国家体育总局	北京市	本科	教育学院	否	是	否	否
北京联合大学	北京市	北京市	本科	师范学院	否	否	否	否
中央民族大学	国家民委	北京市	本科	教育学院	否	是	是	是
北京汇佳职业学院	北京市教委	北京市	专科	教育系（民办）	否	否	否	否

表 A1－2　　　　　　　　　　　天津市普通高校教育学院概况

学校名称	主管部门	所在地	办学层次	学院名称	是否是师范类	是否是"211"或"985"	是否有硕士点	是否有博士点
天津大学	教育部	天津市	本科	教育学院	否	是	是	是
天津职业技术师范大学	天津市	天津市	本科	职业教育学院	是	否	是	否
天津师范大学	天津市	天津市	本科	教育科学学院	是	否	是	是
天津师范大学津沽学院	天津市教委	天津市	本科	教育系（民办）	否	否	否	否

表 A1－3　　　　　　　　　　　河北省普通高校教育学院概况

学校名称	主管部门	所在地	办学层次	学院名称	是否是师范类	是否是"211"或"985"	是否有硕士点	是否有博士点
河北大学	河北省	保定市	本科	教育学院	否	否	是	是
河北师范大学	河北省	石家庄市	本科	教育学院	是	否	是	否
保定学院	河北省	保定市	本科	教育系	否	否	否	否
唐山师范学院	河北省	唐山市	本科	教育学院	是	否	否	否
廊坊师范学院	河北省	廊坊市	本科	教育学院	是	否	否	否
衡水学院	河北省	衡水市	本科	教育学院	否	否	否	否
石家庄学院	河北省	石家庄市	本科	教育学院	否	否	否	否
邯郸学院	河北省	邯郸市	本科	教育学院	否	否	否	否
沧州师范学院	河北省	沧州市	本科	教育学院	否	否	否	否
河北科技师范学院	河北省	秦皇岛市	本科	教育学院	是	否	否	否
河北师范大学汇华学院	河北省教育厅	石家庄市	本科	教育学部（民办）	否	否	否	否
张家口学院	河北省	张家口市	本科	教育学院	否	否	否	否

表 A1－4　　　　　　　　　　山西省普通高校教育学院概况

学校名称	主管部门	所在地	办学层次	学院名称	是否是师范类	是否"211"或"985"	是否有硕士点	是否有博士点
山西大学	山西省	太原市	本科	教育科学学院	否	否	是	否
山西师范大学	山西省	临汾市	本科	教育科学研究院	是	否	是	否
太原师范学院	山西省	太原市	本科	教育系	是	否	是	否
山西大同大学	山西省	大同市	本科	教育科学与技术学院	否	否	否	否
晋中学院	山西省	晋中市	本科	教育科学与技术学院	否	否	否	否
运城学院	山西省	运城市	本科	教育与心理科学系	否	否	否	否
忻州师范学院	山西省	忻州市	本科	教育系	是	否	否	否
吕梁学院	山西省	吕梁市	本科	教育系	否	否	否	否
山西师范大学现代文理学院	山西省教育厅	临汾市	本科	教育系（民办）	否	否	否	否
晋中师范高等专科学校	山西省	晋中市	专科	教育系	是	否	否	否

表 A1－5　　　　　　　　内蒙古自治区普通高校教育学院概况

学校名称	主管部门	所在地	办学层次	学院名称	是否是师范类	是否"211"或"985"	是否有硕士点	是否有博士点
内蒙古师范大学	内蒙古自治区	呼和浩特市	本科	教育科学学院	是	否	是	是
内蒙古民族大学	内蒙古自治区	通辽市	本科	教育科学学院	否	否	是	否
赤峰学院	内蒙古自治区	赤峰市	本科	教育学院	否	否	否	否
呼伦贝尔学院	内蒙古自治区	呼伦贝尔市	本科	教育科学学院	否	否	否	否
呼和浩特民族学院	内蒙古自治区	呼和浩特市	本科	教育系	否	否	否	否
内蒙古科技职业学院	内蒙古自治区教育厅	呼和浩特市	专科	教育系（民办）	否	否	否	否
扎兰屯职业学院	内蒙古自治区	呼伦贝尔市	专科	教育科学系	否	否	否	否

表 A1 – 6　　　　　　　　　　辽宁省普通高校教育学院概况

学校名称	主管部门	所在地	办学层次	学院名称	是否是师范类	是否是"211"或"985"	是否有硕士点	是否有博士点
大连理工大学	辽宁省	大连市	本科	高等教育研究院	否	是	是	是
辽宁师范大学	辽宁省	大连市	本科	教育学院	是	否	是	是
沈阳师范大学	辽宁省	沈阳市	本科	教育科学学院	是	否	是	否
鞍山师范学院	辽宁省	鞍山市	本科	教育科学与技术学院	是	否	否	否
大连大学	辽宁省	大连市	本科	教育学院	否	否	是	否

表 A1 – 7　　　　　　　　　　吉林省普通高校教育学院概况

学校名称	主管部门	所在地	办学层次	学院名称	是否是师范类	是否是"211"或"985"	是否有硕士点	是否有博士点
延边大学	吉林省	延边朝鲜族自治州	本科	师范学院	否	是	是	否
东北师范大学	教育部	长春市	本科	教育学部	是	是	是	是
北华大学	吉林省	吉林市	本科	教育科学学院	否	否	是	否
通化师范学院	吉林省	通化市	本科	教育科学学院	是	否	否	否
吉林师范大学	吉林省	四平市	本科	教育科学学院	是	否	是	否
长春师范大学	吉林省	长春市	本科	教育科学学院	是	否	是	否
白城师范学院	吉林省	白城市	本科	教育科学学院	是	否	否	否
吉林师范大学博达学院	吉林省教育厅	四平市	本科	教育系（民办）	否	否	否	否
长白山职业技术学院	吉林省	白山市	专科	教育系	否	否	否	否

表 A1 - 8 　　　　　　　　黑龙江省普通高校教育学院概况

学校名称	主管部门	所在地	办学层次	学院名称	是否是师范类	是否是"211"或"985"	是否有硕士点	是否有博士点
黑龙江大学	黑龙江省	哈尔滨市	本科	教育科学研究学院	否	否	是	否
佳木斯大学	黑龙江省	佳木斯市	本科	教育科学学院	否	否	是	否
哈尔滨师范大学	黑龙江省	哈尔滨市	本科	教育科学学院	是	否	是	是
牡丹江师范学院	黑龙江省	牡丹江市	本科	教师教育学院	是	否	是	否
哈尔滨学院	黑龙江省	哈尔滨市	本科	教育科学学院	否	否	否	否
大庆师范学院	黑龙江省	大庆市	本科	教师教育学院	是	否	否	否
绥化学院	黑龙江省	绥化市	本科	教育学院	否	否	否	否
黑龙江工业学院	黑龙江省	鸡西市	本科	师范学院	否	否	否	否
哈尔滨剑桥学院	黑龙江省教育厅	哈尔滨市	本科	教育学院（民办）	否	否	否	否
黑河学院	黑龙江省	黑河市	本科	教育科学学院	否	否	否	否
齐齐哈尔高等师范专科学校	黑龙江省	齐齐哈尔市	专科	教育系	是	否	否	否
黑龙江农垦职业学院	黑龙江省	哈尔滨市	专科	师范教育分院	否	否	否	否
鹤岗师范高等专科学校	黑龙江省	鹤岗市	专科	教育科学系	是	否	否	否
黑龙江煤炭职业技术学院	黑龙江省	双鸭山市	专科	师范教育部	否	否	否	否

表 A1 - 9 　　　　　　　　上海市普通高校教育学院概况

学校名称	主管部门	所在地	办学层次	学院名称	是否是师范类	是否是"211"或"985"	是否有硕士点	是否有博士点
上海交通大学	教育部	上海市	本科	高等教育研究院	否	是	是	是
华东师范大学	教育部	上海市	本科	教育学部	是	是	是	是

续表

学校名称	主管部门	所在地	办学层次	学院名称	是否是师范类	是否是"211"或"985"	是否有硕士点	是否有博士点
上海师范大学	上海市	上海市	本科	教育学院	是	否	是	是
上海外国语大学贤达经济人文学院	上海市教委	上海市	本科	教育学院（民办）	否	否	否	否
上海师范大学天华学院	上海市教委	上海市	本科	教育学院（民办）	否	否	否	否
上海震旦职业学院	上海市教委	上海市	专科	教育学院（民办）	否	否	否	否

表 A1 - 10 江苏省普通高校教育学院概况

学校名称	主管部门	所在地	办学层次	学院名称	是否是师范类	是否是"211"或"985"	是否有硕士点	是否有博士点
南京大学	江苏省	南京市	本科	教育研究院	否	是	是	是
苏州大学	江苏省	苏州市	本科	教育学院	否	是	是	是
南京邮电大学	江苏省	南京市	本科	教育科学与技术学院	否	否	是	否
南通大学	江苏省	南通市	本科	教育科学学院	否	否	是	否
南京师范大学	江苏省	南京市	本科	教育科学学院	是	否	是	是
江苏师范大学	江苏省	徐州市	本科	教育科学学院	是	否	是	否
淮阴师范学院	江苏省	淮安市	本科	教育科学学院	是	否	否	否
盐城师范学院	江苏省	盐城市	本科	教育科学学院	是	否	否	否
扬州大学	江苏省	扬州市	本科	教育科学学院	否	否	是	否
江苏理工学院	江苏省	常州市	本科	教育学院	否	否	否	否
徐州工程学院	江苏省	徐州市	本科	教育科学学院	否	否	否	否
泰州学院	江苏省	泰州市	本科	教育科学学院	否	否	否	否
江苏第二师范学院	江苏省	南京市	本科	教育科学学院	是	否	否	否
扬州市职业大学	江苏省	扬州市	专科	师范学院	否	否	否	否
无锡城市职业技术学院	江苏省	无锡市	专科	师范学院	否	否	否	否

表 A1－11　　　　　　　　　　　浙江省普通高校教育学院概况

学校名称	主管部门	所在地	办学层次	学院名称	是否是师范类	是否是"211"或"985"	是否有硕士点	是否有博士点
浙江大学	教育部	杭州市	本科	教育学院	否	是	是	是
浙江工业大学	浙江省	杭州市	本科	教育科学与技术学院	否	否	是	否
浙江师范大学	浙江省	金华市	本科	教育学院	是	否	是	是
杭州师范大学	浙江省	杭州市	本科	教育学院	是	否	是	否
宁波大学	浙江省	宁波市	本科	教师教育学院	否	否	否	否
湖州师范学院求真学院	浙江省教育厅	湖州市	本科	教育系（民办）	否	否	否	否
浙江外国语学院	浙江省	杭州市	本科	教育科学学院	否	否	否	否
宁波诺丁汉大学	浙江省教育厅	宁波市	本科	教育学系（中外合作办学）	否	否	否	否
金华职业技术学院	浙江省	金华市	专科	师范学院	否	否	否	否
杭州科技职业技术学院	浙江省	杭州市	专科	教育学院	否	否	否	否

表 A1－12　　　　　　　　　　　安徽省普通高校教育学院概况

学校名称	主管部门	所在地	办学层次	学院名称	是否是师范类	是否是"211"或"985"	是否有硕士点	是否有博士点
安徽师范大学	安徽省	芜湖市	本科	教育科学学院	是	否	是	否
阜阳师范学院	安徽省	阜阳市	本科	教育学院	是	否	否	否
安庆师范大学	安徽省	安庆市	本科	教育学院	是	否	否	否
淮北师范大学	安徽省	淮北市	本科	教育学院	是	否	否	否
黄山学院	安徽省	黄山市	本科	教育科学学院	否	否	否	否
滁州学院	安徽省	滁州市	本科	教育科学学院	否	否	否	否
淮南师范学院	安徽省	淮南市	本科	教育学院	是	否	否	否
合肥学院	安徽省	合肥市	本科	教育系	否	否	否	否

续表

学校名称	主管部门	所在地	办学层次	学院名称	是否是师范类	是否是"211"或"985"	是否有硕士点	是否有博士点
亳州学院	安徽省	亳州市	本科	教育系	否	否	否	否
合肥师范学院	安徽省	合肥市	本科	教师教育学院	是	否	否	否
滁州城市职业学院	安徽省	滁州市	专科	学前教育系	否	否	否	否
合肥幼儿师范高等专科学校	安徽省	合肥市	专科	学前教育系	是	否	否	否
阜阳幼儿师范高等专科学校	安徽省	阜阳市	专科	学前教育系	是	否	否	否

表 A1 – 13   福建省普通高校教育学院概况

学校名称	主管部门	所在地	办学层次	学院名称	是否是师范类	是否是"211"或"985"	是否有硕士点	是否有博士点
厦门大学	教育部	厦门市	本科	教育研究院	否	是	是	是
集美大学	福建省	厦门市	本科	教师教育学院	否	否	否	否
福建师范大学	福建省	福州市	本科	教育学院	是	否	是	是
宁德师范学院	福建省	宁德市	本科	教育系	是	否	否	否
泉州师范学院	福建省	泉州市	本科	教育科学学院	是	否	否	否
闽南师范大学	福建省	漳州市	本科	教育科学学院	是	否	是	否
龙岩学院	福建省	龙岩市	本科	教育科学学院	否	否	否	否
闽西职业技术学院	福建省	龙岩市	专科	教育系	否	否	否	否
闽北职业技术学院	福建省	南平市	专科	学前教育系	否	否	否	否
福建幼儿师范高等专科学校	福建省	福州市	专科	学前教育系	是	否	否	否
厦门城市职业学院	福建省	厦门市	专科	学前教育系	否	否	否	否
厦门兴才职业技术学院	福建省教育厅	厦门市	专科	教育学院（民办）	否	否	否	否
漳州城市职业学院	福建省	漳州市	专科	教师教育系	否	否	否	否

续表

学校名称	主管部门	所在地	办学层次	学院名称	是否是师范类	是否是"211"或"985"	是否有硕士点	是否有博士点
泉州幼儿师范高等专科学校	福建省	泉州市	专科	学前（初等）教育系	是	否	否	否
闽江师范高等专科学校	福建省	福州市	专科	学前（初等）教育系	是	否	否	否

表 A1－14　　　　　　江西省普通高校教育学院概况

学校名称	主管部门	所在地	办学层次	学院名称	是否是师范类	是否是"211"或"985"	是否有硕士点	是否有博士点
江西师范大学	江西省	南昌市	本科	教育学院	是	否	是	否
上饶师范学院	江西省	上饶市	本科	教育科学学院	是	否	否	否
赣南师范大学	江西省	赣州市	本科	教育科学学院	是	否	是	否
井冈山大学	江西省	吉安市	本科	教育学院	否	否	否	否
景德镇学院	江西省	景德镇市	本科	教育系	否	否	否	否
萍乡学院	江西省	萍乡市	本科	初等教育学院	否	否	否	否
江西科技师范大学	江西省	南昌市	本科	教育学院	是	否	是	否
新余学院	江西省	新余市	本科	师范学院	否	否	否	否
九江学院	江西省	九江市	本科	师范学院	否	否	否	否
江西师范大学科学技术学院	江西省教育厅	南昌市	本科	教育系（民办）	否	否	否	否
南昌师范学院	江西省	南昌市	本科	教育系	是	否	否	否
九江职业大学	江西省	九江市	专科	师范学院	否	否	否	否
鹰潭职业技术学院	江西省	鹰潭市	专科	教育系	否	否	否	否
宜春职业技术学院	江西省	宜春市	专科	师范学院	否	否	否	否
赣州师范高等专科学校	江西省	赣州市	专科	教育系	是	否	否	否
宜春幼儿师范高等专科学校	江西省	宜春市	专科	学前（初等）教育院	是	否	否	否
吉安职业技术学院	江西省	吉安市	专科	师范学院	否	否	否	否
江西师范高等专科学校	江西省	鹰潭市	专科	学前教育学院	是	否	否	否

表 A1 – 15　　　　　　　　　山东省普通高校教育学院概况

学校名称	主管部门	所在地	办学层次	学院名称	是否是师范类	是否是"211"或"985"	是否有硕士点	是否有博士点
中国海洋大学	教育部	青岛市	本科	教育系	否	是	是	否
济南大学	山东省	济南市	本科	教育与心理科学学院	否	否	否	否
滨州医学院	山东省	滨州市	本科	特殊教育学院	否	否	否	否
山东师范大学	山东省	济南市	本科	教育学院	是	否	是	是
曲阜师范大学	山东省	济宁市	本科	教育科学学院	是	否	是	是
聊城大学	山东省	聊城市	本科	教育科学学院	否	否	是	否
德州学院	山东省	德州市	本科	教育科学学院	否	否	否	否
滨州学院	山东省	滨州市	本科	教师教育学院	否	否	否	否
鲁东大学	山东省	烟台市	本科	教育科学学院	否	否	是	是
临沂大学	山东省	临沂市	本科	教育学院	否	否	否	否
泰山学院	山东省	泰安市	本科	教师教育学院	否	否	否	否
济宁学院	山东省	济宁市	本科	教育系	否	否	否	否
菏泽学院	山东省	菏泽市	本科	教育科学系	否	否	否	否
青岛滨海学院	山东省教育厅	青岛市	本科	教育学部（民办）	否	否	否	否
枣庄学院	山东省	枣庄市	本科	心理与教育科学学院	否	否	否	否
青岛大学	山东省	青岛市	本科	师范学院	否	否	是	否
山东女子学院	山东省	济南市	本科	教育学院	否	否	否	否
潍坊科技学院	山东省教育厅	潍坊市	本科	教师教育学院（民办）	否	否	否	否
山东英才学院	山东省教育厅	济南市	本科	学前教育学院（民办）	否	否	否	否
青岛恒星科技学院	山东省教育厅	青岛市	本科	幼师学院（民办）	否	否	否	否
聊城大学东昌学院	山东省教育厅	聊城市	本科	教育系（民办）	否	否	否	否

学校名称	主管部门	所在地	办学层次	学院名称	是否是师范类	是否是"211"或"985"	是否有硕士点	是否有博士点
山东师范大学历山学院	山东省教育厅	济南市	本科	教育学院（民办）	否	否	否	否
青岛工学院	山东省教育厅	青岛市	本科	教育学院（民办）	否	否	否	否
齐鲁师范学院	山东省	济南市	本科	教师教育学院	是	否	否	否
青岛职业技术学院	山东省	青岛市	专科	教育学院	否	否	否	否
莱芜职业技术学院	山东省	莱芜市	专科	师范教育与艺术系	否	否	否	否
东营职业学院	山东省	东营市	专科	教师教育学院	否	否	否	否
济南职业学院	山东省	济南市	专科	学前教育学院	否	否	否	否
淄博师范高等专科学校	山东省	淄博市	专科	学前（初等）教育系	否	否	否	否
济南幼儿师范高等专科学校	山东省	济南市	专科	学前（初等）教育系	否	否	否	否

表 A1 – 16　　　　河南省普通高校教育学院概况

学校名称	主管部门	所在地	办学层次	学院名称	是否是师范类	是否是"211"或"985"	是否有硕士点	是否有博士点
郑州大学	河南省	郑州市	本科	教育学院	否	是	是	否
河南科技学院	河南省	新乡市	本科	教育科学学院	否	否	是	否
河南大学	河南省	开封市	本科	教育科学学院	否	否	是	否
河南师范大学	河南省	新乡市	本科	教育学院	是	否	是	否
信阳师范学院	河南省	信阳市	本科	教育科学学院	是	否	是	否
周口师范学院	河南省	周口市	本科	教育科学学院	是	否	否	否
安阳师范学院	河南省	安阳市	本科	教育学院	是	否	否	否
许昌学院	河南省	许昌市	本科	教育科学学院	否	否	否	否
南阳师范学院	河南省	南阳市	本科	教育科学学院	是	否	否	否

续表

学校名称	主管部门	所在地	办学层次	学院名称	是否是师范类	是否是"211"或"985"	是否有硕士点	是否有博士点
洛阳师范学院	河南省	洛阳市	本科	教育科学学院	是	否	否	否
商丘师范学院	河南省	商丘市	本科	教育科学学院	是	否	否	否
平顶山学院	河南省	平顶山市	本科	教师教育学院	否	否	否	否
新乡学院	河南省	新乡市	本科	教育科学学院	否	否	否	否
河南财政金融学院	河南省	郑州市	本科	教育系	否	否	否	否
南阳理工学院	河南省	南阳市	本科	师范学院	否	否	否	否
郑州师范学院	河南省	郑州市	本科	教育科学学院	是	否	否	否
河南师范大学新联学院	河南省教育厅	郑州市	本科	教育系（民办）	否	否	否	否
三门峡职业技术学院	河南省	三门峡市	专科	师范学院	否	否	否	否
濮阳职业技术学院	河南省	濮阳市	专科	教育科学学院	否	否	否	否
焦作师范高等专科学校	河南省	焦作市	专科	学前（初等）教育学院	是	否	否	否
新乡职业技术学院	河南省	新乡市	专科	师范学院	否	否	否	否
郑州理工职业学院	河南省教育厅	郑州市	专科	教育系（民办）	否	否	否	否
开封文化艺术职业学院	河南省	开封市	专科	教育科学系	否	否	否	否

表 A1-17　　　　　　　　　湖北省普通高校教育学院概况

学校名称	主管部门	所在地	办学层次	学院名称	是否是师范类	是否是"211"或"985"	是否有硕士点	是否有博士点
武汉大学	教育部	武汉市	本科	教育科学研究院	否	是	是	是
华中科技大学	教育部	武汉市	本科	教育科学研究院	否	是	是	是
长江大学	湖北省	荆州市	本科	教育学院	否	否	否	否
华中师范大学	教育部	武汉市	本科	教育学院	是	是	是	是
湖北大学	湖北省	武汉市	本科	教育学院	否	否	是	否

续表

学校名称	主管部门	所在地	办学层次	学院名称	是否是师范类	是否是"211"或"985"	是否有硕士点	是否有博士点
湖北师范大学	湖北省	黄石市	本科	教育科学学院	是	否	是	否
黄冈师范学院	湖北省	黄冈市	本科	教育科学与技术学院	是	否	是	否
湖北民族学院	湖北省	恩施土家族苗族自治州	本科	教育学院	否	否	否	否
汉江师范学院	湖北省	十堰市	本科	教育系	是	否	否	否
湖北文理学院	湖北省	襄阳市	本科	教育学院	否	否	否	否
中南民族大学	国家民委	武汉市	本科	教育学院	否	否	是	是
湖北理工学院	湖北省	黄石市	本科	师范学院	否	否	否	否
湖北科技学院	湖北省	咸宁市	本科	教育学院	否	否	否	否
江汉大学	湖北省	武汉市	本科	教育学院	否	否	是	否
荆楚理工学院	湖北省	荆门市	本科	师范学院	否	否	否	否
湖北师范大学文理学院	湖北省教育厅	黄石市	本科	教育科学系（民办）	否	否	否	否
湖北第二师范学院	湖北省	武汉市	本科	教育科学学院	是	否	否	否
武汉城市职业学院	湖北省	武汉市	专科	学前（初等）教育学院	否	否	否	否
湖北职业技术学院	湖北省	孝感市	专科	师范学院	否	否	否	否
襄阳职业技术学院	湖北省	襄阳市	专科	特殊教育学院	否	否	否	否
荆州职业技术学院	湖北省	荆州市	专科	学前教育系	否	否	否	否
仙桃职业学院	湖北省	仙桃市	专科	学前教育学院	否	否	否	否
江汉艺术职业学院	湖北省	潜江市	专科	教育学院	否	否	否	否
武汉工业职业技术学院	湖北省	武汉市	专科	学前（初等）教育学院	否	否	否	否
武汉理工大学	湖北省	武汉市	本科	教育科学研究院	否	是	是	否
三峡旅游职业技术学院	湖北省	宜昌市	专科	学前教育系	否	否	否	否
湖北幼儿师范高等专科学校	湖北省	武汉市	专科	学前教育系	是	否	否	否

表 A1 - 18　　　　　　　　　　**湖南省普通高校教育学院概况**

学校名称	主管部门	所在地	办学层次	学院名称	是否是师范类	是否是"211"或"985"	是否有硕士点	是否有博士点
吉首大学	湖南省	湘西土家族苗族自治州	本科	师范学院	否	否	否	否
湖南大学	教育部	长沙市	本科	教育科学研究院	否	是	是	是
湖南科技大学	湖南省	湘潭市	本科	教育学院	否	否	是	否
湖南农业大学	湖南省	长沙市	本科	教育学院	否	否	是	否
湖南师范大学	湖南省	长沙市	本科	教育科学学院	是	否	是	是
衡阳师范学院	湖南省	衡阳市	本科	教育科学学院	是	否	否	否
怀化学院	湖南省	怀化市	本科	教育科学学院	否	否	否	否
湖南人文科技学院	湖南省	娄底市	本科	教育学院	否	否	否	否
湖南第一师范学院	湖南省	长沙市	本科	教育科学学院	是	否	否	否
衡阳师范学院南岳学院	湖南省教育厅	衡阳市	本科	教育科学系（民办）	否	否	否	否
长沙师范学院	湖南省	长沙市	本科	教育系	是	否	否	否
湖南民族职业学院	湖南省	岳阳市	专科	学前（初等）教育系	否	否	否	否
湖南幼儿师范高等专科学校	湖南省	常德市	专科	学前（初等）教育系	是	否	否	否

表 A1 - 19　　　　　　　　　　**广东省普通高校教育学院概况**

学校名称	主管部门	所在地	办学层次	学院名称	是否是师范类	是否是"211"或"985"	是否有硕士点	是否有博士点
华南师范大学	广东省	广州市	本科	教育科学学院	是	是	是	是
韶关学院	广东省	韶关市	本科	教育学院	否	否	否	否
惠州学院	广东省	惠州市	本科	教育科学学院	否	否	否	否
韩山师范学院	广东省	潮州市	本科	教育科学学院	是	否	否	否
岭南师范学院	广东省	湛江市	本科	教育科学学院	是	否	否	否

学校名称	主管部门	所在地	办学层次	学院名称	是否是师范类	是否是"211"或"985"	是否有硕士点	是否有博士点
肇庆学院	广东省	肇庆市	本科	教育学院	否	否	否	否
嘉应学院	广东省	梅州市	本科	教育科学学院	否	否	否	否
广东技术师范学院	广东省	广州市	本科	教育学院	是	否	是	否
深圳大学	广东省	深圳市	本科	师范学院	否	否	是	否
广州大学	广东省	广州市	本科	教育学院	否	否	是	否
东莞理工学院	广东省	东莞市	本科	教育学院	否	否	否	否
北京师范大学珠海分校	广东省教育厅	珠海市	本科	教育学院（民办）	否	否	否	否
广东第二师范学院	广东省	广州市	本科	教育学院	是	否	否	否
罗定职业技术学院	广东省	云浮市	专科	教育系	否	否	否	否
阳江职业技术学院	广东省	阳江市	专科	教育系	否	否	否	否
汕头职业技术学院	广东省	汕头市	专科	学前教育系	否	否	否	否
揭阳职业技术学院	广东省	揭阳市	专科	师范教育系	否	否	否	否
广东省外语艺术职业学院	广东省	广州市	专科	学前教育学院	否	否	否	否
江门职业技术学院	广东省	江门市	专科	教育与教育技术系	否	否	否	否
广东茂名幼儿师范专科学校	广东省	茂名市	专科	教育系	是	否	否	否

表 A1－20　　　　广西壮族自治区普通高校教育学院概况

学校名称	主管部门	所在地	办学层次	学院名称	是否是师范类	是否是"211"或"985"	是否有硕士点	是否有博士点
广西大学	广西壮族自治区	南宁市	本科	教育学院	否	是	是	否
广西师范大学	广西壮族自治区	桂林市	本科	教育学部	是	否	是	否
广西师范学院	广西壮族自治区	南宁市	本科	教育科学学院	是	否	否	否
广西民族师范学院	广西壮族自治区	崇左市	本科	教育科学学院	是	否	否	否

续表

学校名称	主管部门	所在地	办学层次	学院名称	是否是师范类	是否是"211"或"985"	是否有硕士点	是否有博士点
玉林师范学院	广西壮族自治区	玉林市	本科	教育科学学院	是	否	是	否
广西民族大学	广西壮族自治区	南宁市	本科	教育科学学院	否	否	是	否
百色学院	广西壮族自治区	百色市	本科	教育科学学院	否	否	否	否
梧州学院	广西壮族自治区	梧州市	本科	师范学院	否	否	否	否
广西科技师范学院	广西壮族自治区	来宾市	本科	教育与心理科学学院	是	否	否	否
广西师范学院师园学院	广西壮族自治区教育厅	南宁市	本科	教育系（民办）	否	否	否	否
桂林师范高等专科学校	广西壮族自治区	桂林市	专科	教育系	是	否	否	否
梧州职业学院	广西壮族自治区	梧州市	专科	教育系	否	否	否	否
广西幼儿师范高等专科学校	广西壮族自治区	南宁市	专科	教育系	是	否	否	否

表 A1 – 21   **海南省普通高校教育学院概况**

学校名称	主管部门	所在地	办学层次	学院名称	是否是师范类	是否是"211"或"985"	是否有硕士点	是否有博士点
海南热带海洋学院	海南省	三亚市	本科	教育学院	否	否	否	否
海南师范大学	海南省	海口市	本科	教育与心理学院	是	否	否	否

表 A1 – 22   **重庆市普通高校教育学院概况**

学校名称	主管部门	所在地	办学层次	学院名称	是否是师范类	是否是"211"或"985"	是否有硕士点	是否有博士点
西南大学	教育部	重庆市	本科	教育学部	是	是	是	是
重庆师范大学	重庆市	重庆市	本科	教育科学学院	是	否	是	是
重庆文理学院	重庆市	重庆市	本科	教育学院	否	否	否	否

学校名称	主管部门	所在地	办学层次	学院名称	是否是师范类	是否是"211"或"985"	是否有硕士点	是否有博士点
四川外国语大学	重庆市	重庆市	本科	教育学院	否	否	是	否
重庆人文科技学院	重庆市教委	重庆市	本科	学前教育学院（民办）	否	否	否	否
重庆第二师范学院	重庆市	重庆市	本科	学前教育学院	是	否	否	否
重庆幼儿师范高等专科学校	重庆市	重庆市	专科	学前（初等）教育系	是	否	否	否

表 A1 - 23　　　　　四川省普通高校教育学院概况

学校名称	主管部门	所在地	办学层次	学院名称	是否是师范类	是否是"211"或"985"	是否有硕士点	是否有博士点
四川师范大学	四川省	成都市	本科	教育科学学院	是	否	是	是
西华师范大学	四川省	南充市	本科	教育学院	是	否	是	是
绵阳师范学院	四川省	绵阳市	本科	教育科学学院	是	否	否	否
内江师范学院	四川省	内江市	本科	教育科学学院	是	否	否	否
宜宾学院	四川省	宜宾市	本科	教育科学学院	否	否	否	否
乐山师范学院	四川省	乐山市	本科	教育科学学院	否	否	否	否
成都学院	四川省	成都市	本科	师范学院	否	否	否	否
四川民族学院	四川省	甘孜藏族自治州	本科	教育科学系	否	否	否	否
成都文理学院	四川省教育厅	成都市	本科	教育学院（民办）	否	否	否	否
成都师范学院	四川省	成都市	本科	教育学院	是	否	否	否
达州职业技术学院	四川省	达州市	专科	师范系	否	否	否	否
眉山职业技术学院	四川省	眉山市	专科	师范教育系	否	否	否	否
雅安职业技术学院	四川省	雅安市	专科	教育系	否	否	否	否
广安职业技术学院	四川省	广安市	专科	教育系	否	否	否	否

续表

学校名称	主管部门	所在地	办学层次	学院名称	是否是师范类	是否是"211"或"985"	是否有硕士点	是否有博士点
四川文化传媒职业学院	四川省教育厅	成都市	专科	学前教育系（民办）	否	否	否	否
四川幼儿师范高等专科学校	四川省	绵阳市	专科	学前（初等）教育系	是	否	否	否
川北幼儿师范高等专科学校	四川省	广元市	专科	学前（初等）教育系	是	否	否	否
巴中职业技术学院	四川省教育厅	巴中市	专科	教育系（民办）	否	否	否	否
四川文轩职业学院	四川省教育厅	成都市	专科	教育学院（民办）	否	否	否	否
川南幼儿师范高等专科学校	四川省	内江市	专科	学前（初等）教育系	是	否	否	否
四川应用技术职业学院	四川省教育厅	凉山州	专科	学前教育系（民办）	否	否	否	否

表 A1－24　　　　　　　　　贵州省普通高校教育学院概况

学校名称	主管部门	所在地	办学层次	学院名称	是否是师范类	是否是"211"或"985"	是否有硕士点	是否有博士点
贵州师范大学	贵州省	贵阳市	本科	教育学科学学院	是	否	是	否
遵义师范学院	贵州省	遵义市	本科	教育科学学院	是	否	否	否
铜仁学院	贵州省	铜仁市	本科	教育学院	否	否	否	否
兴义民族师范学院	贵州省	黔西南布依族苗族自治州	本科	教育科学学院	是	否	否	否
安顺学院	贵州省	安顺市	本科	教育科学学院	否	否	否	否
贵州工程应用技术学院	贵州省	毕节市	本科	师范学院	否	否	否	否
凯里学院	贵州省	黔东南苗族侗族自治州	本科	教育科学学院	否	否	否	否

学校名称	主管部门	所在地	办学层次	学院名称	是否是师范类	是否是"211"或"985"	是否有硕士点	是否有博士点
黔南民族师范学院	贵州省	黔南布依族苗族自治州	本科	教育科学学院	是	否	否	否
贵阳学院	贵州省	贵阳市	本科	教育科学学院	否	否	否	否
六盘水师范学院	贵州省	六盘水市	本科	教育科学系	是	否	否	否
贵州师范学院	贵州省	贵阳市	本科	教育科学学院	是	否	否	否
毕节职业技术学院	贵州省	毕节市	专科	教育科学系	否	否	否	否
贵阳幼儿师范高等专科学校	贵州省	贵阳市	专科	学前教育系	是	否	否	否
铜仁幼儿师范高等专科学校	贵州省	铜仁市	专科	学前（初等）教育系	是	否	否	否
黔南民族幼儿师范高等专科学校	贵州省	黔南布依族苗族自治州	专科	学前（基础）教育系	是	否	否	否

表 A1 – 25   **云南省普通高校教育学院概况**

学校名称	主管部门	所在地	办学层次	学院名称	是否是师范类	是否是"211"或"985"	是否有硕士点	是否有博士点
云南大学	云南省	昆明	本科	高等教育研究院	否	是	是	否
大理大学	云南省	大理白族自治州	本科	教育科学学院	否	否	是	否
云南师范大学	云南省	昆明市	本科	教育科学与管理学院	是	否	是	否
昭通学院	云南省	昭通市	本科	教育科学学院	否	否	否	否
曲靖师范学院	云南省	曲靖市	本科	教师教育学院	是	否	否	否
普洱学院	云南省	普洱市	本科	教师教育学院	否	否	否	否
保山学院	云南省	保山市	本科	教育学院	否	否	否	否
红河学院	云南省	红河哈尼族彝族自治州	本科	教师教育学院	否	否	否	否

续表

学校名称	主管部门	所在地	办学层次	学院名称	是否是师范类	是否是"211"或"985"	是否有硕士点	是否有博士点
云南民族大学	云南省	昆明市	本科	教育学院	否	否	是	否
玉溪师范学院	云南省	玉溪市	本科	教师教育学院	是	否	否	否
楚雄师范学院	云南省	楚雄彝族自治州	本科	教育学院	是	否	否	否
昆明学院	云南省	昆明市	本科	教师教育学院	否	否	否	否
文山学院	云南省	文山壮族苗族自治州	本科	教育科学学院	否	否	否	否
云南师范大学商学院	云南省教育厅	昆明市	本科	教育学院（民办）	否	否	否	否
滇西科技师范学院	云南省	临沧市	本科	教师教育学院	是	否	否	否
西双版纳职业技术学院	云南省	西双版纳傣族自治州	专科	师范学院	否	否	否	否
云南工程职业学院	云南省教育厅	昆明市	专科	学前教育学院（民办）	否	否	否	否
丽江师范高等专科学校	云南省	丽江市	专科	教育科学系	是	否	否	否
云南现代职业技术学院	云南省教育厅	楚雄彝族自治州	专科	教育系（民办）	否	否	否	否

表 A1 – 26　　　　　　　　　西藏自治区普通高校教育学院概况

学校名称	主管部门	所在地	办学层次	学院名称	是否是师范类	是否是"211"或"985"	是否有硕士点	是否有博士点
西藏大学	西藏自治区	拉萨市	本科	师范学院	否	是	是	否
西藏民族大学	西藏自治区	咸阳市	本科	教育学院	否	否	否	否
拉萨师范高等专科学校	西藏自治区	拉萨市	专科	教育系	是	否	否	否

表 A1 – 27　　　　　　　　　　陕西省普通高校教育学院概况

学校名称	主管部门	所在地	办学层次	学院名称	是否是师范类	是否是"211"或"985"	是否有硕士点	是否有博士点
陕西师范大学	教育部	西安市	本科	教育学院	是	是	是	是
延安大学	陕西省	延安市	本科	教育科学学院	否	否	是	否
陕西理工学院	陕西省	汉中市	本科	教育科学学院	否	否	否	否
宝鸡文理学院	陕西省	宝鸡市	本科	教育学院	否	否	否	否
咸阳师范学院	陕西省	咸阳市	本科	教育科学学院	是	否	否	否
渭南师范学院	陕西省	渭南市	本科	教育科学学院	是	否	否	否
西安文理学院	陕西省	西安市	本科	师范学院	否	否	否	否
安康学院	陕西省	安康市	本科	教育学院	否	否	否	否
陕西学前师范学院	陕西省	西安市	本科	教育科学学院	是	否	否	否
咸阳职业技术学院	陕西省	咸阳市	专科	师范学院	否	否	否	否
汉中职业技术学院	陕西省	汉中市	专科	教育系	否	否	否	否
延安职业技术学院	陕西省	延安市	专科	师范教育系	否	否	否	否
渭南职业技术学院	陕西省	渭南市	专科	师范学院	否	否	否	否
榆林职业技术学院	陕西省	榆林市	专科	师范教育系	否	否	否	否

表 A1 – 28　　　　　　　　　　甘肃省普通高校教育学院概况

学校名称	主管部门	所在地	办学层次	学院名称	是否是师范类	是否是"211"或"985"	是否有硕士点	是否有博士点
西北师范大学	甘肃省	兰州市	本科	教育学院	是	否	是	是
兰州城市学院	甘肃省	兰州市	本科	教育学院	否	否	否	否
陇东学院	甘肃省	庆阳市	本科	教育学院	否	否	否	否
天水师范学院	甘肃省	天水市	本科	教师教育学院	是	否	否	否
河西学院	甘肃省	张掖市	本科	教师教育学院	否	否	否	否
西北民族大学	国家民委	兰州市	本科	教育科学与技术学院	否	否	否	否
甘肃民族师范学院	甘肃省	甘南藏族自治州	本科	教育科学系	是	否	否	否

续表

学校名称	主管部门	所在地	办学层次	学院名称	是否是师范类	是否是"211"或"985"	是否有硕士点	是否有博士点
兰州文理学院	甘肃省	兰州市	本科	师范学院	否	否	否	否
陇南师范高等专科学校	甘肃省	陇南市	专科	初等（学前）教育学院	是	否	否	否
定西师范高等专科学校	甘肃省	定西市	专科	学前教育学院	是	否	否	否
兰州外语职业学院	甘肃省教育厅	兰州市	专科	教育系（民办）	否	否	否	否
兰州职业技术学院	甘肃省	兰州市	专科	初等教育系	否	否	否	否
临夏现代职业学院	甘肃省	临夏州	专科	教育系	否	否	否	否
平凉职业技术学院	甘肃省	平凉市	专科	学前教育系	否	否	否	否

表 A1 – 29　　　　　　　　青海省普通高校教育学院概况

学校名称	主管部门	所在地	办学层次	学院名称	是否是师范类	是否是"211"或"985"	是否有硕士点	是否有博士点
青海师范大学	青海省	西宁市	本科	教育学院	是	否	是	是
青海民族大学	青海省	西宁市	本科	师范学院	否	否	是	否
青海高等职业技术学院	青海省	海东市	专科	教育系	否	否	否	否

表 A1 – 30　　　　　　　宁夏回族自治区普通高校教育学院概况

学校名称	主管部门	所在地	办学层次	学院名称	是否是师范类	是否是"211"或"985"	是否有硕士点	是否有博士点
宁夏大学	宁夏回族自治区	银川市	本科	教育学院	否	是	是	否
宁夏师范学院	宁夏回族自治区	固原市	本科	教育科学学院	是	否	是	否
宁夏民族职业技术学院	宁夏回族自治区	吴忠市	专科	教育系	否	否	否	否
宁夏幼儿师范高等专科学校	宁夏回族自治区	银川市	专科	学前教育系	是	否	否	否

表 A1 – 31　　　　　　　　新疆维吾尔自治区普通高校教育学院概况

学校名称	主管部门	所在地	办学层次	学院名称	是否是师范类	是否是"211"或"985"	是否有硕士点	是否有博士点
石河子大学	新疆生产建设兵团	石河子市	本科	师范学院	否	是	是	否
新疆师范大学	新疆维吾尔自治区	乌鲁木齐市	本科	教育科学学院	是	否	是	是
喀什大学	新疆维吾尔自治区	喀什地区	本科	教育科学学院	否	否	是	否
伊犁师范学院	新疆维吾尔自治区	伊犁哈萨克自治州	本科	教育科学系	是	否	否	否
昌吉学院	新疆维吾尔自治区	昌吉回族自治州	本科	初等教育学院	否	否	否	否
乌鲁木齐职业大学	新疆维吾尔自治区	乌鲁木齐市	专科	师范学院	否	否	否	否
昌吉职业技术学院	新疆维吾尔自治区	昌吉回族自治州	专科	学前教育分院	否	否	否	否
新疆应用职业技术学院	新疆维吾尔自治区	伊犁哈萨克自治州	专科	师范教育系	否	否	否	否
新疆师范高等专科学校	新疆维吾尔自治区	乌鲁木齐市	专科	教育科学学院	是	否	否	否

A2. 2023 年全国本科层次普通院校教育学院设置情况

表 A2 – 1　　　　　　　　北京市普通高校教育学院概况

学校名称	主管部门	所在地	学院名称	是否是师范类院校	是否是"211"或"985"	是否有硕士点	是否有博士点
北京大学	教育部	北京市	教育学院	否	是	是	是
中国人民大学	教育部	北京市	教育学院	否	是	是	是
清华大学	教育部	北京市	教育研究院	否	是	是	是

学校名称	主管部门	所在地	学院名称	是否是师范类院校	是否是"211"或"985"	是否有硕士点	是否有博士点
北京理工大学	工信部	北京市	人文与社会科学学院	否	是	是	是
北京师范大学	教育部	北京市	教育学部	是	是	是	是
首都师范大学	北京市	北京市	教育学院	是	否	是	是
北京体育大学	国家体育总局	北京市	教育学院	否	是	是	是
北京联合大学	北京市	北京市	师范学院	否	否	是	否
中国音乐学院	北京市	北京市	教育学院	否	否	是	是
中华女子学院	中华妇女联合会	北京市	儿童发展与教育学院	否	否	是	否
北京城市学院	北京市教委	北京市	教育学部	否	否	否	否
中央民族大学	国家民委	北京市	教育学院	否	是	是	是

表 A2 – 2　　　　　　　　　　天津市普通高校教育学院概况

学校名称	主管部门	所在地	学院名称	是否是师范类院校	是否是"211"或"985"	是否有硕士点	是否有博士点
天津大学	教育部	天津市	教育学院	否	是	是	是
南开大学	教育部	天津市	高等教育研究所	否	否	是	是
天津职业技术师范大学	天津市	天津市	职业教育学院	是	否	是	否
天津师范大学	天津市	天津市	教育学部	是	否	是	是
天津体育学院	天津市	天津市	教育与心理学院	否	否	是	是
天津师范大学津沽学院	天津市教委	天津市	教育系	否	否	否	否

表 A2-3　　　　　　　　　　　河北省普通高校教育学院概况

学校名称	主管部门	所在地	学院名称	是否是师范类院校	是否是"211"或"985"	是否有硕士点	是否有博士点
河北大学	河北省	保定市	教育学院	否	否	是	是
河北师范大学	河北省	石家庄市	教育学院	是	否	是	否
保定学院	河北省	保定市	教师教育学院	否	否	否	否
河北北方学院	河北省	张家口市	教师教育学院	否	否	否	否
河北民族师范学院	河北省	承德市	教师教育学院	是	否	否	否
唐山师范学院	河北省	唐山市	教育学院	是	否	否	否
廊坊师范学院	河北省	廊坊市	教育学院	是	否	否	否
衡水学院	河北省	衡水市	教育学院	否	否	否	否
石家庄学院	河北省	石家庄市	教师教育学院	否	否	否	否
邯郸学院	河北省	邯郸市	教育学院	否	否	否	否
邢台学院	河北省	邢台市	教师教育学院	否	否	否	否
沧州师范学院	河北省	沧州市	教育学院	是	否	否	否
河北科技师范学院	河北省	秦皇岛市	教育学院	是	否	是	否
中央司法警官学院	司法部	保定市	矫正教育系	否	否	否	否
河北师范大学汇华学院	河北省教育厅	石家庄市	教育学部	否	否	否	否
保定理工学院	河北省教育厅	保定市	教育学院	否	否	否	否
燕京理工学院	河北省教育厅	廊坊市	人文教育学院	否	否	否	否
张家口学院	河北省	张家口市	教育学院	否	否	否	否
河北科技学院	河北省教育厅	保定市	教育学院	否	否	否	否

表 A2-4　　　　　　　　　　　山西省普通高校教育学院概况

学校名称	主管部门	所在地	学院名称	是否是师范类院校	是否是"211"或"985"	是否有硕士点	是否有博士点
山西大学	山西省	太原市	教育科学学院	否	否	是	否
山西师范大学	山西省	临汾市	教师教育学院	是	否	是	否
太原师范学院	山西省	太原市	教育学院	是	否	是	否

续表

学校名称	主管部门	所在地	学院名称	是否是师范类院校	是否是"211"或"985"	是否有硕士点	是否有博士点
山西大同大学	山西省	大同市	教育科学与技术学院	否	否	是	否
山西工商学院	山西省	太原市	学前教育学院	否	否	否	否
长治学院	山西省	长治市	教育系	否	否	否	否
太原学院	山西省	太原市	教育系	否	否	否	否
吕梁学院	山西省	吕梁市	教师教育系	否	否	否	否
晋中学院	山西省	晋中市	教育科学与技术系	否	否	否	否
运城学院	山西省	运城市	教育与心理科学系	否	否	否	否
忻州师范学院	山西省	忻州市	教育系	是	否	否	否

表 A2 – 5　　　　　　　　内蒙古自治区普通高校教育学院概况

学校名称	主管部门	所在地	学院名称	是否是师范类院校	是否是"211"或"985"	是否有硕士点	是否有博士点
内蒙古师范大学	内蒙古自治区	呼和浩特市	教育学院	是	否	是	否
内蒙古民族大学	内蒙古自治区	通辽市	教育科学学院	否	否	是	否
赤峰学院	内蒙古自治区	赤峰市	教育科学学院	否	否	是	否
呼伦贝尔学院	内蒙古自治区	呼伦贝尔市	教育学院	否	否	否	否
集宁师范学院	内蒙古自治区	乌兰察布市	教育科学学院	是	否	否	否
河套学院	内蒙古自治区	巴彦淖尔市	教育系	否	否	否	否
内蒙古鸿德文理学院	内蒙古自治区	呼和浩特市	教育系	否	否	否	否
呼和浩特民族学院	内蒙古自治区	呼和浩特市	教育学院	否	否	否	否

表 A2 – 6　　　　　　　　辽宁省普通高校教育学院概况

学校名称	主管部门	所在地	学院名称	是否是师范类院校	是否是"211"或"985"	是否有硕士点	是否有博士点
大连理工大学	辽宁省	大连市	高等教育研究院	否	是	是	是

续表

学校名称	主管部门	所在地	学院名称	是否是师范类院校	是否是"211"或"985"	是否有硕士点	是否有博士点
辽宁师范大学	辽宁省	大连市	教育学部	是	否	是	是
沈阳师范大学	辽宁省	沈阳市	教育科学学院	是	否	是	否
辽宁大学	辽宁省	沈阳市	高等教育研究所	否	是	是	是
沈阳音乐学院	辽宁省	沈阳市	音乐教育学院	否	否	否	否
沈阳体育学院	辽宁省	沈阳市	体育教育学院	否	否	否	否
辽宁科技学院	辽宁省	本溪市	人文艺术学院	否	否	否	否
沈阳工学院	辽宁省	抚顺市	学前教育学院	否	否	否	否
渤海大学	辽宁省	锦州市	教育科学学院	否	否	是	否
鞍山师范学院	辽宁省	鞍山市	教育科学与技术学院	是	否	否	否
辽宁师范大学海华学院	辽宁省	大连市	教育科学学院	否	否	否	否
大连大学	辽宁省	大连市	教育学院	否	否	是	否

表 A2 - 7　　　　　　　　　　吉林省普通高校教育学院概况

学校名称	主管部门	所在地	学院名称	是否是师范类院校	是否是"211"或"985"	是否有硕士点	是否有博士点
北华大学	吉林省	吉林市	教育科学学院	否	否	是	否
延边大学	吉林省	延边朝鲜族自治州	师范学院	否	是	是	否
东北师范大学	教育部	长春市	教育学部	是	是	是	是
通化师范学院	吉林省	通化市	教育科学学院	是	否	否	否
吉林师范大学	吉林省	四平市	教育科学学院	是	否	是	否
长春师范大学	吉林省	长春市	教育学院	是	否	是	否
吉林工程技术师范学院	吉林省	长春市	教育科学学院	是	否	是	否
吉林外国语大学	吉林省教育厅	长春市	教育学院	否	否	是	否
长春光华学院	吉林省教育厅	长春市	现代教育学院	否	否	否	否

续表

学校名称	主管部门	所在地	学院名称	是否是师范类院校	是否是"211"或"985"	是否有硕士点	是否有博士点
白城师范学院	吉林省	白城市	教育科学学院	是	否	否	否
吉林师范大学博达学院	吉林省教育厅	四平市	学前与小学教育学院	否	否	否	否
吉林体育学院	吉林省	长春市	体育教育学院	否	否	否	否

表 A2－8　　　　　　　　黑龙江省普通高校教育学院概况

学校名称	主管部门	所在地	学院名称	是否是师范类院校	是否是"211"或"985"	是否有硕士点	是否有博士点
黑龙江大学	黑龙江省	哈尔滨市	教育科学研究学院	否	否	是	否
佳木斯大学	黑龙江省	佳木斯市	教育科学学院	否	否	是	否
哈尔滨师范大学	黑龙江省	哈尔滨市	教育科学学院	是	否	是	是
齐齐哈尔大学	黑龙江省	齐齐哈尔市	教师教育学院	否	否	是	否
牡丹江师范学院	黑龙江省	牡丹江市	教育科学学院	是	否	是	否
哈尔滨学院	黑龙江省	哈尔滨市	教师教育学院	否	否	否	否
大庆师范学院	黑龙江省	大庆市	教师教育学院	是	否	否	否
绥化学院	黑龙江省	绥化市	教育学院	否	否	否	否
哈尔滨剑桥学院	黑龙江省教育厅	哈尔滨市	教育学院	否	否	否	否
黑河学院	黑龙江省	黑河市	教育科学学院	否	否	否	否
哈尔滨石油学院	黑龙江省教育厅	哈尔滨市	艺术与教育学院	否	否	否	否
黑龙江工业学院	黑龙江省	鸡西市	人文与师范学院	否	否	否	否

表 A2－9　　　　　　　　上海市普通高校教育学院概况

学校名称	主管部门	所在地	学院名称	是否是师范类院校	是否是"211"或"985"	是否有硕士点	是否有博士点
上海交通大学	教育部	上海市	教育学院	否	是	是	是

续表

学校名称	主管部门	所在地	学院名称	是否是师范类院校	是否是"211"或"985"	是否有硕士点	是否有博士点
复旦大学	教育部	上海市	高等教育研究所	否	是	是	是
同济大学	教育部	上海市	职业技术教育学院	否	是	是	否
上海体育大学	上海市	上海市	体育教育学院	否	否	是	是
上海杉达学院	上海市教委	上海市	教育学院	否	否	否	否
华东师范大学	教育部	上海市	教育学部	是	是	是	是
上海师范大学	上海市	上海市	教育学院	是	否	是	是
上海建桥学院	上海市教委	上海市	教育学院	否	否	否	否
上海外国语大学贤达经济学院	上海市教委	上海市	教育学院	否	否	否	否
上海师范大学天华学院	上海市教委	上海市	学前教育学院初等教育学院	否	否	否	否

表 A2 – 10　　　　　　　江苏省普通高校教育学院概况

学校名称	主管部门	所在地	学院名称	是否是师范类院校	是否是"211"或"985"	是否有硕士点	是否有博士点
南京大学	江苏省	南京市	教育研究院	否	是	是	是
苏州大学	江苏省	苏州市	教育学院	否	是	是	是
常州大学	江苏省	常州市	高等教育研究院	否	否	是	否
南京邮电大学	江苏省	南京市	教育科学与技术学院	否	否	是	否
盐城师范学院	江苏省	盐城市	教育科学学院	是	否	否	否
扬州大学	江苏省	扬州市	教育科学学院	否	否	是	否
南京晓庄学院	江苏省	南京市	教师教育学院幼儿师范学院	否	否	否	否
南京特殊教育师范学院	江苏省	南京市	特殊教育学院教育科学学院	否	否	否	否
苏州科技大学	江苏省	苏州市	教育学院	否	否	是	否
江苏理工学院	江苏省	常州市	教育学院	否	否	否	否

续表

学校名称	主管部门	所在地	学院名称	是否是师范类院校	是否是"211"或"985"	是否有硕士点	是否有博士点
徐州工程学院	江苏省	徐州市	师范学院	否	否	否	否
江苏大学	江苏省	镇江市	教师教育学院	否	否	是	否
南京信息工程大学	江苏省	南京市	教师教育学院	否	否	是	否
南京审计大学金审学院	江苏省教育厅	南通市	教师教育学院	否	否	否	否
宿迁学院	江苏省	宿迁市	教师教育学院	否	否	否	否
西交利物浦大学	江苏省	苏州市	未来教育学院	否	否	是	是
南通大学	江苏省	南通市	教育科学学院	否	否	是	否
南京师范大学	江苏省	南京市	教育科学学院	是	否	是	是
江苏师范大学	江苏省	徐州市	教育科学学院	是	否	是	否
淮阴师范学院	江苏省	淮安市	教育科学学院	是	否	是	否
泰州学院	江苏省	泰州市	教育科学学院	否	否	否	否
江苏第二师范学院	江苏省	南京市	教育科学学院	是	否	否	否

表 A2 –11　　　　　　　　浙江省普通高校教育学院概况

学校名称	主管部门	所在地	学院名称	是否是师范类院校	是否是"211"或"985"	是否有硕士点	是否有博士点
浙江大学	教育部	杭州市	教育学院	否	是	是	是
浙江工业大学	浙江省	杭州市	教育学院	否	否	是	否
浙江师范大学	浙江省	金华市	教育学院	是	否	是	是
杭州师范大学	浙江省	杭州市	经亨颐教育学院	是	否	是	是
湖州师范学院	浙江省	湖州市	教师教育学院	是	否	是	否
宁波大学	浙江省	宁波市	教师教育学院	否	否	是	否
浙江海洋大学	浙江省	舟山市	师范学院	否	否	是	否
丽水学院	浙江省	丽水市	教师教育学院	否	否	否	否
台州学院	浙江省	台州市	教师教育学院	否	否	否	否
温州大学	浙江省	温州市	教育学院	否	否	是	否

续表

学校名称	主管部门	所在地	学院名称	是否是师范类院校	是否是"211"或"985"	是否有硕士点	是否有博士点
衢州学院	浙江省	衢州市	教师教育学院	否	否	否	否
温州肯恩大学	浙江省教育厅	温州市	教育学院	否	否	是	是
绍兴文理学院	浙江省	绍兴市	教师教育学院	否	否	是	否
浙江外国语学院	浙江省	杭州市	教育学院	否	否	否	否

表 A2－12　　　　　　　　　　安徽省普通高校教育学院概况

学校名称	主管部门	所在地	学院名称	是否是师范类院校	是否是"211"或"985"	是否有硕士点	是否有博士点
安徽大学	安徽省	合肥市	高等教育研究所	否	是	是	否
巢湖学院	安徽省	合肥市	教师教育学院	否	否	否	否
安徽师范大学	安徽省	芜湖市	教育科学学院	是	否	是	是
安徽师范大学皖江学院	安徽省	芜湖市	学前教育系	否	否	否	否
阜阳师范大学	安徽省	阜阳市	教育学院	是	否	是	否
蚌埠学院	安徽省	蚌埠市	文学与教育学院	否	否	否	否
安庆师范大学	安徽省	安庆市	教师教育学院	是	否	是	否
淮北师范大学	安徽省	淮北市	教育学院	是	否	是	否
淮北理工学院	安徽省	淮北市	教育学院	否	否	否	否
黄山学院	安徽省	黄山市	教育科学学院	否	否	否	否
池州学院	安徽省	池州市	艺术与教育学院	否	否	否	否
滁州学院	安徽省	滁州市	教育科学学院	否	否	否	否
淮南师范学院	安徽省	淮南市	教育学院	是	否	否	否
合肥大学	安徽省	合肥市	教育学院	否	否	是	否
亳州学院	安徽省	亳州市	教育系	否	否	否	否
合肥师范学院	安徽省	合肥市	教育与心理科学学院	是	否	是	否

表 A2 – 13　　　　　　　　　　　**福建省普通高校教育学院概况**

学校名称	主管部门	所在地	学院名称	是否是师范类院校	是否是"211"或"985"	是否有硕士点	是否有博士点
厦门大学	教育部	厦门市	教育研究院	否	是	是	是
莆田学院	福建省	莆田市	基础教育学院	否	否	否	否
集美大学	福建省	厦门市	师范学院	否	否	是	否
福建师范大学	福建省	福州市	教育学院	是	否	是	是
福州外语外贸学院	福建省	福州市	教育学院	否	否	否	否
福建技术师范学院	福建省	福州市	教育学院	是	否	否	否
武夷学院	福建省	南平市	人文与教师教育学院	否	否	否	否
三明学院	福建省	三明市	教育与音乐学院	否	否	否	否
闽南理工学院	福建省	泉州市	教育学院	否	否	否	否
泉州职业技术大学	福建省	泉州市	教育学院	否	否	否	否
仰恩大学	福建省	泉州市	艺术与教育学院	否	否	否	否
宁德师范学院	福建省	宁德市	教育学院	是	否	否	否
泉州师范学院	福建省	泉州市	教育科学学院	是	否	否	否
闽南师范大学	福建省	漳州市	教育与心理学院	是	否	是	否
龙岩学院	福建省	龙岩市	师范教育学院	否	否	否	否

表 A2 – 14　　　　　　　　　　　**江西省普通高校教育学院概况**

学校名称	主管部门	所在地	学院名称	是否是师范类院校	是否是"211"或"985"	是否有硕士点	是否有博士点
江西师范大学	江西省	南昌市	教育学院	是	否	是	是
萍乡学院	江西省	萍乡市	教育学院	否	否	否	否
江西科技师范大学	江西省	南昌市	教育学部	是	否	是	否
南昌职业大学	江西省	南昌市	教育学院	否	否	否	否
南昌工学院	江西省	南昌市	教育学院	否	否	否	否
江西师范大学科学技术学院	江西省	九江市	教师教育学院	否	否	否	否

续表

学校名称	主管部门	所在地	学院名称	是否是师范类院校	是否是"211"或"985"	是否有硕士点	是否有博士点
江西应用科技学院	江西省	南昌市	教育学院	否	否	否	否
南昌应用技术师范学院	江西省	南昌市	教育学院	是	否	否	否
豫章师范学院	江西省	南昌市	小学教育学院、特殊教育学院、学前教育学院	是	否	否	否
上饶师范学院	江西省	上饶市	教育科学学院	是	否	否	否
赣南师范大学	江西省	赣州市	教育科学学院	是	否	是	否
宜春学院	江西省	宜春市	师范教育学院	否	否	否	否
井冈山大学	江西省	吉安市	教育学院	否	否	否	否
景德镇学院	江西省	景德镇市	教育学院	否	否	否	否
江西科技学院	江西省	南昌市	教育学院	否	否	否	否
九江学院	江西省	九江市	教育学院	否	否	否	否
江西师范大学科学技术学院	江西省教育厅	南昌市	教师教育学院	否	否	否	否
南昌师范学院	江西省	南昌市	教育学院	是	否	否	否

表 A2 – 15　　　　　　　　山东省普通高校教育学院概况

学校名称	主管部门	所在地	学院名称	是否是师范类院校	是否是"211"或"985"	是否有硕士点	是否有博士点
中国海洋大学	教育部	青岛市	教育系	否	是	是	否
济南大学	山东省	济南市	教育与心理科学学院	否	否	是	否
滨州医学院	山东省	滨州市	特殊教育与康复学院	否	否	否	否
山东师范大学	山东省	济南市	教育学部	是	否	是	是
曲阜师范大学	山东省	济宁市	教育学院	是	否	是	是
聊城大学	山东省	聊城市	教育科学学院	否	否	是	否

续表

学校名称	主管部门	所在地	学院名称	是否是师范类院校	是否是"211"或"985"	是否有硕士点	是否有博士点
德州学院	山东省	德州市	教师教育学院	否	否	否	否
山东航空学院	山东省	滨州市	教师教育学院	否	否	否	否
鲁东大学	山东省	烟台市	教育科学学院	否	否	是	是
临沂大学	山东省	临沂市	教育学院	否	否	是	否
枣庄学院	山东省	枣庄市	心理与教育科学学院	否	否	否	否
青岛大学	山东省	青岛市	师范学院	否	否	是	否
潍坊学院	山东省	潍坊市	教师教育学院（特教幼教师范学院）	否	否	否	否
山东女子学院	山东省	济南市	教育学院	否	否	否	否
泰山学院	山东省	泰安市	教师教育学院	否	否	否	否
济宁学院	山东省	济宁市	教师教育学院	否	否	否	否
菏泽学院	山东省	菏泽市	教师教育学院	否	否	否	否
青岛恒星科技学院	山东省教育厅	青岛市	教育学院	否	否	否	否
聊城大学东昌学院	山东省教育厅	聊城市	教育系	否	否	否	否
青岛工学院	山东省教育厅	青岛市	基础教育学院	否	否	否	否
齐鲁师范学院	山东省	济南市	教师教育学院	是	否	否	否
青岛滨海学院	山东省教育厅	青岛市	教育学部	否	否	否	否
青岛黄海学院	山东省教育厅	青岛市	教育学院	否	否	否	否
潍坊科技学院	山东省教育厅	潍坊市	教师教育学院	否	否	否	否
山东英才学院	山东省教育厅	济南市	学前教育学院	否	否	否	否
山东协和学院	山东省教育厅	济南市	人文艺术与教育学院	否	否	否	否

表 A2-16　　　　　　　　　河南省普通高校教育学院概况

学校名称	主管部门	所在地	学院名称	是否是师范类院校	是否是"211"或"985"	是否有硕士点	是否有博士点
郑州大学	河南省	郑州市	教育学院	否	是	是	是
河南科技学院	河南省	新乡市	教育科学学院	否	否	是	否
河南大学	河南省	开封市	教育学部	否	否	是	是

学校名称	主管部门	所在地	学院名称	是否是师范类院校	是否是"211"或"985"	是否有硕士点	是否有博士点
河南师范大学	河南省	新乡市	教育学部	是	否	是	是
信阳师范学院	河南省	信阳市	教师教育学院	是	否	是	否
周口师范学院	河南省	周口市	教育科学学院	是	否	是	否
安阳师范学院	河南省	安阳市	教育学院	是	否	是	否
许昌学院	河南省	许昌市	教育学院	否	否	否	否
南阳师范学院	河南省	南阳市	教育科学学院	是	否	否	否
洛阳师范学院	河南省	洛阳市	教育科学学院	是	否	否	否
河南财政金融学院	河南省	郑州市	教育科学学院	否	否	否	否
商丘工学院	河南省教育厅	商丘市	教育与现代艺术学院	否	否	否	否
南阳理工学院	河南省	南阳市	教师教育学院	否	否	否	否
商丘师范学院	河南省	商丘市	教师教育学院	是	否	否	否
郑州工程技术学院	河南省	郑州市	特殊教育学院	否	否	否	否
平顶山学院	河南省	平顶山市	教师教育学院	否	否	否	否
新乡学院	河南省	新乡市	教育科学学院	否	否	否	否
郑州财经学院	河南省教育厅	郑州市	教育学院	否	否	否	否
信阳学院	河南省教育厅	信阳市	教育学院	否	否	否	否
河南科技职业大学	河南省教育厅	周口市	教育科学学院	否	否	否	否
郑州西亚斯学院	河南省教育厅	郑州市	教育学院	否	否	否	否
郑州师范学院	河南省	郑州市	教育科学学院	是	否	否	否
中原科技学院	河南省	郑州市	教育与艺术学部	否	否	否	否

表 A2－17　　　　　　　　　**湖北省普通高校教育学院概况**

学校名称	主管部门	所在地	学院名称	是否是师范类院校	是否是"211"或"985"	是否有硕士点	是否有博士点
武汉大学	教育部	武汉市	教育科学研究院	否	是	是	是
华中科技大学	教育部	武汉市	教育科学研究院	否	是	是	是
长江大学	湖北省	荆州市	教育与体育学院	否	否	是	否
华中师范大学	教育部	武汉市	教育学院	是	是	是	是

续表

学校名称	主管部门	所在地	学院名称	是否是师范类院校	是否是"211"或"985"	是否有硕士点	是否有博士点
中国地质大学（武汉）	教育部	武汉市	教育研究院	否	是	是	否
湖北大学	湖北省	武汉市	师范学院	否	否	是	否
湖北师范大学	湖北省	黄石市	教育科学学院	是	否	是	否
黄冈师范学院	湖北省	黄冈市	教育学院	是	否	是	否
湖北文理学院	湖北省	襄阳市	教师教育学院	否	否	否	否
中南民族大学	国家民委	武汉市	教育学院	否	否	是	是
湖北理工学院	湖北省	黄石市	师范学院	否	否	否	否
湖北科技学院	湖北省	咸宁市	教育学院	否	否	否	否
湖北工程学院	湖北省	孝感市	教育与心理学院	否	否	否	否
江汉大学	湖北省	武汉市	教育学院	否	否	是	否
三峡大学	湖北省	宜昌市	田家炳教育学院	否	否	是	否
武汉音乐学院	湖北省	武汉市	音乐教育学院	否	否	否	否
长江大学文理学院	湖北省	荆州市	教育与心理学院	否	否	否	否
湖北民族大学	湖北省	恩施市	教师教育学院	否	否	否	否
汉江师范学院	湖北省	十堰市	教育学院	是	否	否	否
湖北商贸学院	湖北省	武汉市	教育学院	否	否	否	否
武汉文理学院	湖北省	武汉市	教育学院	否	否	否	否
荆楚理工学院	湖北省	荆门市	师范学院	否	否	否	否
湖北师范大学文理学院	湖北省教育厅	黄石市	教育与艺术学部	否	否	否	否
湖北第二师范学院	湖北省	武汉市	教育科学学院	是	否	否	否

表 A2 –18　　　　　　　　湖南省普通高校教育学院概况

学校名称	主管部门	所在地	学院名称	是否是师范类院校	是否是"211"或"985"	是否有硕士点	是否有博士点
吉首大学	湖南省	湘西土家族苗族自治州	教师教育学院	否	否	是	否
湖南大学	教育部	长沙市	教育科学研究院	否	是	是	是

续表

学校名称	主管部门	所在地	学院名称	是否是师范类院校	是否是"211"或"985"	是否有硕士点	是否有博士点
湖南科技大学	湖南省	湘潭市	教育学院	否	否	是	否
湖南农业大学	湖南省	长沙市	教育学院	否	否	是	是
湖南师范大学	湖南省	长沙市	教育科学学院	是	否	是	是
湖南人文科技学院	湖南省	娄底市	教育学院	否	否	否	否
衡阳师范学院南岳学院	湖南省教育厅	衡阳市	教育科学系	否	否	否	否
湖南师范大学树达学院	湖南省	长沙市	教师教育系	是	否	否	否
湖南理工学院	湖南省	岳阳市	教育科学学院	否	否	是	否
湖南第一师范学院	湖南省	长沙市	教育学院	是	否	否	否
衡阳师范学院	湖南省	衡阳市	教育科学学院	是	否	否	否
怀化学院	湖南省	怀化市	教育科学学院	否	否	否	否
长沙师范学院	湖南省	长沙市	学前教育学院初等教育学院	是	否	否	否

表 A2－19　　　　　　　　广东省普通高校教育学院概况

学校名称	主管部门	所在地	学院名称	是否是师范类院校	是否是"211"或"985"	是否有硕士点	是否有博士点
华南师范大学	广东省	广州市	教育科学学院	是	是	是	是
暨南大学	中央统战部	广州市	华文学院	否	是	是	否
汕头大学	广东省	汕头市	高等教育研究所	否	否	是	否
韶关学院	广东省	韶关市	教育科学学院	否	否	否	否
惠州学院	广东省	惠州市	教育科学学院	否	否	否	否
韩山师范学院	广东省	潮州市	教育科学学院	是	否	否	否
岭南师范学院	广东省	湛江市	教育科学学院	是	否	否	否
肇庆学院	广东省	肇庆市	教育科学学院	否	否	是	否
嘉应学院	广东省	梅州市	教育科学学院	否	否	否	否
广东技术师范大学	广东省	广州市	教育科学学院	是	否	是	否

续表

学校名称	主管部门	所在地	学院名称	是否是师范类院校	是否是"211"或"985"	是否有硕士点	是否有博士点
深圳大学	广东省	深圳市	教育学部	否	否	是	否
广东白云学院	广东省教育厅	广州市	教育学院	否	否	否	否
广东石油化工学院	广东省	茂名市	文法学院教育系	否	否	否	否
广州大学	广东省	广州市	教育学院	否	否	是	是
东莞理工学院	广东省	东莞市	教育学院	否	否	否	否
广东外语外贸大学	广东省	广州市	英语教育学院	否	否	是	否
香港科技大学（广州）	广东省教育厅	广州市	教育科学学院	否	否	否	否
广东第二师范学院	广东省	广州市	教育学院	是	否	否	否
佛山科学技术学院	广东省	佛山市	人文与教育学院	否	否	是	否
广州华商学院	广东省教育厅	广州市	教师教育学院	否	否	否	否
湛江科技学院	广东省教育厅	湛江市	教育学院	否	否	否	否
广州华立学院	广东省教育厅	广州市	教育学院	否	否	否	否

表 A2 – 20　　　　广西壮族自治区普通高校教育学院概况

学校名称	主管部门	所在地	学院名称	是否是师范类院校	是否是"211"或"985"	是否有硕士点	是否有博士点
广西师范大学	广西壮族自治区	桂林市	教育学部	是	否	是	是
南宁师范大学	广西壮族自治区	南宁市	教育科学学院	是	否	是	否
广西民族师范学院	广西壮族自治区	崇左市	教育科学学院	是	否	否	否
玉林师范学院	广西壮族自治区	玉林市	教育科学学院	是	否	是	否
河池学院	广西壮族自治区	河池市	教师教育学院	否	否	否	否
广西民族大学	广西壮族自治区	南宁市	教育科学学院	否	否	是	否
百色学院	广西壮族自治区	百色市	教师教育学院	否	否	否	否
北部湾大学	广西壮族自治区	钦州市	教育学院	否	否	是	否
贺州学院	广西壮族自治区	贺州市	教师教育学院	否	否	否	否
梧州学院	广西壮族自治区	梧州市	教师教育学院	否	否	否	否

续表

学校名称	主管部门	所在地	学院名称	是否是师范类院校	是否是"211"或"985"	是否有硕士点	是否有博士点
桂林学院	广西自治区教育厅	桂林市	教育学院	否	否	否	否
广西外国语学院	广西自治区教育厅	南宁市	教育学院	否	否	否	否
广西科技师范学院	广西壮族自治区	来宾市	教育科学学院	是	否	否	否
广西职业师范学院	广西壮族自治区	南宁市	教育学院	是	否	否	否
南宁师范大学师园学院	广西自治区教育厅	南宁市	教育系	否	否	否	否

表 A2 – 21　　　　　　　　海南省普通高校教育学院概况

学校名称	主管部门	所在地	学院名称	是否是师范类院校	是否是"211"或"985"	是否有硕士点	是否有博士点
琼台师范学院	海南省	海口市	教师教育学院	是	否	否	否
海南师范大学	海南省	海口市	教育学院	是	否	是	否

表 A2 – 22　　　　　　　　重庆市普通高校教育学院概况

学校名称	主管部门	所在地	学院名称	是否是师范类院校	是否是"211"或"985"	是否有硕士点	是否有博士点
重庆文理学院	重庆市	重庆市	师范学院	否	否	否	否
西南大学	教育部	重庆市	教育学部	是	是	是	是
重庆师范大学	重庆市	重庆市	教育科学学院	是	否	是	否
重庆三峡学院	重庆市	重庆市	教师教育学院	否	否	是	否
长江师范学院	重庆市	重庆市	教师教育学院	否	否	否	否
四川外国语大学	重庆市	重庆市	国际教育学院	否	否	是	否
四川美术学院	重庆市	重庆市	艺术教育学院	否	否	是	否
重庆第二师范学院	重庆市	重庆市	教师教育学院	是	否	否	否
重庆对外经贸学院	重庆市教委	重庆市	学前教育学院	否	否	否	否
重庆人文科技学院	重庆市教委	重庆市	学前教育学院	否	否	否	否

表 A2 – 23 四川省普通高校教育学院概况

学校名称	主管部门	所在地	学院名称	是否是师范类院校	是否是"211"或"985"	是否有硕士点	是否有博士点
四川师范大学	四川省	成都市	教育科学学院	是	否	是	是
西华师范大学	四川省	南充市	教育学院	是	否	是	否
宜宾学院	四川省	宜宾市	教育科学学院	否	否	否	否
四川轻化工大学	四川省	自贡市	教育与心理科学学院	否	否	是	否
成都文理学院	四川省教育厅	成都市	教育学院	否	否	否	否
四川工业科技学院	四川省教育厅	德阳市	教育学院	否	否	否	否
西南财经大学天府学院	四川省教育厅	绵阳市	文化与教育学院	否	否	否	否
成都师范学院	四川省	成都市	教育与心理学院	是	否	否	否
四川工商学院	四川省教育厅	成都市	教育学院	否	否	否	否
绵阳师范学院	四川省	绵阳市	教育科学学院	是	否	否	否
内江师范学院	四川省	内江市	教育科学学院	是	否	否	否
阿坝师范学院	四川省	阿坝藏族羌族自治州	教师教育学院	是	否	否	否
乐山师范学院	四川省	乐山市	教育科学学院	是	否	否	否
四川文理学院	四川省	达州市	教师教育学院	否	否	否	否
四川民族学院	四川省	康定市	教育科学学院	否	否	否	否
成都大学	四川省	成都市	师范学院	否	否	是	否

表 A2 – 24 贵州省普通高校教育学院概况

学校名称	主管部门	所在地	学院名称	是否是师范类院校	是否是"211"或"985"	是否有硕士点	是否有博士点
遵义师范学院	贵州省	遵义市	教师教育学院	是	否	否	否
贵州师范大学	贵州省	贵阳市	教育学院	是	否	是	否
铜仁学院	贵州省	铜仁市	教育学院	否	否	否	否
兴义民族师范学院	贵州省	黔西南布依族苗族自治州	教育科学学院	是	否	否	否

续表

学校名称	主管部门	所在地	学院名称	是否是师范类院校	是否是"211"或"985"	是否有硕士点	是否有博士点
安顺学院	贵州省	安顺市	教育科学学院	否	否	否	否
贵州工程应用技术学院	贵州省	毕节市	师范学院	否	否	否	否
凯里学院	贵州省	黔东南苗族侗族自治州	教育科学学院	否	否	否	否
黔南民族师范学院	贵州省	黔南布依族苗族自治州	教育科学学院	是	否	否	否
贵阳学院	贵州省	贵阳市	教育科学学院	否	否	否	否
六盘水师范学院	贵州省	六盘水市	教育科学学院	是	否	否	否
贵州师范学院	贵州省	贵阳市	教育科学学院	是	否	否	否

表 A2 – 25　　　　　　　云南省普通高校教育学院概况

学校名称	主管部门	所在地	学院名称	是否是师范类院校	是否是"211"或"985"	是否有硕士点	是否有博士点
云南大学	云南省	昆明市	高等教育研究院	否	是	是	否
大理大学	云南省	大理白族自治州	教师教育学院	否	否	是	否
云南师范大学	云南省	昆明市	教育学部	是	否	是	是
楚雄师范学院	云南省	楚雄彝族自治州	教育学院	是	否	否	否
云南经济管理学院	云南省教育厅	昆明市	教育学院	否	否	否	否
曲靖师范学院	云南省	曲靖市	教师教育学院	是	否	否	否
普洱学院	云南省	普洱市	教师教育学院	否	否	否	否
保山学院	云南省	保山市	教育学院	否	否	否	否
红河学院	云南省	红河哈尼族彝族自治州	教师教育学院	否	否	否	否
云南民族大学	云南省	昆明市	教育学院	否	否	是	否
玉溪师范学院	云南省	玉溪市	教师教育学院	是	否	否	否
昆明学院	云南省	昆明市	教师教育学院	否	否	是	否

续表

学校名称	主管部门	所在地	学院名称	是否是师范类院校	是否是"211"或"985"	是否有硕士点	是否有博士点
云南工商学院	云南省教育厅	昆明市	教育学院	否	否	否	否
滇西科技师范学院	云南省	临沧市	教师教育学院	是	否	否	否
昭通学院	云南省	昭通市	教育科学学院	否	否	否	否
文山学院	云南省	文山壮族苗族自治州	教师教育学院	否	否	否	否

表 A2-26　　　　　　　　西藏自治区普通高校教育学院概况

学校名称	主管部门	所在地	办学层次	学院名称	是否是师范类	是否是"211"或"985"	是否有硕士点	是否有博士点
西藏大学	西藏自治区	拉萨市	本科	教育学院	否	是	是	否
西藏民族大学	西藏自治区	咸阳市	本科	教育学院	否	否	是	否

表 A2-27　　　　　　　　陕西省普通高校教育学院概况

学校名称	主管部门	所在地	学院名称	是否是师范类院校	是否是"211"或"985"	是否有硕士点	是否有博士点
陕西师范大学	教育部	西安市	教育学部	是	是	是	是
渭南师范学院	陕西省	渭南市	教育科学学院	是	否	否	否
延安大学	陕西省	延安市	教育科学学院	否	否	是	否
陕西科技大学	陕西省	西安市	教育学院	否	否	是	否
陕西理工大学	陕西省	汉中市	教育科学学院	否	否	是	否
宝鸡文理学院	陕西省	宝鸡市	教育学院	否	否	是	否
咸阳师范学院	陕西省	咸阳市	教育科学学院	是	否	否	否
榆林学院	陕西省	榆林市	教育学院	否	否	是	否
西安文理学院	陕西省	西安市	师范学院	否	否	否	否
西安欧亚学院	陕西省教育厅	西安市	人文教育学院	否	否	否	否
西安翻译学院	陕西省教育厅	西安市	教育学院	否	否	否	否
安康学院	陕西省	安康市	教育学院	否	否	否	否
陕西学前师范学院	陕西省	西安市	教育科学学院	是	否	否	否

表 A2 – 28　　　　　　　　　甘肃省普通高校教育学院概况

学校名称	主管部门	所在地	学院名称	是否是师范类院校	是否是"211"或"985"	是否有硕士点	是否有博士点
西北师范大学	甘肃省	兰州市	教育科学学院	是	否	是	是
兰州城市学院	甘肃省	兰州市	教育学院	否	否	否	否
兰州大学	甘肃省	兰州市	高等教育研究院	否	是	是	否
陇东学院	甘肃省	庆阳市	教育与体育学院	否	否	否	否
天水师范学院	甘肃省	天水市	教师教育学院	是	否	是	否
河西学院	甘肃省	张掖市	教师教育学院	否	否	否	否
西北民族大学	国家民委	兰州市	教育科学与技术学院	否	否	是	否
甘肃民族师范学院	甘肃省	甘南藏族自治州	教育学院	是	否	否	否
兰州文理学院	甘肃省	兰州市	教育学院	否	否	否	否

表 A2 – 29　　　　　　　　　青海省普通高校教育学院概况

学校名称	主管部门	所在地	学院名称	是否是师范类院校	是否是"211"或"985"	是否有硕士点	是否有博士点
青海师范大学	青海省	西宁市	教育学院	是	否	是	是
青海民族大学	青海省	西宁市	教师教育学院	否	否	是	否

表 A2 – 30　　　　　　　　宁夏回族自治区普通高校教育学院概况

学校名称	主管部门	所在地	学院名称	是否是师范类院校	是否是"211"或"985"	是否有硕士点	是否有博士点
宁夏大学	宁夏回族自治区	银川市	教师教育学院	否	是	是	是
银川科技学院	宁夏回族自助区教育厅	银川市	教师教育学院	否	否	否	否
宁夏师范大学	宁夏回族自治区	固原市	教育科学学院	是	否	是	否

表 A2 –31　　　　　　　　　新疆维吾尔自治区普通高校教育学院概况

学校名称	主管部门	所在地	学院名称	是否是师范类院校	是否是"211"或"985"	是否有硕士点	是否有博士点
石河子大学	新疆生产建设兵团	石河子市	师范学院	否	是	是	否
新疆师范大学	新疆维吾尔自治区	乌鲁木齐	教育科学学院	是	否	是	是
喀什大学	新疆维吾尔自治区	喀什地区	教育科学学院	否	否	是	否
伊犁师范大学	新疆维吾尔自治区	伊犁哈萨克自治州	教育科学学院	是	否	是	否
昌吉学院	新疆维吾尔自治区	昌吉回族自治州	教育科学学院	否	否	否	否

附录 B　教育学院绩效评价指标体系调查问卷（测试）

　　尊敬的专家，您好！为构建客观、科学、合理的我国普通高校教育学院绩效评价指标体系，我们利用平衡计分卡和专家深度访谈法初步构建了指标体系。针对此指标体系，请您根据自己的实际感受和体会，从您的角度对以下教育学院绩效评价指标体系的重要程度进行评价和判断，并在最符合的数字上打"√"。评价和判断标准如下：1 = 非常不重要，2 = 不重要，3 = 一般，4 = 重要，5 = 非常重要。问卷不涉及任何个人信息，请放心作答，对您填答的信息，课题组严格遵守《中华人民共和国统计法》予以保密。再次感谢您的配合！

题号	题项内容	重要程度				
1	学校下拨本科教育经费	1	2	3	4	5
2	学校下拨研究生培养费	1	2	3	4	5
3	学院创收经费，如双学位学费收入等	1	2	3	4	5
4	本院校友捐赠经费	1	2	3	4	5
5	其他学院自筹资金	1	2	3	4	5
6	学院本科教育支出费用	1	2	3	4	5
7	学院研究生培养支出费用	1	2	3	4	5
8	学院行政办公支出费用	1	2	3	4	5
9	学院其他日常支出费用	1	2	3	4	5
10	学生对学院硬件设施的满意度	1	2	3	4	5
11	学生对学院教师教学的满意度	1	2	3	4	5
12	学生对学院行政工作人员行政办公的满意度	1	2	3	4	5
13	学生对学院文化的满意度	1	2	3	4	5
14	学生退学率	1	2	3	4	5

续表

题号	题项内容	重要程度				
15	新生报到率	1	2	3	4	5
16	家长对学院与其日常沟通的满意度	1	2	3	4	5
17	家长对学院学生非专业能力培养的满意度	1	2	3	4	5
18	家长对学院的抱怨率	1	2	3	4	5
19	家长对学生培养结果的满意度	1	2	3	4	5
20	学术声誉	1	2	3	4	5
21	社会声誉	1	2	3	4	5
22	全国和地区知名度	1	2	3	4	5
23	用人单位的好评度	1	2	3	4	5
24	人才培养目标是否明确	1	2	3	4	5
25	人才培养环节是否科学	1	2	3	4	5
26	人才培养结果是否突出，如毕业生就业率、深造率的高低	1	2	3	4	5
27	科研队伍构成	1	2	3	4	5
28	科研经费与项目，如国家自然科学基金、国家社会科学基金项目数等	1	2	3	4	5
29	国家科技创新团队	1	2	3	4	5
30	国家重点实验室、研究中心、科研基地	1	2	3	4	5
31	科研产出，如 SSCI/CSSCI 收录文章数、高质量著作数	1	2	3	4	5
32	成果转换率	1	2	3	4	5
33	产学研结合程度	1	2	3	4	5
34	智库建设情况及服务决策能力	1	2	3	4	5
35	承担横向项目数	1	2	3	4	5
36	学院定位与发展愿景是否明确	1	2	3	4	5
37	学院改革与创新力度	1	2	3	4	5
38	对其他学院成功经验借鉴力度	1	2	3	4	5
39	教师离职率	1	2	3	4	5
40	新教师引入力度	1	2	3	4	5
41	现有师资的再培训	1	2	3	4	5
42	师资队伍结构的合理性	1	2	3	4	5

续表

题号	题项内容	重要程度				
43	师德师风建设情况	1	2	3	4	5
44	学院对教师队伍的人文关怀情况	1	2	3	4	5
45	国家级重点学科数	1	2	3	4	5
46	省级重点学科数	1	2	3	4	5
47	硕博士点建设情况	1	2	3	4	5
48	专业教材建设情况	1	2	3	4	5
49	专业特色建设情况	1	2	3	4	5
50	专业教学团队建设情况	1	2	3	4	5
51	现有管理人员的再培训情况	1	2	3	4	5
52	引进新的专业管理人员情况	1	2	3	4	5

附录 C 教育学院绩效评价指标 体系调查问卷（完善）

尊敬的专家，您好！为构建客观、科学、合理的我国普通高校教育学院绩效评价指标体系，我们利用平衡计分卡和专家深度访谈法初步构建了指标体系。在初步建立的指标体系的基础进行了优化，针对优化后的指标体系，请您根据自己的实际感受和体会，从您的角度对以下教育学院绩效评价指标体系的重要程度进行评价和判断，并在最符合的数字上打"√"。评价和判断标准如下：1 = 非常不重要，2 = 不重要，3 = 一般，4 = 重要，5 = 非常重要。问卷不涉及任何个人信息，请放心作答，对您填答的信息，课题组严格遵守《中华人民共和国统计法》予以保密。再次感谢您的配合！

题号	题项内容	重要程度				
1	学校下拨本科教育经费	1	2	3	4	5
2	学校下拨研究生培养费	1	2	3	4	5
3	学院创收经费，如双学位学费收入等	1	2	3	4	5
4	本院校友捐赠经费	1	2	3	4	5
5	其他学院自筹资金	1	2	3	4	5
6	学院本科教育支出费用	1	2	3	4	5
7	学院研究生培养支出费用	1	2	3	4	5
8	学院行政办公支出费用	1	2	3	4	5
9	学院其他日常支出费用	1	2	3	4	5
10	学生对学院硬件设施的满意度	1	2	3	4	5
11	学生对学院教师教学的满意度	1	2	3	4	5
12	学生对学院行政工作人员行政办公的满意度	1	2	3	4	5
13	学生对学院文化的满意度	1	2	3	4	5

续表

题号	题项内容	重要程度				
14	学生退学率	1	2	3	4	5
15	新生报到率	1	2	3	4	5
16	家长对学院与其日常沟通的满意度	1	2	3	4	5
17	家长对学院学生非专业能力培养的满意度	1	2	3	4	5
18	家长对学院的抱怨率	1	2	3	4	5
19	家长对学生培养结果的满意度	1	2	3	4	5
20	学术声誉	1	2	3	4	5
21	社会声誉	1	2	3	4	5
22	全国和地区知名度	1	2	3	4	5
23	用人单位的好评度	1	2	3	4	5
24	人才培养目标是否明确	1	2	3	4	5
25	人才培养环节是否科学	1	2	3	4	5
26	人才培养结果是否突出，如毕业生就业率、深造率的高低	1	2	3	4	5
27	科研队伍构成	1	2	3	4	5
28	科研经费与项目，如国家自然科学基金、国家社会科学基金项目数等	1	2	3	4	5
29	国家重点实验室、研究中心、科研基地	1	2	3	4	5
30	科研产出，如 SSCI/CSSCI 收录文章数、高质量著作数	1	2	3	4	5
31	成果转换率	1	2	3	4	5
32	智库建设情况及服务决策能力	1	2	3	4	5
33	承担横向项目数	1	2	3	4	5
34	学院定位与发展愿景是否明确	1	2	3	4	5
35	学院改革与创新力度	1	2	3	4	5
36	对其他学院成功经验借鉴力度	1	2	3	4	5
37	教师离职率	1	2	3	4	5
38	新教师引入力度	1	2	3	4	5
39	现有师资的再培训	1	2	3	4	5
40	师资队伍结构的合理性	1	2	3	4	5
41	师德师风建设情况	1	2	3	4	5

续表

题号	题项内容	重要程度				
42	学院对教师队伍的人文关怀情况	1	2	3	4	5
43	国家级重点学科数	1	2	3	4	5
44	省级重点学科数	1	2	3	4	5
45	硕博士点建设情况	1	2	3	4	5
46	专业教材建设情况	1	2	3	4	5
47	专业特色建设情况	1	2	3	4	5
48	专业教学团队建设情况	1	2	3	4	5
49	现有管理人员的再培训情况	1	2	3	4	5
50	引进新的专业管理人员情况	1	2	3	4	5

附录 D 访谈提纲（学生版）

开篇：

问候语：您好，非常感谢您愿意接受我们的访谈。

研究背景与目的铺设：为了您有更好的访谈体验，我将会为您介绍本次访谈所涉及的相关概念。本次访谈是针对教育学院功能的研究，其指教育学院在所处学校系统中发挥的功能属性，是满足学校组织系统需求的特性。

访谈自愿以及保密说明：希望您的回答尽可能真实，如有涉及敏感问题可以拒绝回答，访谈内容我们会进行严格保密。

我们想将今天的访谈录音，以便本书后续的资料编码，请问可以吗？

访谈主体：

1. 教育学院的内部组织结构特征

问题 1：请问您所在的教育学院由哪些专业构成？

追问：您对这些专业有哪些了解？

追问：您认为学院这样的专业设置是有怎样的考量呢？

问题 2：您所在的教育学院体量如何？

追问 1：相比于其他学院，教育学院为什么会呈现出这样的体量样态？

问题 3：在全校内进行资源分配（例如保研名额、奖学金等资源），您所在教育学院的资源获得情况怎么样？

追问：您觉得您的学院获取资源竞争力强/弱有哪些原因？

追问：您对于提升学院的资源竞争力有什么建议吗？

2. 教育学院在学校组织中发挥的功能

问题 1：您所在教育学院对自身的定位如何？

追问：您觉得您的学院属于哪种类型呢？

追问：您觉得您的学院更侧重培养研究型培养学术人才还是应用型培养教师人才呢？亦或者说，是两者兼有？

问题2：您认为您所在教育学院主要承担了哪些功能呢？

追问：您认为哪个是核心功能呢？

追问：可以举一些教育学院为实现其功能所做的具体事例吗？

3. 教育学院科研功能

问题1：您所处的教育学院重视学术科研吗？您为什么会这样认为？

追问：您觉得老师们在教学方面的效果如何？您认为老师们的教学效果和学院的科研投入有相关性吗？

追问：那您觉得您学院的老师总体上更侧重于科研还是教学？

追问：侧重教学/科研的原因是什么？

问题2：那么请问贵院重视科研人才的培养吗？

追问：您了解一些相关的培养机制或者激励机制吗？

追问：那这些机制发挥的实际效用又如何呢？

追问：您有发现这些机制现存的问题吗？可以展开来说说吗？

追问：您对学院的科研人才培养制度有何优化建议呢？

问题3：可以请问一下您的科研方向吗？

追问：那在您的科研生活中能够获取较为充足的科研资源机会大吗？

追问：那请问您所获取的科研资源集中于哪部分呢？

问题4：您愿意分享一下您在贵院进行学术科研的经历与体验吗？

4. 教育学院教师人才培养功能

问题1：请问您所处的教育学院重视教师人才的培养吗？

追问：侧重于哪方面的师资的培养呢？具体有哪些表现呢？

追问：那请问贵院有什么专门的机构或活动推动教师人才的培养呢？

问题2：那么请问贵院的教师人才培养更重视理论还是实践层面？

追问：在理论层面，你们会重点学习哪些理论知识呢？可以举例说说吗？

追问：在实践经验学习方面，贵院有哪些形式呢？实施的效果如何？

追问：在学习过程，贵院有什么特殊的教学形式吗？可以展开来说说吗？

追问：您认为贵院为什么会形成这种特殊的教学形式呢？

追问：这种教学形式对你们有什么切实的影响吗？

追问：您对这种贵院特殊的教学形式有什么改进建议吗？

问题3：您在自我意识里会把教育学院学生等同于师范学生吗？为什么会这样认为？

5. 教育学院社会服务功能

问题1：请问您所在的教育学院侧重提供科研理论服务吗？

追问：您有了解一些老师的科研选题吗？会服务于学校的教育教学问题吗？

追问：学院会为学校的教育教学提供理论服务吗？有哪些呢？

问题2：请问你所在的教育学院侧重提供社会服务吗？

追问：贵院为当地的教育教学或者地区发展有提供一些帮助吗？

6. 教育学院特色功能

问题1：请问您所处的教育学院有什么办学特色吗？

追问：这种特色对你们的学习生活有什么影响吗？

问题2：请问这种特殊功能是如何产生的呢？

追问：这种特殊功能对您有何切实性的影响呢？

追问：您认为这种特殊功能有何需要改进优化之处呢？

7. 教育学院功能优化

问题1：您觉得哪些因素会影响教育学院对自身的功能定位呢？

追问：您认为哪个因素最重要呢？

问题2：以上我们就教育学院的功能这一问题进行了简单的讨论，那么对于教育学院功能的进一步实施与优化，您有什么建议吗？

结束语：

感谢您参加我们的访谈，您所提供的信息将对我们的研究十分有帮助，再次感谢。

附录 E 访谈提纲（教师版）

开篇：

问候语：您好，非常感谢您愿意接受我们的访谈。

研究背景与目的铺设：为了您有更好的访谈体验，我将会为您介绍本次访谈所涉及的相关概念。本次访谈是针对教育学院功能的研究，其指教育学院在所处学校系统中发挥的功能属性，是满足学校组织系统需求的特性。

访谈自愿以及保密说明：希望您的回答尽可能真实，如有涉及敏感问题可以拒绝回答，访谈内容我们会进行严格保密。

我们想将今天的访谈录音，以便本书后续的资料编码，请问可以吗？

访谈主体：

1. 教育学院的内部组织结构特征

问题1：请问您所在教育学院大致组织安排是什么？

问题2：请问这样的组织结构有什么特色安排吗？

2. 教育学院在学校组织中发挥的功能

问题1：请问您所在教育学院在学校中的定位如何？

追问：请问您所在教育学院在学校中的存在感如何？受学校重视程度呢？

问题2：请问您所在教育学院对学校发展的贡献主要集中于在哪些方面？

追问：请问您所在教育学院在学校中主要发挥着怎样的职能呢？

问题3：请问您能用几个简短的词语概括您所在教育学院在学校中扮演的角色吗？

3. 教育学院科研功能

问题1：请问你所处的教育学院重视学术科研吗？

追问：可以请问一下所涉及的领域有什么吗？

问题2：那么请问贵院重视科研人才的培养吗？

追问：请问对于人才的筛选贵院有什么特殊的方式吗？

追问：贵院会为科研人才培养提供什么样的资源呢？

问题3：可以请问一下老师您的科研方向吗？

追问：那在您的科研生活中能够获取较为充足的科研资源机会大吗？

追问：那请问您所获取的科研资源集中于哪部分呢？

问题4：老师您愿意分享一下您在贵院进行学术科研的经历与体验吗？

4. 教育学院教师人才培养功能

问题1：请问老师您所处的教育学院重视教师人才的培养吗？

追问：那请问贵院有什么专门的机构或活动推动教师人才的培养呢？

追问：侧重于哪方面的师资的培养呢？具体有哪些表现呢？

问题2：那么请问贵院的教师培养重视教师素养的培养吗？

追问：这种素养培养体现在哪些方面呢？

追问：素养培养的同时会侧重于就业技能的传授吗？

问题3：请问在教师培养的过程中会穿插实践经验传授吗？

追问：传授的具体形式是怎样的呢？

追问：那传授的效果又如何呢？

5. 教育学院社会服务功能

问题1：请问您所在的教育学院侧重提供科研理论服务吗？

追问：贵院更多是为谁提供理论服务？其具体表现您可以展开来说说吗？

问题2：请问您所在的教育学院侧重提供社会服务吗？

追问：贵院所提供的社会服务主要集中在哪些方面呢？

追问：具体有哪些项目呢，您能向我们简单介绍一下吗？

追问：在这些项目中，您认为哪个项目最具有代表性呢？您可以展来开说说吗？

6. 教育学院特色功能

问题1：请问您所处的教育学院有什么办学特色吗？

追问：这种特色有为您所在教育学院带来什么样资源倾斜吗？

追问：这种办学特色最终有形成什么样的特色功能与属性吗？

问题2：您能简单介绍一下贵院的这些特色功能吗？

追问：您认为哪个功能最具有代表性呢？

追问：您能用一个核心词汇来概括一下贵院的特色功能吗？

问题3：请问这种特殊功能是如何产生的呢？

追问：这种特殊功能对您有何切实性的影响呢？

追问：您认为这种特殊功能有何需要改进优化之处呢？

7. 教育学院功能优化

问题1：您觉得哪些因素会影响教育学院的功能形成？

追问：您能将这些影响因素按照重要程度排个序吗？

追问：您认为哪个因素是核心因素呢？为什么这么说？

问题2：您认为教育学院功能形成后会对其组织结构产生何影响？

追问：您认为教育学院的组织结构与功能呈怎样的关系呢？两者的相互作用会产生怎样的交互呢？

问题3：以上我们就教育学院的功能这一问题进行了简单的讨论，那么对于教育学院功能的进一步实施与优化，您有什么建议吗？

结束语：

感谢您参加我们的访谈，您所提供的信息将对我们的研究十分有帮助，再次感谢。

附录 F　教育学院观察表

观察对象	维度	一级指标（观察视角）	二级指标（观察点）
教育学院	组织结构	院校类型	是否是研究型大学
			是否是师范类院校
	基本功能	是否侧重科研	是否注重学术科研
			是否重视科研人才培养
			是否有博士点
			是否有硕士点
		是否侧重提供服务	是否侧重理论服务
			是否侧重社会服务
		是否侧重教师人才培养	是否侧重小学教育
			是否侧重学前教育
			是否侧重学科教育
	特色功能	是否侧重教育技术学或职业教育学	是否侧重教育技术学
			是否侧重职业教育学
		是否侧重院校特色学科融合教育	是否侧重心理学类
			是否侧重音乐教育
			是否侧重体育教育
			是否侧重特殊教育

附录 G　教育学院发展困境调查问卷

敬爱的各位教育学院师生：

　　非常感谢您参加此次问卷调查，由于作为我们学习和科研主阵地的教育学院在近年的发展过程中出现了一系列问题，为了促进教育学院更好地发展，我们准备对我国教育学院的发展定位情况进行研究。本问卷填写不计姓名，且对于你所填的内容，我们将严格遵守《中华人民共和国统计法》予以完全保密，请你不必有任何顾虑。占用了你宝贵的时间，对于你所做的贡献，我们表示诚挚的谢意！

　　1. 您的身份是（　　　）

　　A. 教育学院学生　　　　　　　　　　B. 教育学院教学岗教师

　　C. 教育学院行政岗教师　　　　　　　D. 教育学院领导班子成员

　　2. 您所在的高校是（　　　）

　　A. 综合性非师范类大学　　　　　　　B. 师范类高校

　　C. 地方非师范类高校

　　3. 若您所在高校为师范类高校，则其类型为（　　　）

　　A. 教育部直属师范大学　　　　　　　B. 地方本科层次师范大学

　　C. 高等师范专科学校

　　4. 您所在的教育学院适应国家政策环境的情况如何？（　　　）

　　A. 非常不好　　　　B. 不好　　　　　C. 一般　　　　　D. 好

　　E. 非常好

　　5. 您所在的教育学院适应高校内部环境的情况如何？（　　　）

　　A. 非常不好　　　　B. 不好　　　　　C. 一般　　　　　D. 好

　　E. 非常好

　　6. 您所在的教育学院适应人才市场环境的情况如何？（　　　）

　　A. 非常不好　　　　B. 不好　　　　　C. 一般　　　　　D. 好

　　E. 非常好

7. 您所在的教育学院目标设定明确吗？（　　　）

A. 非常不明确　　　B. 不明确　　　　　C. 一般　　　　　　D. 明确

E. 非常明确

8. 您所在的教育目标设定科学吗？（　　　）

A. 非常不科学　　　B. 不科学　　　　　C. 一般　　　　　　D. 科学

E. 非常科学

9. 您所在教育学院的目标达成情况如何？（　　　）

A. 非常不好　　　　B. 不好　　　　　　C. 一般　　　　　　D. 好

E. 非常好

10. 您所在的教育学院对国家层面的资源整合情况如何？（　　　）

A. 非常不好　　　　B. 不好　　　　　　C. 一般　　　　　　D. 好

E. 非常好

11. 您所在的教育学院对地区层面的资源整合情况如何？（　　　）

A. 非常不好　　　　B. 不好　　　　　　C. 一般　　　　　　D. 好

E. 非常好

12. 您所在的教育学院对本校的资源整合情况如何？

A. 非常不好　　　　B. 不好　　　　　　C. 一般　　　　　　D. 好

E. 非常好

13. 您所在的教育学院对其他学院的成功办院经验借鉴情况如何？（　　　）

A. 非常不好　　　　B. 不好　　　　　　C. 一般　　　　　　D. 好

E. 非常好

14. 您所在的教育学院对本院的学院文化建设情况如何？（　　　）

A. 非常不好　　　　B. 不好　　　　　　C. 一般　　　　　　D. 好

E. 非常好

15. 您所在的教育学院对本院的特色的保持情况如何？（　　　）

A. 非常不好　　　　B. 不好　　　　　　C. 一般　　　　　　D. 好

E. 非常好

参 考 文 献

[1] ［荷］弗兰斯·F. 范富格特. 国际高等教育政策比较研究 ［M］. 王承绪 等，译. 杭州：浙江教育出版社，2001.

[2] ［美］马丁·卡诺伊. 教育经济学国际百科全书 ［M］. 北京：高等教育出 版社，2000.

[3] ［美］Shafritz and Ott. 组织理论经典 ［M］. 北京：中国人民大学出版社， 2004.

[4] ［美］伯顿·R. 克拉克. 高等教育系统——学术组织的跨国研究 ［M］. 杭州：杭州大学出版社，1994.

[5] ［美］伯顿·克拉克. 高等教育新论 ［M］. 王承绪，等，译. 杭州：浙江 教育出版社，2001.

[6] ［美］罗伯特·伯恩鲍姆. 大学运行模式 ［M］. 别敦荣，译. 青岛：中国 海洋大学出版社，2003.

[7] ［美］罗纳德·G. 埃伦伯格. 美国的大学治理 ［M］. 沈文钦，张婷姝， 杨晓芳，译. 北京：北京大学出版社，2010.

[8] ［美］曼昆. 经济学原理 ［M］. 北京：北京大学出版社，2001.

[9] ［美］斯科特. 组织理论：理性、自然与开放系统的视角 ［M］. 北京：中 国人民大学出版社，2011.

[10] Birnbaum R. The End of Shard Governance：Looking ahead or Looking back ［J］. New Directions for Higher Education，2004（26）：124 – 14.

[11] Daniel L. Duke，Organizing education：schools，school districts，and the study of Gordon Kirk. Colleges of education and resource services in schools ［J］. Library Review，1986（35）：184 – 187.

[12] Hiromitsu Muta. Deregulation and decentralization of education in Japan ［J］. Journal of Educational Administration，2000（38）：455 – 467.

[13] J. Alexander. Neofunctionalism ［M］. Beverly Hills：Sage. 1985：9.

［14］ Kirsi Pyhältö, Tiina Soini, Janne Pietarinen. A systemic perspective on school reform ［J］. Journal of Educational Administration, 2011 (49): 46 - 61.

［15］ Lidz V. Talcott Parsons on full citizenship for African Americans: Retrospective interpretation and evaluation ［J］. Citizenship Studies, 2009, (01).

［16］ Masood A. Badri Mohammed H. Abdulla. Awards of excellence in institutions of higher education: An AHP approach ［J］. International Journal of Educational Management, 2004 (18): 224 - 242.

［17］ Muhammad Imran Rasheed, Asad Afzal Humayon, Usama Awan, Affan ud Din Ahmed. Factors affecting teachers' motivation ［J］. International Journal of Educational Management, 2016 (30): 101 - 114.

［18］ N. Luhman. Social Systems ［M］. Stanford, CA.: Stanford University Press. 1995: 2.

［19］ N. Luhman. The world society as a social systems ［M］. Englewood Cliffs, N. J.: Prentice-hall. 1995: 29.

［20］ Priscilla Chadwick. Strategic management of educational development ［J］. Quality Assurance in Education, 1996 (4): 21 - 25.

［21］ Saniya Chawla, Usha Lenka. A study on learning organizations in Indian higher educationalinstitutes ［J］. Journal of Workplace Learning, 2015 (27): 142 - 161.

［22］ Schuster J, Smith D, Corak K, et al.. Strategic Academic Governance: How to Make Big Decisions Better ［M］. Phoenix, Ariz: Oryx Press, 1994.

［23］ T. Parsons. Societies: Evolutionary and Comparative Perspectives ［M］. Englewood Cliffs, N. J.: Prentice-hall. 1966: 9.

［24］ Venkatesh Umashankar Kirti Dutta. Balanced scorecards in managing higher education institutions: An Indian perspective ［J］. International Journal of Educational Management, 2007 (27): 54 - 67.

［25］ Yin Cheong, Cheng Alan C. K., Cheung Timothy W. W. Yeun. Development of a regional education hub: The case of Hong Kong ［J］. International Journal of Educational Management, 2011 (25): 474 - 493.

［26］ 包国宪, 王学军. 我国政府绩效治理体系构建及其对策建议 ［J］. 行政论坛, 2013 (06): 1 - 7.

［27］ 包国宪. 绩效评价: 推动地方政府职能转变的科学工具 ［J］. 中国行政

管理，2005（07）：88.

[28] 马佳铮，包国宪．政府绩效评价量表改进途径研究 [J]．软科学，2010（02）72.

[29] 包水梅．美国研究型大学教育学院的发展路径及其启示——以哈佛、斯坦福、哥伦比亚大学为例 [J]．高教探索，2013（03）：69－76.

[30] 包水梅．我国研究型大学教育学院发展战略探析 [J]．学术论坛，2012，35（08）：219－223.

[31] 包水梅．我国研究型大学中教育学院的创建及其发展研究 [J]．教育科学，2013，29（01）：39－45.

[32] 查永军．大数据与高校院系治理 [J]．中国电化教育，2018（01）：59－63.

[33] 陈庆，杨颉．综合性大学教育学院教育硕士培养之路在何方——来自早稻田大学教职大学院的启示 [J]．研究生教育研究，2022（06）：91－97.

[34] 陈廷柱．院系治理改革的路径选择及其系统化策略 [J]．中国高教研究，2017（01）：8－12＋17.

[35] 陈向明．质的研究方法与社会科学研究 [M]．北京：教育科学出版社，2000.

[36] 陈钰萍．论省级教育学院的人力资源管理 [J]．西华师范大学学报（哲学社会科学版），2005（05）：118－120.

[37] 程介明．走向明天的教育学院——对北大教育学院的一些观察 [J]．北京大学教育评论，2010（04）：75－84＋189.

[38] 程灵．教育学院学者有效参与学校改进的困境与突破 [J]．江西科技师范学院学报，2009（06）：55－58.

[39] 程茹．教师教育改革视域下大学教育学院的分化统合与管理变革 [J]．高教探索，2015（05）：30－34.

[40] 邓丹．美国师范学院的转型研究 [D]．成都：四川师范大学，2010.

[41] 杜秀萍．美国师范教育机构转型研究 [D]．郑州：河南大学，2008.

[42] 范甜．论大学教育学院职能的实现 [D]．太原：山西大学，2015.

[43] 方兵．我国师范大学教师教育学院发展的现实考察与路径优化 [J]．黑龙江高教研究，2023，41（02）：125－129.

[44] 风笑天．社会研究方法 [M]．北京：中国人民大学出版社，2013.

［45］弗雷泽，周娜．困境中的大学教育学院［J］．世界教育信息，2016（11）：23－25＋29.

［46］付八军，彭春妹．新形势下地方高校教育学院改革刍议［J］．大学教育科学，2008（06）：22－25.

［47］富勇．论教育学院公共教育学的困境［J］．华东师范大学学报（教育科学版），1992（02）：91－93.

［48］高芬．美国高校研究生教学中的"教"与"学"——以美国马萨诸塞大学阿默斯特分校教育学院为例［J］．学位与研究生教育，2011（03）：73－77.

［49］郭澄．我国教育学院的审视比较与对策研究［J］．高等师范教育研究，1989（04）：28－32＋27.

［50］郭婧．英国高校教育智库运作模式及资源保障研究——以伦敦大学教育学院为例［J］．中国高教研究，2014（09）：71－76.

［51］郭玉贵．美国大学的教育学院能否培养出适应新的变革的教育理论研究者［J］．比较教育研究，2009，31（02）：8－12.

［52］郭赟嘉．我国师范大学教育学院社会服务转型研究［D］．太原：山西师范大学，2014.

［53］韩萌．英国一流大学博士生培养机制及其启示——基于牛津大学教育学院的经验［J］．高等教育研究，2016，37（08）：96－104.

［54］韩双森，谢静．世界一流教育学科建设模式的比较研究［J］．高等教育研究，2021，42（12）：59－70.

［55］何茂业．论教育学院在基础教育中的战略地位［J］．教育评论，1993（01）：24－25.

［56］何晓芳．伦敦大学教育学院的博士生培养及其特色［J］．世界教育信息，2007（06）：39－43＋94.

［57］贺国庆，王保星，朱文富．外国高等教育史［M］．北京：人民教育出版社，2006.

［58］贺国庆，张薇．英国大学教育学院的课程及教学特征——以伦敦大学教育学院为例［J］．比较教育研究，2002（11）：16－19.

［59］洪成文．美国教育学院认证标准及其特点研究［J］．教师教育研究，2004（03）：73－80＋67.

［60］洪明．教师教育是否会退出大学专业教育行列——美国大学教育学院的

"危机"及其警示 [J]. 高等教育研究，2014，35（01）：50-56.

[61] 侯定凯，梁爽. 硕士研究生入学业务课考试有效性研究——以某大学教育学院04级为例 [J]. 清华大学教育研究，2007（04）：42-49.

[62] 侯怀银，李艳莉. 大夏大学教育系科的发展及启示 [J]. 华东师范大学学报（教育科学版），2011（03）：82-90.

[63] 胡海建. 大学教育学院内驱力研究 [J]. 中国成人教育，2011（01）：65-67.

[64] 胡华忠. 我国高校院系治理的困境及消解 [J]. 复旦教育论坛，2020，18（03）：5-11.

[65] 胡敏，马德益. 高校网络教育学院定位的影响因素研究 [J]. 现代教育技术，2007（10）：45-48+40.

[66] 胡艳. 新形势下大学教育学院的功能 [J]. 北京师范大学学报（社会科学版），2006（06）：28-34.

[67] 黄华伟. "双一流"建设背景下高水平大学综合评估路径探索 [J]. 中国高等教育，2023（08）：46-48.

[68] 黄丽娜. 美国综合大学中教育学院课程设置研究 [D]. 保定：河北大学，2006.

[69] 黄玉新. 华中师范大学教育学院：新征程继往开来，抢抓"十四五"发展新机遇 [J]. 华中师范大学学报（人文社会科学版），2021，60（05）：2.

[70] 蒋观丽，刘志民. 外嵌与内生："双一流"建设背景下高校学科组织发展的内在机理与行动逻辑 [J]. 江苏高教，2023（08）：70-78.

[71] 金东日，现代组织理论与管理 [M]. 天津：天津大学出版社，2003.

[72] 赖红梅. 我国教育学院机构建制的历史演变与改革研究 [D]. 福州：福建师范大学，2008.

[73] 黎军，宋亚峰. 教育经济与管理专业硕士研究生培养现状及对策研究 [J]. 学位与研究生教育，2016（11）：46-50.

[74] 黎军，宋亚峰. 社会本位论与个人本位论教育目的之再审视 [J]. 教育理论与实践，2017（10）：3-6.

[75] 黎军，宋亚峰. 我国民办高校发展现状及对策研究——高等教育普及化阶段到来前的思考 [J]. 教育与教学研究，2017（02）：50-57+68.

[76] 黎军，宋亚峰. 我国普通高校教育学院设置现状及其影响因素研究 [J].

教育与教学研究，2017，31（10）：19 - 27.

[77] 李绯 . 伦敦大学教育学院发展研究 [D]. 上海：华东师范大学，2006.

[78] 李杰，陈超美 . CiteSpace：科技文本挖掘及可视化 [M]. 北京：首都经济贸易大学出版社，2016.

[79] 李良立，陈廷柱 . 民国时期北京大学院系设置调整及其治理变革——兼论蔡元培与蒋梦麟院系治理思想的异同 [J]. 大学教育科学，2021（05）：110 - 118.

[80] 李良立，陈廷柱 . 民国时期大学院系治理的典型模式及其启示 [J]. 高教探索，2021（09）：102 - 109.

[81] 李萍 . 美国大学教育学院的历史研究 [D]. 北京：首都师范大学，2013.

[82] 李伟 . 回归实践回到理解——从芝加哥大学教育学院停办看美国教育研究范式的转换 [J]. 比较教育研究，2008（07）：12 - 16 + 75.

[83] 李文平，刘莹 . 高校行政权力如何影响学术论文发表——基于"双一流"大学教育学院院长发表数据的双重差分估计 [J]. 现代大学教育，2020，36（05）：75 - 83 + 112.

[84] 李先军 . 新南非教育学院的合并及其影响 [J]. 外国教育研究，2019，46（01）：102 - 113.

[85] 李云鹏 . 一流教育学院是如何建成的？——基于哈佛大学教育研究生院的百年省思 [J]. 外国教育研究，2021，48（04）：30 - 44.

[86] 李喆 . 深度剖析院系运行机理 探求院系治理中国经验——评《治理理论视阈下的我国大学院系治理研究》[J]. 山东社会科学，2018（06）：193.

[87] 李钟善，周海涛，戴曼丽 . 新西兰奥克兰教育学院的办学特点及其对我们的启示 [J]. 辽宁高等教育研究，1999（02）：127 - 129.

[88] 梁建，王彬 . 多目标优选教材的探讨——从教育学院选择教育统计学教材谈起 [J]. 系统工程理论与实践，1992（03）：69 - 75.

[89] 梁励 . 对教育学院学科专业建设现状的分析和思考 [J]. 中国成人教育，2010（17）：19 - 21.

[90] 林克松，朱德全，李鹏 . 城乡教育统筹的国际经验与本土实践——亚太地区教育学院院长高峰论坛综述 [J]. 教育研究，2013，34（03）：158 - 159.

[91] 林志恒 . 教育学院转型过程中的数学教育 [J]. 教育探索，2005（08）：

79 – 80.

[92] 刘爱生．世界一流大学人才培养、教师发展与院长职责——斯坦福大学教育学院院长施瓦兹·单访谈录 [J]．高校教育管理，2016，10（04）：1 – 5 + 43.

[93] 刘盾，李莹．多元引领与实践导向：哈佛大学教育学院继续教育的探索与启思 [J]．成人教育，2020，40（01）：88 – 93.

[94] 刘恩允，周川．场域理论视角下我国大学院系治理结构优化研究 [J]．江苏高教，2019（02）：41 – 47.

[95] 刘恩允，周川．学术主导、分类驱动、协同推进——我国大学院系治理机制探究 [J]．高等教育研究，2017，38（08）：23 – 28.

[96] 刘恩允，周川．治理理论视阈下的我国大学院系治理研究 [J]．高等教育研究，2018，39（05）：37.

[97] 刘丰收．平衡计分卡在企业绩效管理中的应用 [D]．北京：首都经济贸易大学，2004.

[98] 刘复兴，李清煜．从延安走出来的教育学科与教育学院 [J]．中国人民大学教育学刊，2021（04）：5 – 18.

[99] 刘建银，杨皓宇．我国教师教育学院的组织生成与变革：基于 52 所大学的分析 [J]．当代教育论坛，2021（04）：79 – 86.

[100] 刘江岳．英国教师教育 PGCE 培养模式的特点与启示——以伦敦大学教育学院为例 [J]．当代教育科学，2015（17）：48 – 50.

[101] 刘蕾．我国研究型大学教育学院发展定位研究 [D]．太原：山西师范大学，2014.

[102] 刘凌燕．我国师范大学教育学院科研现状调查研究 [D]．太原：山西师范大学，2013.

[103] 刘六生，冯用军．高等教育研究中的数学方法 [M]．北京：科学出版社，2009.

[104] 刘念才，刘少雪，吴燕．新时代背景下综合性大学教育学科发展的探索——基于上海交通大学教育学院的思考 [J]．教育发展研究，2021，41（19）：46 – 49.

[105] 刘阳．我国师范大学教育学院合法性危机研究 [D]．太原：山西师范大学，2013.

[106] 刘尧．从教师教育专业化看教师教育学院院长素质 [J]．高校教育管

理, 2007 (04): 41 -43.

[107] 柳菊兴. 关于教育学院办学特色问题的思考 [J]. 湖北社会科学, 2002 (07): 97 -99.

[108] 陆道坤, 丁春云. 新加坡南洋理工大学国立教育学院的教师教育模式 [J]. 高教探索, 2018 (09): 79 -85.

[109] 罗伯特·S. 平狄克, 丹尼尔·L. 鲁宾费尔德. 计量经济模型与经济预测 [M]. 北京: 机械工业出版社, 1999.

[110] 罗伯特·卡普兰, 大卫·诺顿. 平衡计分卡——化战略为行动 [M]. 广州: 广东经济出版社, 2004.

[111] 罗福益, 洪明. 后教育学院时代的美国教师培养模式——芝加哥大学 "城市教师教育计划" 研究 [J]. 外国教育研究, 2015, 42 (04): 66 -75.

[112] 罗建河. 学术接管: 高校院系治理的新举措 [J]. 江苏高教, 2015 (01): 40 -43.

[113] 闵维方. 高等教育运行机制研究 [M]. 北京: 人民教育出版社, 2002.

[114] 闵维方, 等. 教育投入、资源配置与人力资本收益 [M]. 北京: 经济科学出版社, 2009.

[115] 闵维方, 等. 探索教育变革: 经济学和管理政策的视角 [M]. 北京: 教育科学出版社, 2005.

[116] 潘懋元, 王伟廉. 高等教育学 [M]. 福州: 福建教育出版社, 2013.

[117] 潘懋元. 新编高等教育学 [M]. 北京: 北京师范大学出版社, 2009.

[118] 潘启富. 论教育学院的学历教育与继续教育 [J]. 成人教育, 2006 (03): 20 -22.

[119] 彭爱武. 英国先前学习认定的经验与实践困境——伦敦大学教育学院个案 [J]. 中国远程教育, 2014 (10): 16 -19 +66.

[120] 钱晓群. 基于 AHP 的网络教育学院核心竞争力评价实证研究 [J]. 国家教育行政学院学报, 2008 (11): 53 -59.

[121] 秦珊薇. 我国师范大学教育学院院长角色冲突研究 [D]. 淮北: 淮北师范大学, 2015.

[122] 秦炜炜. 美国一流教育学院的评估与宏观生态 [J]. 高教发展与评估, 2014, 30 (04): 93 -102 +120.

[123] 任初明, 杨素萍. "双一流" 建设背景下综合性大学教育学院撤并的案

例剖析及启示——兼论综合性大学教育学科建设 [J]. 黑龙江高教研究, 2019, 37 (10): 1-5.

[124] 任睿文, 徐涵. 新加坡工艺教育学院的办学定位、特色及启示 [J]. 教育与职业, 2021 (21): 83-88.

[125] 任炜华. 教育学院停办背景下的学科危机及出路——以兰州大学与芝加哥大学教育学院为例 [J]. 高教探索, 2017 (02): 27-30.

[126] 申卫革. 美国教师教育中对实习生的评价研究——以马塞诸塞州某州立大学教育学院为例 [J]. 教师教育研究, 2012, 24 (06): 91-96.

[127] 沈勇. 院系治理的中观分析: 章程建构、实践张力与路径优化 [J]. 国家教育行政学院学报, 2016 (07): 15-20.

[128] 沈忠明. 教育学院在区域教育治理体系中的功能定位和创新 [J]. 上海教育科研, 2019 (01): 56-59.

[129] 石中英, 张羽. 综合性大学教育学院非教育学背景研究生的培养问题 [J]. 教育发展研究, 2021, 41 (19): 36-38.

[130] 史万兵, 杨慧. 高等学校教师科研绩效评价方法研究 [J]. 高教探索, 2014 (06): 112-117.

[131] 宋亚峰, 马君. 我国民族职业教育研究热点及前沿分析——基于中国知网 (CNKI) 数据库 (1987—2016年) 收录相关文献关键词共现的计量与可视化分析 [J]. 职业技术教育, 2017, 38 (34): 63-68.

[132] 宋亚峰, 王世斌, 潘海生. 一流大学建设高校的学科生态与治理逻辑 [J]. 高等教育研究, 2019, 40 (12): 26-34.

[133] 宋亚峰, 王世斌, 郄海霞. 我国一流大学建设高校的学科布局与生成机理 [J]. 江苏高教, 2018 (09): 9-15.

[134] 宋亚峰, 王世斌. 综合性大学教育学院的功能变迁与进化逻辑——基于功能主义的分析范式 [J]. 当代教育科学, 2020 (05): 66-71.

[135] 宋亚峰. 基于BSC的我国高校教育学院绩效评价指标体系构建研究 [D]. 兰州: 兰州大学, 2018.

[136] 孙翠香. 政府监管与学院自治: 苏格兰继续教育学院治理体系研究 [J]. 教育科学, 2021, 37 (02): 90-96.

[137] 孙刚成, 左晶晶. 世界一流大学教育学院的价值追求与特点分析 [J]. 黑龙江高教研究, 2018, 36 (07): 13-18.

[138] 孙华. 综合性大学教育学院的发展: 市场、定位、机制 [J]. 高等教育

研究，2010，31（05）：19－24.

[139] 汤建．我国大学院系治理现代化：学理认识、现实困境与实践路径
[J]．高校教育管理，2019，13（03）：44－50.

[140] 陶爱珠．世界一流大学研究［M］．上海：上海交通大学出版社，1993.

[141] 田芬，郑雅倩．"双高计划"背景下高职院校的院系治理现代化——基
于权力互动矩阵网络的视角［J］．职业技术教育，2020，41（31）：
18－23.

[142] 田小红，钟泽．香港教师教育国际化的历程与路径——基于香港教育学
院的案例研究［J］．教师教育研究，2016，28（04）：83－91.

[143] 田正平，陈玉玲．国民政府初期对高等院校教育学院（系）的整顿——
以1931—1936年为中心的考察［J］．高等教育研究，2012（09）：80－
89.

[144] 童富勇．论教育学院的办学方向［J］．高等师范教育研究，1996（05）：
14－20.

[145] 汪旭，马图索夫·尤金．美国高校的课程设计变革及其启示——以美国
特拉华大学教育学院为例［J］．外国教育研究，2023，50（02）：64－
82.

[146] 王建．我国企业绩效管理中采用平衡计分卡存在问题及相关对策研讨
［D］．成都：西南财经大学，2008.

[147] 王瑞敏．师范大学教育学院人才培养转型研究［D］．太原：山西师范
大学，2012.

[148] 王雪双，王璐．美国博士生人才培养模式革新——以匹兹堡大学教育学
院为个案［J］．高教探索，2021（01）：77－82.

[149] 王艳玲．教育研究的实证框架：一个案例分析——香港教育学院罗厚辉
博士访谈［J］．全球教育展望，2007（12）：3－6＋93.

[150] 王战军，肖红缨．大数据背景下的院系治理现代化［J］．高等教育研
究，2016，37（03）：21－27＋38.

[151] 王战军，肖红缨．一流大学院系治理的应然状态［J］．教育发展研究，
2016，36（19）：54－62＋78.

[152] 王兆璟，傅曼姝．美国高等学校职前教师教育高质量发展的内在逻辑——
基于对美国顶尖教育学院的考察［J］．教育发展研究，2023，43
（Z2）：56－62.

[153] 王智秋.初等教育院系学科建设的定位、生长特色及其培育——以首都师范大学初等教育学院为例 [J].教育研究,2015,36(08):151-156.

[154] 韦凤彩,阳荣威.世界一流教育学院使命陈述研究——基于39所世界一流教育学院使命文本的分析 [J].比较教育研究,2022,44(05):46-55.

[155] 文东茅,沈文钦.知识生产的模式Ⅱ与教育研究——北京大学教育学院的案例分析 [J].北京大学教育评论,2010,8(04):65-74+189.

[156] 吴明隆.结构方程模型——AMOS的操作与应用 [M].重庆:重庆大学出版社,2009.

[157] 吴仁英,刘恩允."教师教育学院"模式的角色定位与实施路径 [J].当代教育科学,2011(05):32-34.

[158] 吴薇.中国教育学一级学科排名分析——以美国教育学院排名为参照比较 [J].现代大学教育,2016(05):28-36+113.

[159] 吴新平,卢娟娟.当前我国院系治理存在的问题及其破解路径 [J].黑龙江高教研究,2018,36(06):73-75.

[160] 吴志功,王显芳.美国教育学院2001年排名分析 [J].高等师范教育研究,2003(03):75-80.

[161] 吴志功.美国1998~1999年前十名教育学院简析 [J].比较教育研究,2000(05):21-23.

[162] 伍梦岚.论新时期教育学院教师的新任务 [J].江苏高教,1999(01):95-96.

[163] 夏欢欢,Hamish Coates."双一流"建设背景下高校内部人才培养和评价体系研究——以美国哥伦比亚大学教育学院为例 [J].中国高教研究,2019(03):12-17.

[164] 谢峰,宋彩萍.高校院系治理改革的理念、困境与突破——"中国高校院系设置与治理改革"学术研讨会述评 [J].复旦教育论坛,2017,15(04):76-79.

[165] 谢凌凌.世界一流大学的学院治理与高等教育创新——对剑桥大学教育学院院长杰夫·海沃德教授的访谈 [J].高等教育研究,2017,38(05):1-8.

[166] 邢红军,陈清梅,胡扬洋.教师教育学院:学科教学知识中国化的实践

范本［J］. 现代大学教育，2013（05）：97－105＋113.

［167］熊川武. 台湾和香港以及大陆（或内地）部分教育学院系本科教学计划之比较［J］. 华东师范大学学报（教育科学版），2000（01）：39－51.

［168］徐蕾.“双一流”背景下我国大学学科建设模式的改革［J］. 黑龙江高教研究，2022，40（12）：88－94.

［169］续思同. 试论我国教育学院的新模式［J］. 教育理论与实践，1987（06）：18－21.

［170］薛薇. SPSS 统计分析方法及应用［M］. 北京：电子工业出版社，2004.

［171］薛欣欣. 我国高校教育学院学术竞争力比较研究——基于 2018 年 16 家高等教育研究最具影响力期刊的载文统计［J］. 中国高教研究，2019（09）：94－100＋108.

［172］闫建璋，许梅玉. 省属重点综合性大学教育学院人才培养目标定位探析［J］. 高校教育管理，2019，13（03）：51－60.

［173］闫建璋. 从“小”教育学院走向“大”教育学院——论新形势下我国师范大学教育学院的发展走向［J］. 高教探索，2012（01）：74－78.

［174］闫建璋. 我国师范大学教育学院教师科研现状调查研究——基于 20 所师范大学教育学院调查数据的思考［J］. 教育研究，2014，35（07）：109－114.

［175］杨德广. 高校必须树立正确的定位观与质量观［J］. 高等教育研究，2005（02）：6－9.

［176］杨德毅. 平衡计分卡在我国科研机构绩效管理中的应用研究［D］. 青岛：中国海洋大学，2008.

［177］杨建国. 高等师范院校教育学院课程体系建设研究［J］. 教育理论与实践，2016，36（24）：16－18.

［178］杨朔镭，杨颖秀.“双一流”背景下大学院系治理现代化探论：自组织理论的视角［J］. 教育发展研究，2018，38（05）：40－47.

［179］姚翔. 跨学科研究对美国顶尖教育学院青年学者科研产出的影响［J］. 复旦教育论坛，2023，21（02）：103－111.

［180］叶苗. 美国大学教育学院硕士研究生课程设置个案研究［D］. 西安：陕西师范大学，2014.

［181］应望江. 四位一体：优化高校院系治理结构的构想［J］. 国家教育行政学院学报，2008（07）：51－54.

[182] 于启新．教育学院与普通高等师范院校合并中存在的问题及对策思考 [J]．中国成人教育，2000（01）：13－14.

[183] 袁运开．美国著名大学的教育学院 [J]．高等师范教育研究，1995 （05）：63－68.

[184] 张斌贤，董静．"教师教育学院现象"与师范院校的发展战略 [J]．高等教育研究，2012（10）：30－36.

[185] 张斌贤，刘慧珍．西方高等教育哲学 [M]．北京：北京师范大学出版社，2007.

[186] 张东辉．从教育学的学科发展看美国一流教育学院的学位与专业设置 [J]．学位与研究生教育，2008（01）：67－72.

[187] 张飞．中美大学教育学院之比较研究 [J]．现代教育科学，2007 （03）：56－60.

[188] 张济洲，苏春景．美国大学教育学院：教师教育大学化实践困境及改革 [J]．教育学报，2010（06）：110－114.

[189] 张京京．我国一流大学与一流学科建设政策及方案的比较研究 [J]．科教文汇，2022（22）：2－5.

[190] 张勇，万小朋．新加坡工艺教育学院的办学模式及其对我国高等职业教育的启示 [J]．中国高教研究，2005（03）：65－66.

[191] 章迪薇．合作办学模式下高校继续教育学院学生工作体制与机制研究 [J]．成人教育，2016，36（11）：25－27.

[192] 章建生，池伟．论教育学院学科带头人的培养 [J]．宁波大学学报（教育科学版），2000（06）：38－40.

[193] 赵中健．英国高等教育财政的个案分析——伦敦大学教育学院的财务制度 [J]．上海高教研究，1993（02）：104－108＋38.

[194] 中国大百科全书总编委会．中国大百科全书 [M]．北京：中国大百科全书出版社，2009.

[195] 中华人民共和国教育部，财政部，国家发展改革委．关于印发《统筹推进世界一流大学和一流学科建设实施办法（暂行)》的通知 [EB/OL]．http：//www. moe. gov. cn/srcsite/A22/moe_843/201701/t20170125_295701. html.

[196] 中华人民共和国教育部．关于公布《第五轮学科评估工作方案》的通知 [EB/OL]．http：//www. moe. gov. cn/jyb_xwfb/gzdt_gzdt/s5987/202011/t20201102_497814. html.

[197] 中华人民共和国教育部. 教育部关于《开展国家基础教育教师队伍建设改革试点》的通知 [EB/OL]. http: //www. moe. gov. cn/srcsite/A10/s7151/202308/t20230829_1076630. html.

[198] 钟祖荣. 教师教育一体化的反思与教育学院发展的选择 [J]. 教师教育研究, 2011 (06): 9 - 13.

[199] 周光礼, 周蜜, 姚荣. 分化与整合: 中国两类高校教育学院高等教育研究风格的比较研究 [J]. 现代大学教育, 2015 (05): 1 - 8 +111.

[200] 周钧, 朱旭东. 美国大学教育学院: 教师教育大学化的亚制度问题研究 [J]. 外国教育研究, 2006 (06): 49 - 54.

[201] 周钧, 邹学红. 师范生录取考核制度研究——以美国大学教育学院为例 [J]. 外国教育研究, 2021, 48 (09): 98 - 112.

[202] 周钧. 当前美国大学教育学院教师教育改革 [J]. 教师教育研究, 2010 (01): 71 - 75.

[203] 周钧. 历史社会学视角中的美国大学教育学院研究——评《教育学院之困境》[J]. 教育学报, 2006 (02): 91 - 96.

[204] 周文辉, 勾悦, 李明磊. 教育学科如何适应"双一流"建设——基于中美研究型大学教育学科建设比较研究 [J]. 研究生教育研究, 2018 (01): 83 - 90.

[205] 朱剑, 睢依凡, 俞婷婕, 等. 德国新型教师教育组织机构解读——基于洪堡大学教育专业学院和柏林自由大学教师教育中心的考察 [J]. 浙江师范大学学报 (社会科学版), 2014, 39 (06): 48 - 58.

[206] 朱清华. 借鉴经验与把握需求: 拓宽高校继续教育学院办学的根本路径 [J]. 继续教育研究, 2017 (12): 7 - 8.

[207] 诸东涛. 教研型教师教育院校建设刍议——关于对教育学院转制科学定位的思考 [J]. 江苏高教, 2008 (03): 51 - 53.

[208] 祝怀新, 许啸. 美国研究型大学教育学院人才培养模式探析——以哈佛、斯坦福大学为例 [J]. 高等教育研究, 2009, 30 (05): 62 - 66.

[209] 祝怀新, 周妍. 美国一流研究型大学教育硕士培养的经验及启示——以罗格斯大学教育学院为例 [J]. 研究生教育研究, 2021 (03): 86 - 90.

[210] 邹丽春, 李进忠. 院系治理体系中高校院 (系) 党组织的作用 [J]. 学校党建与思想教育, 2020 (24): 31 - 33.

后 记

习近平总书记在北京大学师生座谈会上强调"教育兴则国家兴，教育强则国家强"。普通高校教育学院作为我国教育领域学术研究人才和各级各类师资队伍的重要培养单位，在"教育强国"的征程中扮演着十分重要的角色。然而，在首轮"双一流"建设和第四轮学科评估的背景下，国内高校开始不断调整和重新布局学校的机构与学科，教育学院与教育学科在全国范围内也掀起调整热潮。自2015年4月以来，南开大学、山东大学、中山大学、兰州大学等一批综合性大学开始逐步裁撤教育学院和教育学科。与此同时，上海交通大学、陕西科技大学等院校新设立了教育学院，天津大学、广州大学、江西师范大学、安徽师范大学、曲阜师范大学、云南师范大学、广西师范大学等院校获批教育学一级学科博士授予权。普通高校的教育学院和教育学科在国内呈现出"冰火两重天"的发展境况。

在"双一流"建设不断推进的背景下，教育部在2023年7月发布了《教育部关于实施国家优秀中小学教师培养计划的意见》（简称"国优计划"），其中，30所"国优计划"首批试点院校中部分院校已裁撤教育类学院，或并未设置教育类学院。在此种境况下，要不要设置教育类学院或者相关学科成为高等院校发展过程中需要考虑的问题之一。与此同时，已设置的高校教育学院的功能也发生了一定的变化，甚至是"异化"。因此，针对我国高校教育学院发展过程中"东边日出西边雨"的现象，为明晰我国高校教育学院的发展定位，厘清教育学院在所处高校系统组织中发挥了何种功能，并且推动其找到适合自身的发展方式，本书聚焦于高校教育学院功能及绩效评价这一核心问题开展研究。

高校教育学院的功能优化与可持续发展问题是笔者长期关注的研究话题。对教育学院发展的关注有诸多个人情结在其中，笔者在硕士研究生就读期间曾亲身经历了兰州大学教育学院的裁撤过程。从2016年开始，高校教育学院发

274

展的相关主题就成为笔者一直关注的话题，并将其作为硕士毕业论文的选题。正是基于上述缘由，笔者在 2017 年首次对全国高校教育学院的设置情况进行了全国范围的大规模调查，并形成了国内第一份高校教育学院设置数据。之后又有幸在天津大学教育学院攻读博士学位并留校任教，在读博期间也曾就综合性大学教育学院的发展问题撰写过相关学术论文。后来，在 2023 年笔者指导的三位同学在进行教育调查选题时，笔者向他们建议了高校教育学院功能及其优化的选题，三位同学欣然接受，并于 2023 年 9 月对高校教育学院的设置情况又进行了一次全国范围的调查统计分析，并形成了国内第二份关于高校教育学院设置的数据资料。两次全国范围高校教育学院设置情况的调查分析为本书提供了丰富翔实的第一手资料。因此，笔者决定将近 10 年关于高校教育学院发展的相关思考与核心观点形成《高校教育学院功能及绩效评价研究》一书，希望对全国高校教育学院的发展提供启示与镜鉴。

本书按照"高校教育学院设置现状与结构类型—高校教育学院的功能分析—高校教育学院绩效评价指标体系初建与遴选—高校教育学院绩效评价指标体系优化与确立—高校教育学院发展困境与优化方略"的研究主线展开。

首先，根据 2023 年全国最新的普通高等学校名单，对 1275 所本科院校中的 406 所高校教育学院的发展现状以及结构现状展开了研究，并在此基础上选出 15 所具有典型性的高校教育学院作为多案例研究的样本。

其次，基于结构功能主义的分析范式，运用三级编码与扎根理论对所选取样本进行了分析归纳，形成了适应功能、目标达成功能、整合功能、潜在模式维持功能四个核心类属层次功能，以及 16 个范畴化类属层次功能。

再次，基于"绩效评价"的视角，尝试构建了一套高校教育学院绩效评价的指标体系。为构建一套客观、科学和全面的高校教育学院绩效评价指标体系，本书基于平衡计分卡的视角，从财务、顾客、内部流程、学习和成长四个维度初步构建了我国普通高校教育学院绩效评价的指标体系。在此基础上，运用德尔菲法对初步建立的指标体系进行遴选，并利用探索性因子分析和结构方程模型对遴选后的指标体系进行优化。针对遴选的最终指标体系，利用层次分析法对优化后的指标体系权重大小进行了计算，进而构建出我国普通高校教育学院绩效评价的指标体系。具体的指标体系分 4 个一级指标、12 个二级指标和 47 个具体观测点，其中财务维度的权重为 7.1%、顾客维度的权重为 55%、内部主营业务流程维度的权重为 23.8%、学习和成长维度的权重为 14.1%。通过指标体系的构建，以期为我国普通高校教育学院绩效评价提供客观的第三方

高校教育学院功能及绩效评价研究 --

评价工具，为教育学院的科学治理提供参考。

最后，结合现阶段"双一流"建设、"国优计划"等政策要求以及教育学院发展的现实困境，聚焦教育学院功能定位问题，提出了高校教育学院的可持续发展的优化对策。在"双一流"建设背景下，高校教育学院应整合学科布局，提高内外部竞争力，提高自身适应功能；明确与解构自身目标，集中资源，提高自身目标达成功能；推动内外联动，优化资源配置，提高自身整合功能以及找准自身定位，突出自身特色，提高自身潜在模式维持功能，以促进我国高校教育学院的功能优化和内涵式发展。

"百年大计，教育为本；教育大计，教师为本。"高校教育学院发展的重要性是不言而喻的，高校教育学院的发展过程中还有诸多问题需要进一步探索。本书对高校教育学院功能及绩效评价的研究仅仅是一个维度的研究尝试。本书的完成与出版是课题组团队成员共同努力的结果，宋亚峰提出了本书的研究思路，进行了整体框架设计与撰写。参与本书撰写的具体分工如下：第一章（宋亚峰、马丹宁），第二章（宋亚峰、陈思吉），第三章（陈思吉、马丹宁、李欣怡、宋亚峰），第四章（宋亚峰），第五章（宋亚峰），第六章（宋亚峰、陈思吉、马丹宁、李欣怡），结语（宋亚峰、李欣怡）。宋亚峰负责全书的校对、统稿和定稿工作。

本书的撰写和出版得到了天津大学教育学院和人文社科处各位领导和老师的大力支持和关心，也得到了学界关心高校教育学院发展的各位领导、老师和受访学生们的支持，在此表示衷心的感谢。此外，本书的出版也得到了经济科学出版社张立莉老师的大力支持和帮助，张老师认真、细致、严谨、负责，对本书增色良多，在此也表示诚挚的谢意。高校教育学院的发展问题是实践界和学术界同人长期关注的话题，拙作仅为一次抛砖引玉的尝试，期待后续有更多、更好的研究关注我国高校教育学院的发展问题。在本书的研究过程中，笔者力求将本书所涉及的内容全部做好，但由于笔者研究水平和客观条件的限制，如有不足之处，恳请各位专家、学者和广大读者不吝赐教，以帮助我们在后续的研究中不断完善和改进。

宋亚峰

2024 年 1 月于天大北洋园